U0822004

全国高校安全工程专业本科规划教材

交通运输安全技术

教育部高等学校安全工程学科教学指导委员会组织编写

主　编　宋守信　谭南林

中国劳动社会保障出版社

图书在版编目(CIP)数据

交通运输安全技术/教育部高等学校安全工程学科教学指导委员会组织编写. —北京：中国劳动社会保障出版社，2012

全国高校安全工程专业本科规划教材

ISBN 978-7-5045-9478-5

Ⅰ.①交…　Ⅱ.①教…　Ⅲ.①交通运输安全-安全工程-高等学校-教材　Ⅳ.①U491

中国版本图书馆 CIP 数据核字(2012)第 107654 号

中国劳动社会保障出版社出版发行

(北京市惠新东街 1 号　邮政编码：100029)

出 版 人：张梦欣

*

北京市艺辉印刷有限公司印刷装订　新华书店经销

787 毫米×960 毫米　16 开本　17.75 印张　309 千字

2012 年 5 月第 1 版　　2012 年 5 月第 1 次印刷

定价：42.00 元

读者服务部电话：010-64929211/64921644/84643933

发行部电话：010-64961894

出版社网址：http://www.class.com.cn

版权专有　　侵权必究

举报电话：010-64954652

如有印装差错，请与本社联系调换：010-80497374

教育部高等学校安全工程学科教学指导委员会

主任委员　孙华山

副主任委员　黄玉治　范维澄　谢和平　冯长根　张来斌　宋守信

委　　员　张平远　何学秋　吴宗之　伊　烈　李永红　张　驎　王继仁　钮英建　林柏泉　刘泽功　蔡嗣经　傅　贵　吴　超　吴　穹　许开立　程卫民　张殿业　景国勋　蒋军成　赵云胜　姜德义　黄卫星　刘玉存　李树刚　王述洋　陈国华　张　力　刘义伦

秘　书　长　杨书宏

编审人员

主　　编　宋守信　谭南林

编写人员　陈明利　吴声声　李　森　胡毅夫　胡晓娟　肖贵平　张乐乐

书稿审定　贾子若

序　　言

党的十六届五中全会确立了“安全发展”的指导原则，极大地促进了我国安全科学事业的发展，同时为安全工程学科提供了良好的发展机遇。据初步统计，到目前为止，全国开设安全工程专业的高校已达百余所，安全工程专业已成为我国高等教育中重要的新兴专业之一。

加强教材建设，是促进我国安全工程专业健康发展的重要基础工作。教育部高等学校安全工程学科教学指导委员会（2004—2008 年）在充分吸收和借鉴上届教指委安全工程专业教材成功编写经验的基础上，于 2006 年启动了“全国高校安全工程专业本科规划教材”的组织编写和出版工作。第一批 15 种安全工程专业本科规划教材已基本完成。在此基础上，教育部高等学校安全工程学科教学指导委员会（2008—2010 年）组织开发了第二批规划教材共 14 种，包括《安全评价》《安全法学》《安全工程专业英语》《安全监察》《消防工程概论》《安全工程概论》《安全检测与监控》《防灾减灾工程》《矿山安全工程》《交通运输安全技术》《建筑施工安全技术》《计算机在安全领域中的应用》《安全科技概论》《安全工程专业毕业设计与论文指南》。

本套规划教材的编写力求满足安全工程专业课程体系和课程教学的新发展，立足现实，反映前沿，力求创新，既包括已经成熟并被公认的理论与学术思想，又反映安全工程学科领域具有前瞻性与代表性的最新理论、技术和方法，并借鉴吸收世界上发达国家的先进理论、理念与方法。

在本套教材开发过程中，全国数十所高等学校、科研院所的近百名专家和学者积极参与了教材的编写和审订工作，教指委秘书处、教材开发分委会和中国劳动社会保障出版社做了大量的组织工作，在此向他们表示衷心的感谢！

本套教材的编写和出版，是我国安全工程学科在教材建设方面又迈出的重要一步。虽然我们尽了最大努力，但仍有不足，恳请安全工程领域的专家学者和广大师生提出宝贵意见。

教育部高等学校安全工程学科教学指导委员会

2010年8月

目　　录

第一章 绪 论

伴随着各类现代交通工具的发明和发展，人类的生存空间得到快速的拓展，人与人之间的距离大大地缩短，极大地推动了社会的繁荣发展和经济效益的快速提高。但是人类在享受现代交通工具所带来的方便 、快捷和文明进步的同时，也经历了无数交通事故带来的灾难和痛苦。据世界卫生组织统计，每年全球共有近150万人死于交通事故。交通事故已经成为全世界关注的严重问题之一。作为与人民群众生命财产息息相关的服务行业，安全始终是交通运输永恒的主题和最大的效益。

第一节 交通运输安全工程概述

众所周知，交通运输工程是一个多因素相互作用的，涉及人、车、路、环境等诸多因素的动态系统工程，具有多变性与复杂性。因此交通运输安全的研究也应该实现从考虑单一因素到建立系统防范理念的过程。结合安全科学的各种理论，分析研究交通运输的各个方面，通过强调以系统工程的方法来研究交通运输安全问题，将十分有助于消除交通运输过程中的一些痼疾，从而有效地预防伤亡事故。

一、学科定义

根据交通工具的类别划分，交通事故可大致分为三类：

1. 地面交通事故

主要是指各种机动车、非机动车、火车等交通工具引发的事故，绝大多数交通事故属于此类。其中，车祸又占据一大部分，可谓是名副其实的世界第一杀手。

2. 水面交通事故

主要包括湖泊、河流、海洋的各种船舶因自然灾害（台风、海啸）、人为灾害（火灾、撞船、超载）而造成的事故。

3. 空中事故

常见的空难原因主要有人为因素、环境因素和飞机质量因素。

因此，交通运输安全的研究要考虑交通运输过程中与安全相关的所有因素，包括交通运输过程中的人、交通工具、运输方式、相关环境等，并以社会历史积淀中所形成的交通安全文化为着力平台，在进一步认识交通运输安全的性质特点、关系结构、运行规律和社会功能等的基础上，从宏观角度分析并解决与交通运输安全相关的诸多矛盾与问题。

具体来说，交通运输安全工程的学科定义是：从安全可靠性的角度对交通运输系统进行科学研究，目的在于寻求减少交通事故或减轻事故损失程度、提高运输效率和效益的理论与方法。根据目前交通运输系统的特点，分析研究交通运输系统中交通事故的致因机理，从而进行交通运输安全控制理论与应用技术开发等。

交通运输安全的科学体系由两大理论支柱，即交通运输理论与安全科学理论构成。因此，安全科学的社会科学与自然科学的双重属性，也自然而然地被交通运输安全工程所囊括。也就是说，作为一门综合性学科，交通运输安全工程既有工程技术的内容，也有管理科学的内容，是硬科学与软科学的一个结合。

二、交通运输安全的地位和意义

交通运输业是一国国民经济发展的重要支柱和必要保障。没有交通运输的安全，整个国家的经济建设和社会生活就要停滞，社会生产就难以顺利实现，人民生活将会受到严重影响。因此，搞好交通运输安全工作，对于保护人民生命财产、维护社会安定、保证国民经济持续稳定发展，具有十分重要的意义。

1. “安全第一，预防为主”是运输安全生产的基本方针

“安全第一，预防为主”是我国安全生产的基本方针，同样也是我国交通运输安全工作必须遵守的“八字”方针。它高度概括了安全与生产的辩证关系，集中反映了安全工作的地位和重要性，是交通运输安全工作的方向。

交通运输业是一个从事社会化运输的物质生产部门，运输是生产过程在流通过程中的继续。运输生产的全部意义就在于有计划、有目的、有成效地实现旅客和货物的空间“位移”（即为运输的产品），这个“位移”的过程是连续进行不能中止的。产品质量特性包括安全、准确、迅速、经济、便利和文明服务，其中安全最为重要。就货物运输而言，任何企业的产品只有从生产地安全运达消费地，才能实现

其使用价值，产品的整个生产过程才算完结，运输产品“位移”的质量和社会价值也同时得到体现。同时，交通运输各部门、各工种环环相扣，紧密联系，构成了一个整体。这就要求交通运输各部门、各工种在作业过程中的每个环节上都必须把安全放在第一位，从大局出发，认真对待安全运输生产。如果在某一个生产环节上发生了事故，造成“位移”过程中的中断，就会影响运输生产全过程的顺利进行。交通运输部门这个高速运行的大联动机一旦运转异常，交通运输安全得不到保证，将不仅给物质生产部门造成物毁损失，而且必然使运输经济效益下降，甚至在运输过程中发生旅客重大伤亡事故，其后果更是不堪设想。

2. 安全运输是社会经济发展的必然要求

交通运输是国民经济的大动脉，对国民经济、科技的发展，社会的稳定，以及在满足人民物质和文化生活需要方面起着十分重要的作用。作为国家的基础设施，安全运输既保证了国家重点物资、重要工程建设、重大科研基地及军事运输的需要，也为地方区域经济开发、招商引资和科技发展带来了生机和活力。作为公益服务事业，交通运输安全保障了人民生命财产不受伤害和损失，提高了人民群众的生活质量。事实证明，交通运输安全的可靠程度不仅直接关系到我国社会主义市场经济的健康发展和改革开放的进程，而且直接影响社会生产、社会生活和社会安定，甚至影响国家的声誉和形象。因此，安全运输是社会经济发展的必然要求。

综上所述，交通运输生产的性质和基本特点决定了安全是交通运输的生命线，必须把安全放在首要地位，任何时候都不能动摇。

第二节 国外交通运输安全概况

当前，世界各国对交通运输安全都非常重视，特别是交通发达国家在交通法规建设、交通安全管理、交通安全技术等诸多方面采取了一系列积极可行的防范对策，并取得了明显效果。这里主要比较部分国家在铁路运输和道路运输安全方面的发展经验。

一、道路运输安全

美国学者乔治·威伦在其著作《交通法院》中写道：“人们应该承认，交通管理已成为今天国家的最大问题之一。它比火灾更严重，因为每年交通事故所造成的死伤和财产损失比火灾更大。它比犯罪问题也严重，因为它与整个人类有关，不管你是强者还是弱者，富人还是穷人，聪明人还是愚蠢人，男人、女人、小孩或老人，只要他们在公路或街道上，每分钟都有死于交通事故的可能。”

由此可见，道路交通事故已成为世界性的严重社会问题之一。尽管在目前科学技术水平条件下道路交通事故尚不能完全避免，但世界各国特别是交通发达国家在社会公众交通安全教育、汽车性能提高及改进技术、道路和交通工程、交通法规建设、交通安全管理等诸多方面正积极努力地采取相应措施，使得道路交通事故死亡人数保持相对稳定并持续下降。

1. 加强道路交通法规建设

美国是当今交通法规比较完备、交通管理比较严格的国家之一。多年来，美国一直非常重视道路交通法规建设和汽车性能的改善与提高。其中与道路交通运输及其安全相关的法规主要有《道路交通法》《驾驶员教育规定》《行人安全教育规定》《汽车驾驶执照规定》《紧急医疗服务制度》《机动车辆注册法》《机动车辆定期检验法》《摩托车安全行驶规定》《公路设计、维修与维修制度》《交通工程服务规定》《交通资料记录法》《交通事故调查与报告制度》《饮酒与交通安全关系法》等一系列法律与法规。这些法律与法规较全面地规范了道路交通运输及其安全的各个环节。

在汽车工业快速发展的过程中，日本也非常重视道路交通法规建设，首先于1951 年颁布了《道路运输车辆法》，确立了法律体系。同时以《道路法》《道路交通法》《道路运输法》《道路运输车辆法》等法律为基础，分别就公路交通、道路建设、道路维修、停车场建设、公路干线建设、高速公路、道路投资来源、道路收费、道路运输、公路设施、公路运输车辆、汽车损坏赔偿、交通安全对策、道路交通事故紧急救援、自行车道建设、汽车与其他运输工具之间相互关系等制定了一系列与道路交通运输及其安全相关的法律法规，其内容涉及道路交通运输及其安全的所有方面，为道路交通实施科学化、规范化管理提供了充分的法律保障。

在欧洲，一些国家很早就开始实施各自的车辆法规。第二次世界大战后，欧洲各国为大力推进法规的国家化，制定了《欧洲经济共同体（EEC）指令》和《联合国欧洲经济委员会（ECE）法规》。随着欧盟国家一体化的推进，欧盟政府在道路交通安全方面除了不断增加和强化欧盟车辆产品的安全技术法规要求外，还一直致力于加强对道路交通安全的法制化建设与管理，这使得欧盟内多个国家的道路交通安全水平处于世界前列。

2. 制定道路交通安全规划

所谓交通安全规划就是通过研究交通事故，发现其规律，制定交通安全政策与法规，实现对交通过程的控制，以防止事故，减少伤亡，减少财产损失，使人人都感到安全的目标管理。

英国早在 20 世纪 80 年代就提出了新的城市交通安全规划方法，即地区的交通安全管理（LASS）。它的作用是帮助地方政府在实行城市区域的总体规划时，实施道路交通安全规划。

在道路交通安全方面，日本政府多年来也持续实施国家交通安全五年规划。从 1971 年首个国家交通安全五年规划开始，至 2005 年已经制定并实施了七个五年交通安全规划；2006 年，第八个国家交通安全五年规划（2006—2010 年）开始实施。日本政府通过制定并持续实施国家交通安全五年规划，不断加大政府投入，分阶段明确交通安全规划目标、任务、对策，加强道路交通安全工作，取得了明显成效，对道路交通安全状况持续改善起到了极大的促进作用，这也是使得日本道路交通安全水平多年位居世界前列的重要原因。

3. 重视交通安全宣传教育

发达国家十分重视对公民的交通安全宣传教育，许多国家都设有专门机构负责交通安全宣传和教育。美国交通安全宣传教育属政府行为，警察局设有专门从事交通安全宣传教育工作的人员，积极开展行人安全、自行车安全、禁止酒后驾车等交通安全宣传教育活动；日本每年召开“交通安全国民运动中央大会”，建立了全国综合性机动车安全驾驶教育培训基地，供学员学习交通安全知识，模拟驾驶，提高回避危险、安全驾驶的技能，还有 200 多家规模稍小的交通安全教育机构，开展群众性交通安全学习活动；新加坡交管部门与驾驶学校、安全理事会及传媒等密切合作，常年开展各种交通安全宣传教育活动；瑞典的交通安全宣传教育实现了国家、地方行政单位、汽车生产企业、汽车驾驶者协会和保险公司共同参与，齐抓共管。

4. 完善交通事故紧急救援体系

紧急救援系统的建立是减少交通事故死亡人数的重要手段。发达国家十分重视交通事故救援体系的建设，他们在交通事故急救网络建设、急救方案决策及急救技术等方面做了深入研究并得以广泛应用。在德国，国内划分为 330 个紧急医疗服务区，每个服务区拥有急救车辆、急救设备、医护人员和志愿者。国民受过急救培训，机动车驾驶员必须经过 8 h 急救培训，每辆汽车都配有简易急救设施和急救箱，急救电话分布相当广泛；此外，德国还拥有 50 个空中救援基地，从事救援的直升飞机服务半径不超过 50 km。完善的交通事故紧急救援体系使得德国交通事故死伤数量占意外伤亡数量的比例大大降低。美国也研制了创伤救治信息系统，该系统能辅助救援人员迅速找到交通事故发生点及受伤人员。巴西在各高速公路沿线设置了极为密集的事故救助点，使其高速公路交通事故救援具有很快的反应能力。日本在1991年制定了《急救人员法》，同时建立救护服务开发基金会，还建立了中央紧急救生培训学院，专门培训全国紧急医疗队员，经培训后方为合格的紧急救生人员。

5. 严格公正执法

交通违章是诱发交通事故的原因之一，没有交通违章就可避免大多数的交通事故。国外对交通违章的处罚十分严厉，对交通事故的发生起到了极好的预防作用。

美国是世界上拥有汽车最多的国家，也是汽车法规最严苛的国家之一。作为“车轮上的国家”，美国在防止交通事故方面确实积累了不少经验。美国法律规定，交通违章属犯罪行为，因此，不同类别的违章，法律都明确以轻度犯罪、中度犯罪和严重犯罪三个等级来界定。如果驾驶员违章情况较轻，如闯红灯、不系安全带等，一般缴纳罚款即可，但要记点（相当于我国记分管理）。若是违章情节较重，如酒后、酒醉驾车或吸毒驾车、非法赛车、违章肇事拦车不停、逃逸等，则由法院追究刑事责任。在美国，不论何种交通违章，只要被开具罚单和接受处罚，违章记录即永久性地存入个人社会安全档案中，这些记录在本人晋升、信用、保险、求职等方面都会产生一定的负面影响。

严格处罚交通违章、保护交通参与者正当权益、营造人人遵法守则的社会氛围是德国管理交通秩序的方法。德国驾驶者接到的罚单大多是超速违章。超速处罚通知书一般会在事后2周左右邮寄到车辆所有者手中。一般50欧元左右比较大额度的超速罚单，通知书会附上“电子警察”拍下来的正面照片，作为证明。如果没有照片，会提供目击警察或其他证人的信息。

根据英国现行法律，汽车闯红灯，可处30英镑罚款。20世纪90年代初期，英国就引入了“电子眼”设施，力图通过使用“电子眼”改变驾车者的不良驾驶行为，限制行驶速度，杜绝闯红灯现象，从而减少事故伤亡。违章现象发生后不久，肇事车的车主就会收到罚单，并被要求在收到罚单的28天内缴罚款。如果在14天以内缴费还可以打折，超过28天就要加倍缴费。

加强交通运输安全管理、减少各类交通事故的发生是摆在各国交通管理工作者面前的非常艰巨而又长远的任务。不同国家交通事故的成因、特点、规律和防治措施有着很多相似之处。“他山之石，可以攻玉”，学习世界各国的交通运输安全管理经验将有助于我国交通运输安全管理工作的进一步完善和提升。

二、铁路运输安全

铁路是主要的现代化交通运输工具，对于国家的经济和社会发展起着十分重要的作用。铁路运输过程（旅客和货物运输）中一旦发生事故，将导致人员伤亡、货物毁损、运输设备破坏等严重后果，不仅造成重大的经济损失和恶劣的社会影响，而且必定会在激烈的运输市场竞争中带来负面影响。因此，铁路行车安全被许多国家提高到“铁路运输的生命”的高度。随着铁路运输技术的发展，列车重量和速度的提高、行车密度的加大，对于保证行车安全也提出了越来越高的要求。长期以来，世界各国都积极采取有效措施，以确保铁路运输发展的安全稳定。

1. 铁路行车安全立法

日本铁路有关安全的法规十分完整，内容丰富、细致、具体。早在 1964 年 6 月及 9 月，为了保障高速铁路的运行安全，在东海道新干线即将开通之际，日本政府及运输省即以法律形式，分别颁布了《关于对妨碍新干线列车运行安全行为进行处罚的特例法》及其《实施细则》。此外，日本有关新干线行车安全方面的法规还包括《新干线运行规则》《新干线铁道构造规则》《新干线运转办法细则》。日本新干线与既有铁路共用的法律也很多，主要有《铁道事业法》《铁道事业法实施细则》《铁道事故报告规则》《铁道设施检查规则》《铁道运转规则》《关于确保运输安全的省（部）令》《关于机车司机驾驶执照的省（部）令》等。

英、美等国都有经过国家最高权力机构通过后颁布执行的有关铁路运输安全的系列法令和法规，如美国有《运输法》《铁路法》《铁路安全法》等；英国有《运输法》《铁路管理法》《铁路雇佣法》等。这些法律条文都明文规定了在铁路安全问题上政府部门、铁路企业、有关行业等所具有的权利和所应承担的责任，从而使有关的各个方面有了共同遵循的准则，做到了有法可依。

2. 铁路安全监察机构的设立

国外大多都设有专门的铁路安全监察机构，专职对铁路的安全工作进行监督管理。各国铁路安全监察机构的管理体制和组织形式不尽相同，但都有很高的权威性。英国、美国、印度、日本等国的国家职能管理与铁路经营业务活动分离，这些国家的铁路安全监察机构直属政府管理部门，代表政府依据法律、法规和有关铁路规章制度执行监督检查任务。俄罗斯铁路在进行机构改革前是“政企合一”的管理体制，在交通部专设行车安全监察机构，在交通部长的直接领导下，根据联邦《铁路运输法》《铁路运输技术管理规程》及有关法律文件开展工作。

世界铁路运输的发展，无论规章制度多么完善、技术设备多么先进，都需要铁路职工的认真执行和规范操作，但仍难免发生懈怠和疏漏的情况。因此，设置行车安全监察机构，加强对安全工作的监督和管理，是各国铁路的普遍做法，并且证明行之有效。部分国家铁路行车安全监察机构及职能见表 1—1。

表 1—1　部分国家铁路行车安全监察机构及职能

国名	机构名称	主要职能
英国	铁路视察室	对新建和改建的铁路土建、信号及电气化等工程项目按规定参加检查验收，特别是对运营安全质量保证的可靠性提出意见，为政府依法批准投入运营做好必要准备；对依法规定上报的铁路事故进行调查和处理，编写事故报告和处理结果意见，并向公众公开发布；向政府内阁提供有关涉及铁路运输安全的技术咨询意见和建议
美国	国家运输安全委员会	安全委员会依法对铁路运输安全进行监督，最主要的是担负铁路事故的调查分析和处理，研究制定防止事故的有效措施，提出对铁路技术和运营规程、规则的修改建议
日本	监察委员会	依据现行的《铁道事业法》《铁道营业法》及相关的规则、办法，对各铁路公司进行管理；制定安全对策和事故调查处理办法；对铁路公司的执法情况进行监察；对铁路道口改造和经营困难的铁路公司提供支持和帮助。为了加强对铁路运输安全的监督和管理，还专门成立了事故调查委员会，直接参加对发生重大事故的调查处理和提出防止对策；对有可能引发重大事故的其他事故，也介入调查
俄罗斯	行车安全和环境保护局	实现对铁路局、铁路分局行车安全机构和自然资源保护基层单位以及派出的地区性锅炉监察室工作的领导；对交通部各部门和铁路局对俄罗斯联邦政府、交通部部务委员会有关行车安全、环境保护、锅炉安全等决定、命令和指示的执行情况进行监督，以及在发生紧急情况时采取有效措施防止事态发展和进行事故处理；对全路执行《俄罗斯铁路技术管理规程》与行车安全和环境保护局制定的规则要求的情况进行监督
印度	铁路安全委员会	在铁路职工中，特别是对与行车工作密切相关的职工进行安全教育，通过各种形式加强技术业务培训和宣传教育，提高他们执行铁路规章制度的责任心和岗位工作能力，达到正确无误地完成各项作业；对各种技术设备运用的安全可靠性定期进行检查和监督，发现问题要求迅速、及时处理，防止事故发生；主持对铁路事故的调查分析和处理。印度铁路在新的工程项目建成投入运营之前，也必须经安全监督管理机构的监察人员检查鉴定，确认符合安全运营的规定要求后才能开通使用

3. 铁路工作人员的选拔和职业素质的培训

重视人的因素对于保障铁路行车安全是至关重要的。日本铁路在防范人为事故发生方面采取了以下措施：第一，选择高素质的人。如铁路部门在挑选、录用工作人员时，通过适应性检查来选择合适人员；第二，避免错误的教育和训练。如对铁路内、外人员进行安全宣传教育和对铁路内职工进行各种安全测验和训练；第三，用机器代替人的工作，强调逐渐采用高效能机械以缩小人所涉及的领域；第四，改善工作环境，研究开发适应人特性的设备和操作位置、适宜的工作环境，并考虑人在作业时应保持适度的紧张。同时，考虑到由于机器带来的工作环境变化对人的影响。

日本国铁还拥有关于行业和管理工作的学校，根据每个人工作经历的不同进行为期不同的职业培训。此外，日本国铁还对运行系统的工作人员进行各种能力和心理上的测验，以判断他们对驾驶工作的适应性，并分析考试成绩与事故之间的相关性，而且日本国铁正继续开发和完善这些考试。

法国 TGV 高速列车的乘务人员是从合格的常规列车乘务人员中挑选的。对一名 TGV 驾驶员的培训时间为 3 周，培训内容包括熟悉 TGV 列车、熟悉高速线路特殊运用法规，以及熟悉将要运营线路范围内的特殊特征等。培训结束时进行理论、实践和心理方面的考核。

英国铁路一直在开发列车驾驶人员的培训程序。初级驾驶员在获得自己能“单独驾驶”资格前须接受大约 5 周的课堂学习和 10 周的监督操纵训练。在积累起足够的经验和资历前，一般他们须先在较次要的岗位上花几年的时间才能驾驶高速列车。模拟器作为培训和评价操作人员能力的一种手段正被广泛采用。品格和能力考试构成了驾驶人员选拔的组成部分。

4. 铁路交通事故的统计分析

国外铁路对事故的统计和分析十分认真，根据数理统计理论对数据进行长期的积累，建立数据库和多种数学模型，分析事故原因的规律性。日本铁路提出了“事故原因体系”，并特别对人为事故进行了统计分析。日本旅客公司利用计算机技术建立多种铁路数据库，在分析了近 20 年的事故后发现，现在的事故都是过去事故的重演，从而强调安全对策不应片面地局限于“冒进信号”“道口事故”“自然灾害”等，为搞好安全，首先要从认识上进行一次革命，不放松小事故，了解事故发生原因，掌握同类事故的防范措施，避免重蹈覆辙。

第三节 我国交通运输安全概况

一、我国交通运输安全现状

改革开放 30 余年来，我国国民经济得到了快速发展，交通基础设施得到了前所未有的发展，交通安全管理法规逐步健全，交通安全设施不断完善，人民的交通安全意识也在不断提高。总体来看，由于各种运输方式的运输规模、运输设备、管理水平和生产方式等的不同，交通安全状况也不尽相同。以 2005 年为例，2005 年全国共发生各类交通事故 467 938 起，死亡 106 978 人，其中：道路交通事故发生 456 162 起，死亡 99 088 人，分别占 97.5%、92.6%；水上交通事故发生 520 起，死亡 454 人，分别占 0.1%、0.4%；铁路交通事故发生 11 254 起，死亡 7 433 人，分别占 2.4%、7.0%；民航飞行事故发生 2 起，死亡 3 人，占极小的比例。作为发展中国家，中国的交通事故发生率尚处于一个高发和不稳定的阶段。

自新中国成立以来，我国道路交通事故呈现先升后降的总体趋势。新中国成立初期，道路交通事故总量较小；改革开放后道路交通事故迅猛增加，2002 年道路交通事故达到历史最高峰，如图 1—1 所示。

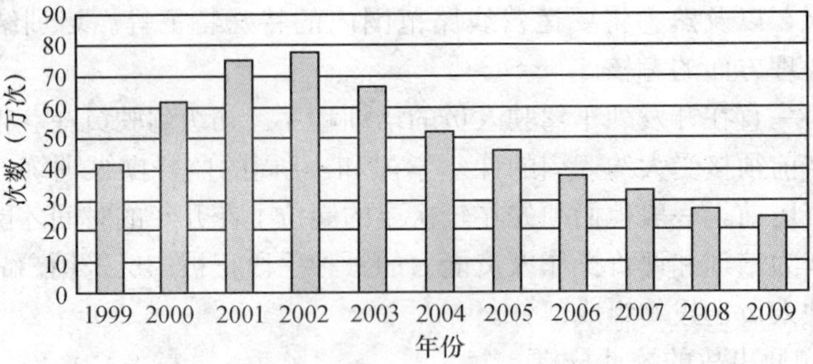

图 1—1　1999—2009 年我国道路交通事故情况

以 2003 年 9 月 2 日，国务院第 20 次常务会议听取公安部关于进一步加强道路交通安全的情况汇报和 2003 年 9 月 5 日国务院首次召开部署道路交通安全工作电视电话会议为标志，我国道路交通安全发展进入到一个崭新阶段。2003 年 10 月 22 日，全国道路交通安全工作部际联席会议制度经国务院批准成立。2003 年 10 月 28 日，《中华人民共和国道路交通安全法》经第十届全国人民代表大会常务委员会第五次会议通过，并自 2004 年 5 月 1 日起正式实行。同时，我国政府从人、车、路、管理、科技等各方面采取了一系列针对性措施，在经济快速发展、机动车保有量快速增长的背景下，我国道路交通安全形势出现了拐点，成功地实现了道路交通事故从高发到基本遏制，直至逐年下降的工作目标，交通安全形势逐年好转。自 2005 年至今，我国道路交通事故迅速回落。交通事故起数、死亡人数、受伤人数、万车死亡率、10 万人口死亡率及直接经济损失等交通事故六大指标均呈现不同程度的下降（注：自 2004 年起，根据《中华人民共和国道路交通安全法》的规定，我国道路交通事故统计范围有较大变化）。2009 年，全国共发生道路交通事故 238 351 起，造成 67 759 人死亡、275 125 人受伤，直接经济损失 9.1 亿元，万车死亡率降至 3.6，10 万人口死亡率降至 5.08，六大指标分别比 2008 年降低 10.13%、7.79%、9.77%、9.90%、16.86%和 8.69%，交通安全形势进一步好转。

二、我国交通运输安全现存问题

目前我国交通运输安全形势总体平稳，但隐患很多，基础不牢，问题不少。在交通运输安全管理方面主要存在以下问题：

1. 交通运输安全管理不到位，安全管理体制有待理顺

首先是行业安全管理与市场管理脱节，企业安全生产管理不到位。有的管理机构疏于管理，执法不严，监督不力。有的交通安全行业管理流于形式，停留在一般号召，纪律松弛，有章不循，违章不究。

其次是安全管理的思想观念陈旧。安全管理往往是局部的、定性的和静态的，比较注重事故发生后的“事后”管理，而又主要以事故指标判断安全工作的好坏。就安全抓安全，就事故论事故，不能经常从有利于提高企业整体素质和管理水平的高度去认识解决问题。“不出事故就是安全”的片面认识，淡化了“预防为主、消除隐患”的思想。此外，重硬件轻软件、重形式轻内容、重眼前得失轻长远利益等认识上的偏差也造成安全管理工作上的被动。

2. 市场尚不够规范

运输市场竞争激烈，企业效益变差，造成安全投入不足，给交通安全管理带来严重的负面影响。例如，长江干流水运市场由于运力严重过剩，客运竞争愈演愈烈，不仅扰乱了水运市场的正常秩序，也使船舶公司蒙受巨大损失，企业效益普遍较差，大部分企业只能维持简单的再生产，无力进行基本的安全投入，造成船舶长期失修失养，安全隐患越来越多。在道路运输中，有些运输企业和个人为了追求经济效益，提高市场竞争力，超限超载现象相当严重，造成运输安全事故频发。

3. 法律、法规、规章不健全

现行的交通安全管理法律、法规和大量交通安全规章，有相当部分制定于计划经济时期，现在仍然发挥着重要作用，但是也存在很多不适应的地方。在社会主义市场经济条件下，交通部门应依法管理而不能靠行政隶属关系实施管理。但现行法律、法规对政府与企业的权利、义务关系规范不到位，对市场经济条件下出现的新问题和突出矛盾缺乏规定，交通部门在一些必须严格管理的问题上由于没有法律依据而缺乏管理力度。

4. 运输装备落后，安全设施不完善

近年来，我国安全技术装备水平有了长足发展，有关运输安全的监控、检测、救援、维修等设备逐步现代化，运输安全初步实现了单靠人工向依靠安全监控设备的转变。但是由于运输能力日益紧张而资金匮乏等原因，长期以来，有大量运输设备超限运行，不少运输设备、线路桥梁病害未及时检修，带病运转，有些运输设备从设计建造开始就留下了安全隐患。很多技术难题有待开发和研究，有关设备管理的规章制度还有不严密之处，设备安全隐患严重。安全保障工作中以人的感知为基础的成分仍然较多，安全技术装备水平与国外相比仍有很大的差距，不能满足我国交通运输安全的需要。

5. 运输管理人员和职工素质较低

企业管理人员中大多数缺乏运输专业背景和管理经验，安全管理跟不上，违章运输、违章操作、违章指挥等问题时有发生；职工队伍存在着文化素质、思想素质、技术素质偏低的状况；少数职工职业道德差，责任心不强，安全意识淡薄，作业有章不循，违章蛮干，简化作业，有些职工对基本规章制度不熟悉，非正常情况下应急和故障处理能力较差，简化培训现象大量存在。

6. 对自然灾害的监测预警水平低

目前，我国交通还未形成完善的自然灾害监测预警系统，对自然灾害的抵御能力较差。对台风、雨量、洪水、冰冻等自然灾害的监测大多采用人工、间断收集信息的方式。因收集手段、方法的不同，收集的信息离散性大，信息的及时性、准确性差。同时，近年是我国灾害性天气多发的年份，因泥石流、水害、雪灾、火灾等自然灾害造成的交通运输事故呈上升趋势。例如，2008 年年初，我国南方部分地区的冰冻雪灾，使铁路运输几乎瘫痪，造成了近千亿元人民币的经济损失。

7. 安全保障综合体系尚未建成

已有的运输安全保障设备均各自独立研究，自成体系。信息没有统一标准、不能联网传递、无法共享，大部分仍然处在局部产品的单独应用阶段，而且安全保障的措施研究缺乏连贯性和统一有序的规划，限制了安全设备向系统化、综合化发展。人员—设备—环境各方面的不安全因素相互作用，并严重威胁着运输安全。对发生的事故缺乏科学分析，安全工作时紧时松，现有的安全管理工作缺乏系统性，各部门人员各自为政，往往局限于某一方面，有章不循、违章违纪现象时有发生，制约了全国运输安全保障综合体系的建立和发展。因此，以集成化、综合化为主要特征的运输安全保障体系在我国还没有真正形成。

8. 全民交通安全意识不强

在我国，无论城乡，违章行车（走）、违章载重（载客）、违章乘车等行为司空见惯，无处不在。

2011 年 9 月 9 日，湖南邵阳县塘田市镇发生沉船事故。据湖南邵阳县塘田市镇“9·9”沉船事故救援指挥部核实，该事故系一艘船号为“湘邵 0018”的客船从夫夷江塘田市码头下行 2 公里至向荣村地段，被滞留在河里挖沙船的钢丝绳绊住，造成客船侧翻下沉，当时船上共有 50 人（学生 41 人、成人 9 人），38 人获救（其中 20 人受伤，均无生命危险），11 人死亡（学生 9 人、成人 2 人），另有 1 人失踪。发生事故的“湘邵 0018”客渡船属于严重超载，安全意识不强，造成了这次惨重的事故。

9. 人为降低车辆安全性能

在我国，车辆超期行驶，随意改装，擅自变更车辆用途、构造，甚至为了载重载货，在出厂时，就没有按照国家有关标准执行。

2010 年 3 月 3 日 9 时许，湖南省某农民驾驶一辆“王牌”低速货车由某村运送木材驶往集镇，顺路好心搭载意欲去集镇的 10 名村民，在途经该村一组下坡转弯路段时，因阴雨天气路面较滑，车辆操作不当失去控制，连人带车翻入 110 米深的山沟里，造成 3 人死亡、4 人受伤的重大交通事故。

三、我国交通安全系统管理动向

1. 加强安全科学管理理论的应用

随着科学技术的进步，安全科学得到了较快发展，安全系统工程、风险评价理论、多目标决策理论、控制理论、人机工程学和安全心理学等与各国交通安全生产结合得更加紧密，并形成各自的特点，使交通安全生产周期得以延长。美、日等国，由于技术设备可靠性高，它们从人机工程学和心理学观点看，认为只要有人参与机械操作工作，就会有潜在的不安全因素。由一人或两人对交通安全负责，要比一个两个人以上的团体更能增强人的责任心，并减少互相依赖心理。如果技术设备还不能给出一定可靠保证的前提，采用以人为主的办法，实现自控、他控、互控、联控相结合也是一种切实可行的安全保证措施。例如，日本新干线的列车自动控制系统（ATC）采用机器优先的运作方式，只有当机器发生故障时才由人干预，安全成效极佳。这些做法对人的职业道德、生产技能和知识水平提出了很高的要求。

2. 重视人的生理心理因素

在交通安全中，人是起决定作用的因素。例如，日本铁路根据高速化的特点，特别要求机车乘务人员具有良好的职业生理和心理条件。它们通过 JR 行车适应性检查和心理检查，选拔职业生理和心理素质符合要求的人担任驾驶员，淘汰不合格者或不良者，提高了机车乘务人员工作的可靠性。同样，俄罗斯等国通过自动心理、生理电子测试仪，对驾驶员的心脏、皮肤等部位测试后，确定其在单调工作条件下紧急动作的准备程度，据此并结合抗疲劳能力的指标，评价中央神经系统功能状态及心理生理状态，择优录用。

3. 推广安全文化

安全文化是企业文化的重要组成部分，是现代企业安全管理思想和理论的升华，它的丰富内涵主要由安全价值观念和安全行为准则构成，其核心思想是通过安全文化教育，提高人的安全素养，如安全观念、安全意识、安全态度、安全知识、安全技能等。防止和消除人的差错对安全带来的危害。通过全员自觉的安全行为和完善的安全组织保障体制，使交通安全法规、作业标准和作业制度得以彻底贯彻落实。

4. 加强安全技术设备管理

国外交通系统在大量采用安全技术装备时，非常注重技术设备的安全性指标要求，十分重视制定标准和规程这类安全基础研究。由于电子技术和计算机日益广泛地应用在铁路安全技术设备中，所以各国对电子技术的安全性标准也十分重视，不仅要符合法律条文，还要考虑人的素质和技术的发展，并对标准和规程定期加以修订，以适应运输要求和技术发展的变化。

5. 加强交通安全设施建设

我国公路主干线尤其是高速公路的交通安全设施相对较为齐全，但是其他低等级公路的安全设施建设远远不尽如人意。危险路段没有防护设施，缺少交通标志和标线。我国公路行车难、识路难、安全状况差成为普遍现象，与发达国家还有较大的差距。因此，针对具体的路段，从安全第一和预防为主的方针出发，加强道路交通安全设施建设，提高交通安全设施的技术水平和设置水平亟待解决。

习　题

1. 我国交通运输安全存在哪些问题？应如何解决？

2. 西方国家汽车拥有量远远高于我国，交通事故率却远远低于我国，试分析原因。

3. 我国交通安全管理的发展方向是什么？

第二章　交通运输安全基本理论

现代交通安全最主要的特征就是各项交通活动之间存在着相互联系、相互制约的关系，是作为一个有机整体存在的。系统性是交通安全最基本的特性。本章从系统论的视角，就交通紧密相关的安全基本理论与系统理论进行说明，在一般概念和特征的基础上，着重阐述交通运输安全保障系统，交通安全主动控制系统和交通安全被动防护系统的原理和特征。

第一节　交通运输安全保障系统

一、系统理论

人们在认识客观事物或改造事物的过程中，用综合分析的思维方式看待事物，根据事物内在的、本质的、必然的联系，从整体角度进行分析和研究，这类事物就被看成一个系统。自然界和人类社会中的很多事物并不是孤立存在的，而是相互制约和相互联系的，它们形成了各式各样的系统，系统间可以相互包含与被包含，可以相互交叉与融合。

通过对现实系统的分析，可以发现，凡是能称其为系统的，都具有如下特性：

1. 整体性

系统是由两个或两个以上相互区别的要素组成的整体。构成系统的各要素虽然具有不同的性能，但它们通过综合、统一后形成的整体就具备了新的特定功能，也就是说，系统作为一个整体才能发挥其应有功能。所以，系统的观点是一种整体的观点、一种综合性的思想方法。

2. 相关性

构成系统的各组元之间、组元与子系统之间、系统与环境之间都存在着相互联系、相互依赖、相互作用的特殊关系，通过这些关系，使系统有机地结合在一起，发挥其特定功能。

3. 目的性

任何系统都是为完成某种任务或实现某种既定目的而发挥其特定功能的。要达到系统的既定目的，就必须赋予系统特定的功能，这就需要在系统的整个生命周期内，即在系统的规划、设计、实验、制造和使用等所有阶段，对系统采取最优规划、最优设计、最优控制、最优管理等优化措施。

4. 层次性

系统有序性主要表现为系统空间结构的层次性和系统发展的时间顺序性。系统可分成若干子系统和更小的子系统，而该系统又是其所属系统的子系统。这种系统的分割形式表现为系统空间结构的层次性。

5. 环境适应性

系统是由许多特定部分组成的有机集合体，而这个集合体以外的部分就是系统的环境。一方面，系统从环境中获取必要的物质、能量和信息，经过系统的加工、处理和转化，产生新的物质、能量和信息，然后提供给环境。另一方面，环境也会对系统产生干扰或限制，即约束条件。环境特性的变化往往能够引起系统特性的变化，系统要实现预定的目标或功能，必须能够适应外部环境的变化。研究系统时，必须重视环境对系统的影响。

安全系统理论是由瑟利在 1969 年提出的一种事故致因理论，所以也叫瑟利模型，如图 2—1 所示。后来又经过安德森加以补充改进而成瑟利—安德森模型，如图 2—2 所示。它是把人、环境组成的一个系统整体规划成为人（主体）与环境（客体）两个方面。人包括操作者与指挥者，作为生产系统的主体，主要看人的三个心理学成分——对事件的感知、对事件的理解、对事件的响应。环境作为生产系统中人以外的客体，主要看它的变动性、表象性、可控性。在此系统中一个事故的发生分为危险的形成与演变为事故以及伤害或损坏两个过程。事故是否发生，取决于人与环境的相互匹配和适应情况。

此模型表明，在危险形成或迫近的第一个以及演变为事故的第二个过程中，如果人都能正确回答所提出的问题，危险就向消亡或者以控制的方向发展；如果对提出的问题做出错误的回答，危险就会向迫近的方向发展，以致发展为致伤、致损的事故。

瑟利—安德森事故致因模型体现了人对环境的观察，认识与理解的程度和运行中环境是否提供了足够的时间与空间，以适应人的应变素质情况。如果人回答肯

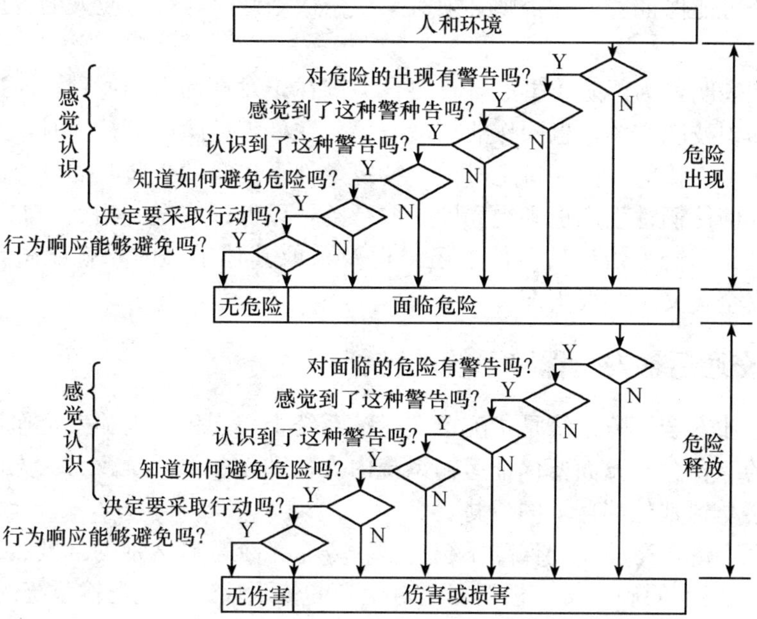

图 2—1　瑟利模型

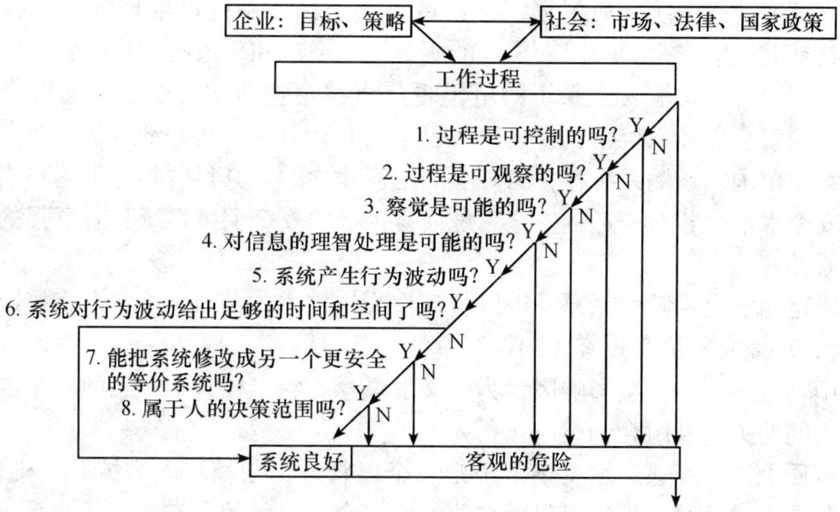

图 2—2　瑟利—安德森事故致因模型

定，则系统可能保证安全；否则必须对系统做适当修改，以适应人的容许行为变异的预期范围。

此模型表明，为了防止事故，首要且关键在于发现和识别危险，而这同人的感知能力、知识技能有关，也同作业环境有关。在处理危险的可接受时，虽然总体上安全与生产是一致的，但在特定时候、特定条件下也会发生暂时的矛盾。如果危险已达紧迫，即使牺牲生产也必须立即采取行动，以保证安全。相反，如果危险离紧迫尚远，在作出恰当估计的条件下还来得及采取其他措施时，就能做到既排除危险、保证安全，又不耽误生产。

二、交通运输安全保障系统的特征

交通运输安全保障系统是指配置在运输系统上，起保障运输安全作用的所有方法和手段的综合。一方面要保证运输系统内人员和设备的安全，另一方面要保证运输系统不会受到其外部环境的威胁。

从概念上讲，运输安全保障系统与运输安全系统是有区别的，虽然二者均属于“软”概念，很难明确定义。根据安全对生产的依附性，构成运输系统的要素如人、机、环境、管理等均会对运输安全产生影响，因而它们同时也构成了运输安全系统的要素，只是侧重点不同而已，即运输安全系统与运输系统一样，也是一个开放的人—机—环境动态系统。而根据定义，运输安全保障系统可以理解为一种控制系统，它是针对运输安全影响因素采取的所有控制方法和手段的有机结合。

相比较而言，运输安全系统的范围更广一些，它通常是就一般的安全分析而言；而运输安全保障系统则更为具体，也更具有针对性，它是针对某一时期、某一阶段、某一范围内运输系统存在的安全问题而建立的，其目的是为了达到当时可以接受的安全水平。相对于运输安全系统而言，运输安全保障系统具有更强的可操作性和时效性。

交通运输安全保障体系是一个以管理作为施控主体，以运输安全直接影响因素（人、机、环境）作为受控客体的控制系统，其目的是实现某一时期的系统安全目标。其中，运输安全直接影响因素为广义的概念，它不仅包括单独的每个因素，还包括因素间的关系及组合。

从本质上讲，交通运输安全系统是一个以管理为中枢，人为核心，机为基础，环境为条件组成的总体性的以保障交通运输安全为目的的人—机—环境系统。在这个系统中，管理要素渗透到每一个环节，对促使各个要素结合起来成为一个整体起着中枢性作用。在系统中，人既是管理的主体，又是管理的对象，人在系统中的主导地位不会变，可变的只是管理层次越高，其主导性就越强。机是安全生产必不可少的物质基础，但这一物质基础的存在还只是一种可能的生产力要素，它只有在管理要素的作用下，与人和环境有机结合后才能成为现实的生产力要素。环境是对安全有重大影响的要素群，其中有的以潜移默化的方式影响安全，有的则以立竿见影的方式影响安全，有的属于系统难以控制的影响因素，有的则属于系统可控的影响因素，而且环境影响安全可以说是无孔不入，但其影响既可能产生正效应，也可能产生负效应。对安全而言，系统可以发挥管理要素的中介转换功能，通过改善可控的内部小环境来适应不可控的外部大环境，以强化其正效应或者削弱其负效应，并创造保障交通运输安全的良好条件。

交通运输安全保障系统是对反馈控制和前馈控制的综合，即一种前馈—反馈耦合控制系统。作为反馈控制将系统输出端的信息通过反馈回路传输到系统输入端，与系统的目标进行比较，找出偏差，采取适当措施实施控制纠正偏差，使系统达到预期目标。但这种控制是在偏差产生之后进行的，具有滞后性，这是反馈控制本身无法克服的。因此，为加强对偏差产生的预见性，需要前馈控制的作用，即尽可能在系统发生偏差之前，根据预测信息，采取相应的措施，纠正偏差。通过运输安全保障系统实施前馈—反馈耦合控制，可以增强系统抗干扰能力，提高系统的稳定性。

由图 2—3 可以看出，管理者为了实现对运输安全直接影响因素的有效控制，一方面必须时刻掌握以往控制效果的信息，进行系统安全评价，另一方面又需要对运输安全直接影响因素及其相互关系的变化、环境的干扰进行预测，评价和预测的结果作为进一步实施控制的依据。在交通运输安全保障系统中，安全评价起着反馈回路的作用，安全预测起着前馈回路的作用，它们是管理者获取正确控制信息的基础，缺乏该环节，或者评价和预测缺乏科学性，都将使控制变成盲目的行为，难以

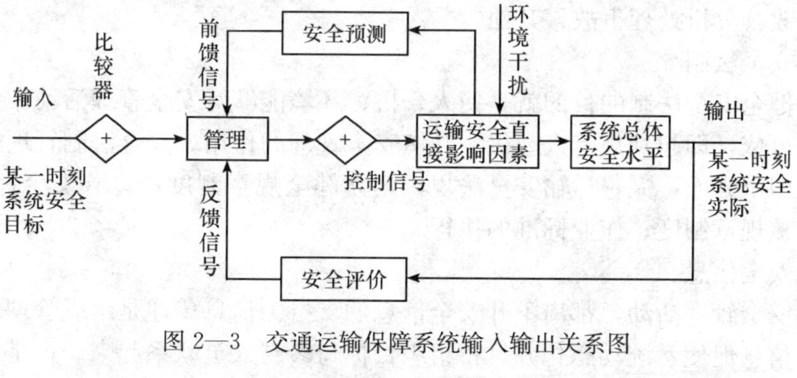

图 2—3　交通运输保障系统输入输出关系图

达到预期效果。所以，科学、合理的安全评价与预测在交通运输安全保障系统中起着举足轻重的作用。

三、交通运输安全保障系统的结构

交通运输安全保障系统作为一种惯例系统，以直接影响运输安全的因素、能源、设备、环境作为管理的对象。从管理的对象和要素出发，可将交通运输安全保障系统划分为不同层次的两个子系统：安全总体管理子系统和安全对象管理子系统。

1. 安全总体管理子系统

交通运输安全管理的内容，包括对人的安全管理、设备的安全管理和环境的安全管理。对人、设备、环境的安全管理，既是系统安全管理的三个不同内容，又是一个统一整体。安全总体管理的对象不是单纯指人、设备或环境，而是指人—机—环境系统整体。因此，安全总体管理的内容，不是单独对人的安全管理或者单独对设备的安全管理、对环境的安全管理，而是对人—机—系统总体的安全管理，是凌驾于人、机、环境之上，又渗透于其中的安全管理。所以，从功能上看，安全总体管理起着系统软件的作用，它既是安全管理这一大系统中的一个子系统，又对这个系统安全状况起着控制、监督的作用。安全总体管理子系统包括安全组织、安全法制、安全信息、安全技术、安全资金等部分。

（1）安全组织

安全组织是安全管理的一个职能实体，所有安全保障措施的制定与落实均离不开组织的支持。组织是一切安全管理活动的基础。

作为安全总体管理，安全组织管理的功能包括：制定安全管理的方针、政策和目标，分配责任和权限，组织实施安全管理规划，提供决策沟通和协调配合，安全检查及整改，分析处理事故，其他。

（2）安全法制

建立健全安全法制的目的就是使人、机、环境能够对安全管理活动做到有章可循、有法可依，即起到规范人、机、环境安全管理的作用。安全法制管理的功能主要表现在四个方面：完善运输安全法规，建立健全规章制度，完善安全标准体系，监督与考核规章制度、作业标准的执行。

（3）安全信息

一切安全管理活动，都离不开安全信息的支持。信息传递是组织管理理论的重要内容，信息促使系统动态化并且将组织目标与参与人员联系起来。正是由于信息的纽带特性，使得安全信息成为安全总体管理的内容。安全信息管理子系统的功能包括：收集、记录、整理、传输、存储系统安全信息，提供系统安全分析工具、评价方法与决策支持，追踪先进安全科技与管理信息。

（4）安全技术

安全技术管理的内容包括对运输安全硬件技术设备的安全管理和对运输安全软件技术设备的研究、开发和应用。由于安全技术管理中单独针对人员、设备和环境的部分属于安全对象管理而非安全总体管理，因此，作为安全总体管理中的安全技术管理，应排除单独针对人员、设备、环境的技术管理部分。安全技术包括：安全分析、评价和管理方法的研究与应用，事故管理方法的研究与应用，各种安全作业方法、工艺过程的研究与应用，制定与完善安全技术规范的方法的研究与应用，其他。

（5）安全教育

在交通运输人—机—环境系统中，为了避免种种危险，防止事故，必须通过各种形式和方法，对广大从事交通运输的人员进行经常性的安全教育和培训，从而促进安全相关行为或改进人的行为状态。因此，安全教育管理应具有完善各级安全教育体系以及建立健全促进安全行为的奖惩制度的功能。

（6）安全资金

安全资金是搞好运输安全管理必要的物质基础。安全资金管理的内容包括对保障运输安全所需资金的筹集、调拨、使用、结算、分配等。

2. 安全对象管理子系统

单独针对人员、设备、环境的安全管理称为安全对象管理。安全对象管理子系统可进一步细分为人员安全保障子系统、设备安全保障子系统和环境安全保障子系统。

（1）人员安全保障子系统

人员安全保障是指保障人员安全性的所有措施，即保障不因人的差错而导致事故和隐患。在排除设备和环境因素之后，人员安全保障包括提高人员安全素质和加强人员安全管理两部分。

1）提高人员安全素质的措施又可称作人员直接安全保障。提高人员安全素质最为有效的途径是岗位安全教育和培训，包括针对不同岗位职工进行不同内容的安全教育和培训。

2）加强人员安全管理的目的是防止因间接原因而产生人的差错，又叫人员间接安全保障。包括加强安全劳动管理、加强职工生活管理和加强行为管理。

（2）设备安全保障子系统

设备安全保障子系统的内容包括：

1）设备安全设计。选用具有较高安全性（包括人际工程设计、可靠性、可维修性、可达性、先进性等）的设备。

2）设备的保养、检修及更换。保障设备始终处于良好的运行状态，对于超过服役期的设备要及时更换。

3）设备状态及工作情况的检查和监控管理。有效获得各种设备安全性能的实时动态信息。

4）设备的故障安全对策。保证故障发生后能够导向安全，不至于产生非安全的连锁反应，使事故造成恶果的影响尽可能缩小。包括：

①故障安全设计。保证设备具有故障不直接导致事故的安全性能。

②闭锁构成方式。当作业人员误操作或误认状态演示操作时，能使这种操作无效，并自动控制后续操作，使其不能连续进行。

③防止误操作方式。即使操作错误也不能使设备发生错误动作。

④替代方式。对于信号设备还应该考虑其自身性能以外的代用操作方式。

（3）环境安全保障子系统

由于影响运输安全的环境条件包括内部小环境（作业环境、内部社会环境）和外部大环境（自然环境、外部社会环境），因此，环境安全保障子系统可进一步细分为内部环境安全保障和外部环境安全保障两部分。

1）内部环境安全保障。改善影响运输安全的内部环境，它是运输安全保障系统的重要内容。包括：

①作业环境安全保障。为保障运输安全，必须保持操作者的作业环境处于良好状态，包括作业空间布置、温度、湿度调节，采光照明设置，噪声与振动的控制，以及有毒有害气体、粉尘、蒸气的排除等方面。

②内部社会环境安全保障。针对影响交通运输安全系统内部的政治、经济、文化、法律等环境采取的一系列控制措施。

2）外部环境安全保障。外部环境即不可控环境。外部环境安全保障是指为了淡化外部环境对交通运输安全的负面影响，强化其正面影响，而对运输系统进行调节的所有管理手段。包括：

①自然环境安全保障。针对影响运输安全的自然环境条件所采取的一系列防范措施，其目的是使自然环境对运输安全的影响被降低到最低限度。为此，必须做好自然灾害的预测、预报与防治工作，以及恶劣气候下安全作业方法的完善与落实

工作。

②外部社会环境安全保障。为了保障运输安全，交通运输必须随着它所赖以生存的社会环境条件的变化而作适当调整，化消极影响为积极影响。外部社会环境安全保障的内容极其广泛，但是较为直接的是保障运输线路沿线治安和站场秩序状况。为此，应密切与地方政府配合，加强安全管理；加强对运输线路沿线人员以及旅客、货主的宣传教育；加强法制管理。

第二节　交通安全主动控制系统原理

一、信息传递和控制系统

安全信息是安全活动所依赖的资源。各种安全标志、安全信号就是安全信息，各种伤亡事故的统计分析也是安全信息。安全科学的发展，离不开信息科学技术的应用。安全管理就是借助于大量的安全信息进行管理，其现代化水平决定于信息科学技术在安全管理中的应用程度。安全信息原理研究安全信息定义、类型，以及安全信息的获取、处理、存储、传输等技术，涉及系统管理网络、检验工程技术，监督、检查、规范化的科学管理等。安全信息是企业标志安全管理方案的依据。在编制安全管理方案，确定目标值和保证措施时，需要有大量可靠的信息作为依据。例如，既要有安全生产方针、政策、法规和上级安全指示、要求等指令性信息，又要有内部历年来安全工作经验教训、各项安全目标实现的数据，以及通过事故预测获知的生产安危等信息，作为安全决策的依据，这样才能编制出符合实际的安全目标和保证措施。安全生产过程是一个极其复杂的过程，不仅同静态的人、机、环境有联系，而且同动态的人、机、环境结合的生产实践活动有联系，同时又与安全管理效果有关。对其进行有效的安全组织、协调和控制，主要是通过安全指令性信息（如安全生产方针、政策、法规、安全工作计划和领导指示、要求等），统一生产现场员工的安全操作和安全生产行为。生产实践活动中，员工的各种异常行为，工具、设备等物质的各种异常状态等生产大量的不良信息，均是导致事故的因素。企业管理人员通过安全信息的管理方式，获得不利安全生产的异常信息之后，通过采取安全教育、安全工程技术、安全管理等手段，改变了人的异常行为、物的异常状态，使之达到安全生产的客观要求，这样安全信息就具有了间接控制事故的功能。

管理学的控制原理认为，一项管理活动由四个方面的要素构成。一是控制者，即管理者和领导者。前者执行的主要是程序性控制、理性控制，后者执行的是职权性控制、例外控制。二是控制对象，包括管理要素中的人、财、物、信息等资源及其结构系统。三是控制手段和工具，主要包括管理的组织机构和管理法规、计算机、信息等。其中，组织机构和管理法规保证控制活动的顺利进行，计算机可以提高控制效率，信息是管理活动沟通情况的桥梁。四是控制成果。管理学上通常将控制分为前馈控制和后馈控制、目标控制、行为控制、资源使用控制、结果控制等。在安全管理领域，安全控制原理要研究组织合理的安全管理人员和领导者；明确事故防范的控制对象，对人员、安全投资、安全设备和设施、安全生产计划、安全信息和事故数据等要素有合理的组织和运行；建立合理的管理机制，设置有效的安全管理机构，制定适用的安全生产规章制度，开发基于计算机管理的安全信息管理系统；进行安全评价、审核、检查的成果总结机制等。运用安全控制原理对安全生产进行科学管理，其过程包括三个基本步骤：一是建立安全生产的判断准则和标准，二是衡量安全生产实际管理活动与预定目标的偏差，三是采取相应安全管理、安全教育以及安全工程技术等纠正不良偏差或隐患的措施。

二、事故预防的 3E 准则

海因里希把造成人的不安全行为和物的不安全状态的主要原因归结为四个方面的问题：不正确的态度，技术、知识不足，身体不适，不良的工作环境。针对这四个方面的原因，海因里希提出工程技术方面改进、说服教育、人事调整和惩戒四种对策。这四种安全对策后来被归纳为众所周知的 3E 准则：工程技术（Engineering），即利用工程技术手段消除不安全因素，实现生产工艺、机械设备等生产条件的安全；教育（Education），即利用各种形式的教育和训练，使职工树立“安全第一”的思想，掌握安全生产所必需的知识和技能；强制（Enforcement），即借助于规章制度、法规等必要的行政乃至法律手段约束人们的行为。这里，安全工程技术对策着重解决物的不安全状态的问题；安全教育对策和安全强制对策则主要着眼于人的不安全行为的问题，安全教育对策主要使人知道应该怎么做，而安全强制对策则要求人必须怎么做。

相应地，交通运输的 3E 准则具体如下：

交通运输安全工程技术一般分为三个方面：交通运输工具主动安全装置与被动安全装置的设计，交通线路在平面、纵断面、横断面三种维度及其延伸中合理线路布局以及各种技术指标要求，交通运输网络中的站场枢纽的设施设置及线路配置形式设计等。

交通运输安全教育根据交通运输的种类分为公路安全教育、铁路安全教育、水上交通安全教育等；按照教育的对象可以分为交通运输工具驾驶与操作人员的安全教育、交通运输服务行业人员的安全教育、社会人员的交通运输安全教育等；按照教育的内容可以分为安全意识与安全责任教育、安全操作规程教育、事故应急及疏散教育等。

交通运输的强制包括交通运输安全管理方针，交通运输安全法规的制定与完善，交通运输检验、管理行业标准，交通运输纠正违法的各类执法行为等。

一般地讲，在选择安全对策时应该首先考虑工程技术措施，然后是教育、训练。实际工作中，应该针对不安全行为和不安全状态的产生原因，灵活地采取对策。例如，针对驾驶员的不正确态度问题，应该考虑工作安排上的心理学和医学方面的要求，对关键岗位上的人员要认真挑选，并且加强教育和训练，如果能从工程技术上采取措施，则应该优先考虑；对于技术、知识不足的问题，应该加强教育和训练，提高其知识水平和操作技能；尽可能地根据人机学的原理进行工程技术方面的改进，降低操作的复杂程度。为了解决身体不适的问题，在分配工作任务时要考虑心理学和医学方面的要求，并尽可能从工程技术上改进，降低对人员素质的要求。对于不良的物理环境，则应采取恰当的工程技术措施来改进。即使在采取了工程技术措施，减少、控制了不安全因素的情况下，仍然要通过教育、训练和强制手段来规范人的行为，避免不安全行为的发生。

如果将交通运输 3E 准则的三个方面作为三个支脚来构建起一个安全平台，那么任何一个支脚的过短或者过长都会使得安全平台出现倾斜，严重的甚至会出现平台倾覆。这也提醒我们为了防止事故发生，除了在 3E 准则的三个方面实施对事故的预防与控制外，还应该始终注意保持三个方面的平衡、协调发展，不可顾此失彼，只是单一加强一个方面。只有始终保持三者间的均衡，合理地采取相应措施和综合使用上述措施，才有可能搞好事故预防工作。

三、事故预防工作 5 阶段模型

一直以来的实际工作中，人们就通过如图 2—4 所示的一系列努力来防止交通运输事故的发生。掌握事故发生及预防的基本原理，拥有从事事故预防工作的知识和能力，是开展事故预防工作的基础。在此基础上，事故预防工作包括 5 个阶段的努力。

（1）建立健全交通运输事故预防工作组织，形成由企业领导牵头的，包括安全管理人员和安全技术人员在内的事故预防体系，并发挥其效能。

（2）通过实地调查、检查、观察以及对有关人员的询问，加以认真地判断、研

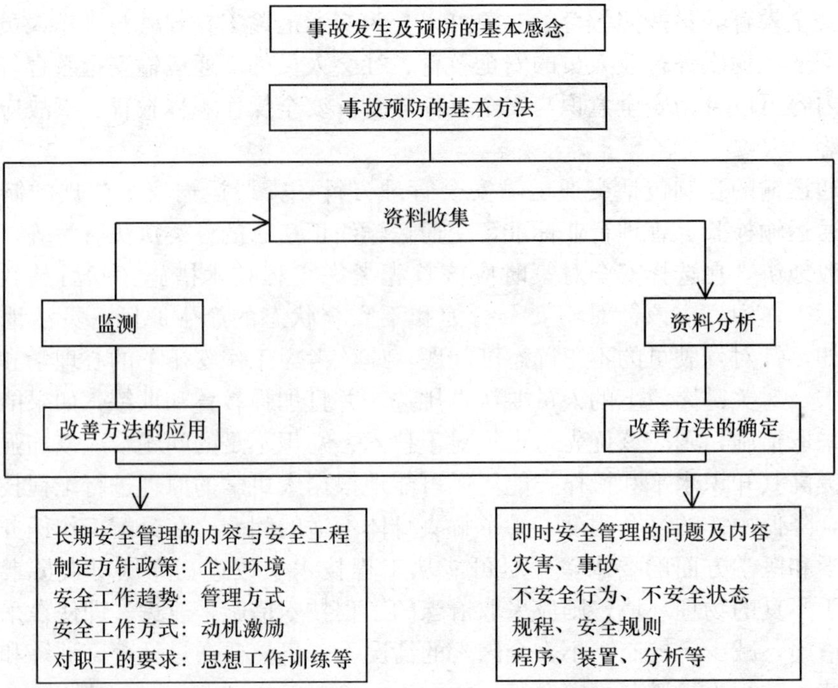

图 2—4　事故预防工作 5 阶段模型

究，并对事故原始记录反复研究，收集第一手资料，找出事故预防工作中存在的问题。

（3）分析事故及不安全问题产生的原因。包括弄清事故发生频率、严重程度、场所、工种、生产工序、事故类型及有关的工具、设备等，找出其直接原因和间接原因，主要原因和次要原因。

（4）针对分析事故和不安全的原因，选择恰当的改进措施。改进措施包括工程技术方面的改进、对人员说服教育、人员调整、制定及执行规章制度等。

（5）实施改进措施。通过工程技术措施实现机械设备、生产作业条件的安全，消除物的不安全状态；通过人员调整、教育、训练，消除人的不安全行为。在实施过程中进行监督。

经过具体的生产实践和总结，根据现代安全管理的观点，人们又对事故预防工作 5 阶段模型进行了改进。该模型以改进措施的实施作为事故预防的最后阶段，不符合“认识—实践—再认识—再实践”的认识规律和系统工程的原则。

预防事故工作是一个不断循环、不断提高的过程，不可能一劳永逸。如图

2—5 所示，把事故预防工作分为资料收集、对资料进行分析、发现问题、选择改进措施、实施改进措施、对实施过程及结果进行监测和评价、收集检测得到的资料等。

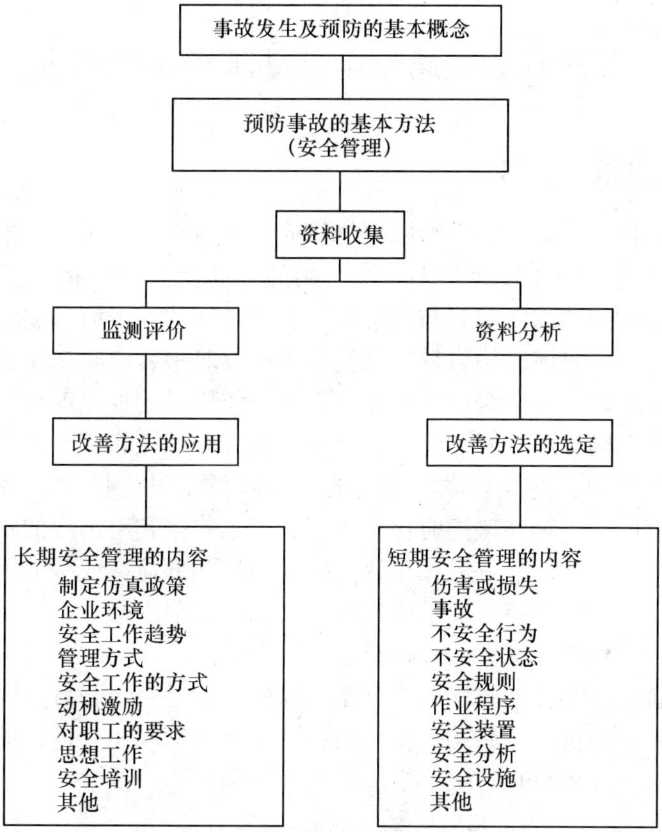

图 2—5　改进型事故预防工作模型

改进措施可分为直接控制人员操作和完善生产条件的措施，以及通过指导、训练和教育，逐渐养成安全操作习惯的长期改进措施。前者对现存的不安全状态及不安全行为立即采取措施解决；后者用于克服隐藏在不安全状态及不安全行为背后的深层原因。

如果有可能运用技术手段消除危险状态，实现本质安全时，不管是否存在人的不安全状态，都应该首先考虑采取工程技术上的对策。当某种人的不安全行为引起或者可能引起事故而又没有恰当的工程技术手段防止事故发生时，应立即采取措施防止不安全行为重复发生。这些及时的改进措施也是十分有效的。然而绝不能忽视所有造成驾驶员不安全行为背后的原因，这些原因更重要。否则，改进措施仅仅解决了表面问题，而事故的根源没有被铲除掉，以后还会发生事故。

第三节　交通安全被动防护系统原理

一、交通事故幸存性

在与其他车辆或轨道上的大型障碍物相撞或其他事故中对车中乘客的伤亡，主要是在碰撞当时由于旅客和乘务人员所占用的空间受到严重挤压、乘坐空间的贯穿，或在车辆突然加速期间乘客与内部设施表面之间的冲击而造成的。为了最大限度地减少伤亡，车辆总体结构设计应能使发生事故时乘客空间挤压和贯穿危险降到最低限度。车辆结构的力—绕度特性影响着事故作用时的加速度脉冲幅度和持续时间。车辆之间或车辆分段之间的连接特性要对事故时的拱起、翻转等起作用。抵抗车辆间相对垂直剪切、侧滚和横向偏转的连接降低了发生拱起、摺曲和翻转的危险。这类连接有助于车辆在碰撞时保持直立、相互连接和不出线的状态。

常规铁路车辆结构性能一般按车辆应承受得住端部荷载或缓冲器强度而不发生永久形变来确定。在常规技术要求中包括的其他最低限度荷载，涉及在车钩或地板上方规定高度上的角耦荷载和缓冲杆荷载。

影响交通事故幸存性的要素有在列车端部的车辆是否包含有旅客舱室，是否有任何安全预防措施和可挤压结构，使用材料，以及车辆间相互连接的特性等。下面以高速轨道运输（HSGGT）为例列举事故幸存性特点，见表2—1。

表2—1　　国外HSGGT事故幸存性特点

HSGGT系统	编组情况	动力车	客车	车辆间连接方式	其他特点
德国	车辆由几个单独的车辆单元组成	不适用	焊接铝和复合材料	认为是球窝接头，允许在所有平面内有优先的旋转自由度	不是对铁路标准设计的
法国	动力车＋8～10节客车＋动力车两列车组可以耦合	焊接碳钢	焊接碳钢铝（双层）	铰链式，包括万能接头和其他连接件，允许在所有平面上有有限旋转。列车组之间采用专门设计的中央车钩连接	在列车两段采用积压的能力吸收式结构

续表

HSGGT 系统	编组情况	动力车	客车	车辆间连接方式	其他特点
日本	多机组列车	不适用	焊接碳钢	中央车钩	无
英国	动力车＋10 节客车＋驾驶室/行李车	焊接碳钢	焊接碳钢	中央车钩	驾驶室/行李车最低限度重量为 48 t，使用排障器
意大利	多机组列车，多数车辆带动力全部载客	不适用	焊接积压铝材	中央车钩	有源可倾式系统
西班牙	仅有客车编组，无机车或动力车	不适用	焊接积压铝材	铰链式，其他连接件，允许在所有平面上有有限旋转	无源可倾式系统

此外驾驶室的耐碰撞程度，车辆的装备部件如外扶手、门等及车内装备部件，车辆和机车窗用玻璃等，各国都有自己的车辆事故幸存性标准。

二、运载工具的被动防护原理

被动安全性是指汽车发生不可避免的交通事故后，能够对车内乘员或行人进行保护，以免发生伤害或使伤害降低到最小程度。交通事故原因的统计分析表明，以预防事故发生的主动安全性只能避免 5%的事故，因此提高运载工具被动安全性日趋重要。目前对于运载工具的被动防护原理的研究主要集中在三个方面：

1. 车身结构的耐撞性原理研究。主要研究载具车身对碰撞能量的吸收特性，寻求改善车身结构抗撞性的方法。在保证乘员安全空间的前提下，使得车身变形的碰撞能量最大，从而使传递给车内乘员的碰撞能量降低到最小。目前，车身结构的耐撞性研究通常采用实车碰撞和计算机仿真相结合的方法。

2. 碰撞生物力学原理研究。主要研究人体在不同形式的碰撞中的伤害机理、人体各部位的伤害极限、人体各部位对碰撞载荷的机械响应特性以及碰撞试验用人体替代物。

3. 乘员约束系统及安全内饰件研究。乘员约束系统的研究，目的是尽量避免人体与内饰件发生二次碰撞，内饰件的研究则是使人体与之发生二次碰撞时，对人体造成的伤害最小。安全带是乘员保护系统中最早采用的装备，其设计宗旨是在车辆发生前撞及翻滚时约束人体相对车辆的运动，对保护乘员能起到显著效果。安全气囊是另一种常见的乘员保护设备，它与安全带的合理匹配可对乘员进行有效的保护。安全座椅、吸能式方向盘、软化的内饰件等对于缓冲二次碰撞以减少对人体的冲击具有重要作用。

实车碰撞试验法规主要有美国的FMVSS和欧洲的ECE两大体系，其他国家的技术法规大多是参照上述两个法规体系制定的。正面碰撞法规为FMVSS208、ECER94，侧面碰撞法规为FMVSS214、ECER95。我国的CMVDR294是以ECER94为蓝本制定的，但是碰撞方式改为90度垂直碰撞方式。

侧面碰撞位居正面碰撞之后，是第二种最常见的碰撞形式。然而美国和欧洲的侧面碰撞法规从碰撞试验方法、碰撞试验假人、假人的伤害指标、代表平均车的移动壁障的质量、吸能块的外形、尺寸及刚度都不相同。欧、美关于汽车侧面碰撞法规的差异，给汽车厂商的产品开发造成了很大障碍，因此统一侧面碰撞法规是目前的主要工作之一。此外，侧面碰撞假人的统一是迫切需要解决的问题。不同标准假人可能会导致对侧面碰撞保护措施效能的评价结论的不同，所以统一侧面碰撞假人是当务之急，计划在2004年开发完成。我国目前也正在着手制定侧面碰撞法规，将以ECER95为蓝本制定CMVDR295。

三、应急防护

应急防护系统应能在突发事件发生时，立即做出反应，采取防护行动，有效防护可能被伤害的对象，控制事件的蔓延，最大限度地减少突发事件对人员的伤害。应急防护的方法包括空间防护、时间防护、环境防护、医疗防护、个体装备防护等。

要实现真正意义上的有效防护，最大限度地将危害降低至最低，涉及识别防护需求、采取防护措施和防护结果检验三个主要过程，如图2—6所示。

1. 识别防护需求包括发现突发事件、信息反馈和汇总分析研究三个步骤。因此，首先，要求任何组织或部门都应设置监督岗位。这一岗位的职责是在日常工作中发现异常情况并及时反馈。此岗位应分布于组织内部的各个主要部门，任监督职责的人员应熟悉本部门或本领域的专业技术，有识别异常情况的能力，在日常工作中对本部门或本专业的工作实施监督，发现问题并及时反馈信息。其次，部门、组织乃至行业应规定信息反馈的途径，明确信息如何反馈，信息由谁收集，信息提交何处。这样，当异常情况发生时，一线的信息就能够通过规定的途径和载体及时反馈到信息收集部门，该部门再迅速将信息提交到相关管理部门。汇总所收集的信息，分析判定事件的性质，研究事件发生的根本原因，是识别防护需求的关键。这

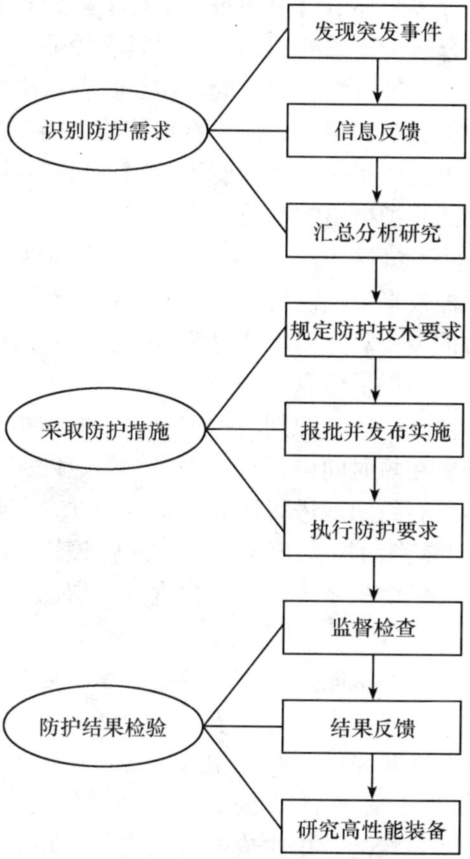

图 2—6　应急防护流程图

需要高水平的专业人员，通过对事件现象的研究，凭借高深的知识水平和经验，准确提出防护装备的需求。

2. 采取防护措施包括规定防护技术要求、报批并发布实施和执行防护要求三个步骤。首先，突发的、异常的事件往往会出现特殊的防护需求，有时会找不到一个完全适用的产品和相应的技术标准或规范，这就需要及时组织各方面的专业技术人员为满足特殊防护需求定义防护用品，提出相应的防护方案和技术要求，规定相应的检验方法，这些规定应得到各方面人员的充分论证，必要时，应进行相关验证性试验。其次，这些规定应得到国家相关管理部门批准，并由其发布实施。最后，执行防护要求是应急防护的核心。这一过程较为复杂，涉及防护用品的生产、检验、销售、使用、管理等多个环节。要使每一个环节得到有效的落实，应对每一个过程实施管理。生产符合防护要求的用品，需要具有较强的应变能力和质量保证能力的生产企业；对防护用品进行符合性检验，需要具备相应能力并有资格的检验机构；保证使用者及时购买到防护用品，需要有规范的市场和畅通的供销渠道；正确使用防护用品，需要使用人员了解相关的使用常识。只有对防护要求的每一个环节进行严格管理，才能保证防护措施的有效落实。

3. 防护结果检验包括监督检查、结果反馈、研究高性能装备三个步骤。首先对于应急防护的产品哪种效果最佳需要专业的检验机构对其的防护结果进行检验认证，才能选择最佳的防护装备。然后，通过测试试验发现问题并及时反馈，为改善和提高防护装备的技术性能提供信息。

总而言之，突发事件发生后，识别防护需求、采取防护措施、检查和验证防护效果，这一系列工作需要在短时间内进行，以最快的速度完成，并需要技术和资源方面的积累和准备，需要有组织地进行协调、整合资源、科学管理，需要建立一个快速反应系统，需要设计应急防护系统结构，以提高国家、城市组织的抗灾害能力。

从管理方面考虑，应急防护系统至少应包含 3 个层面。

1. 决策管理层

策划应急防护总体方针和战略；批准应急防护系统运行中生成的各项规定。

2. 行政管理层

发布和组织实施应急防护系统运行中生成的各项规定。

3. 技术管理层

制定、执行应急防护系统运行中生成的各项规定。并根据需要进行测试验证和监督检查。从运行方面考虑，为保证应急防护及时、快速、有效并符合法律要求，应急防护系统至少应开通两条“绿色通道”。

（1）文件审批“绿色通道”

打破常规，由决策管理层组织技术、管理等方面的人员。以汇签的方式审查管理文件和技术规范，并批准发布。

（2）资格认证“绿色通道”

技术管理部门对相关检测机构，按照其能力给予快速认可。确认其资格，保证检测结果公正、准确、有效。从资源方面考虑，应急防护系统至少应建立 5 个数据库。

1）技术专家数据库。建立多学科、多领域，涉及专业、特长、级别、职称、经历、经验联系方式等方面的专家数据库，供管理部门选择和调用。

2）检测能力数据库。建立包含所有检测机构、检测范围、测试能力、人员状况、资源状况、资质说明、认证认可状况、联系方式等方面内容的数据库，供技术管理部门资源整合，统一调动、选择使用。

3）生产能力数据库。建立包含防护用品生产单位、产品品种、质量状况、管理现状（包括体系认证情况）、技术水平、企业规模、人员结构、生产设备、生产能力、联系方式等信息的数据库，供管理部门指导生产和调用，供使用方面人员选择和购买。

4）物质资源数据库。建立一个与防护用品、防护用品的生产和检验相关的物质资源储备状况数据库。供生产、检验、使用方面的人员选择和购买。

5）突发事件案例数据库。任何一个突发事件的处理都会给人们留下宝贵的经验，积累事故处理方案，总结事故处理经验，供各级人员参考。

四、防护系统可靠性

1. 狭义上的防护系统可靠性

防护系统可靠性是指防护系统在规定条件下和规定时间内完成规定功能的能力。防护系统本身不出故障的概率称为“结构可靠性”，满足精度要求的概率称为“性能可靠性”。狭义上可靠性通常包括以上两者。

防护系统可靠性理论的基本原理是运用概率统计与运筹学理论和方法对交通运输防护系统做定量研究。可靠性理论起源 20 世纪 30 年代，最早研究的领域包括机器维修、设备更换和材料疲劳寿命的问题。第二次世界大战期间由于研制使用复杂的军备装备和评定改善系统可靠性的需要，可靠性理论得到了重视和发展。现在它的应用已从军事部门扩展到国民经济的许多领域。

（1）可靠度 $R(t)$

如果假定 t 为规定的工作时间，T 为产品故障前的时间，则把产品在规定的条件下和规定的时间内，完成规定功能的概率定义为产品的可靠度，用 $R(t)$ 表示：$R(t)=P(T>t)$。其中，$P(T>t)$ 就是产品使用时间 T 大于规定时间 t 的概率。

若防护系统数是 N_0 个，到 t 时刻未失效的有 $N_s(t)$ 个，失效的有 $N_f(t)$ 个，则没有失效的概率估计值，即可靠度的估计值为：

$$R(t)=\frac{N_s(t)}{N_s(t)+N_f(t)}=\frac{N_s(t)}{N_0}=\frac{N_0-N_f(t)}{N_0} \tag{2—1}$$

（2）不可靠度 $F(t)$

如果仍假定 t 为规定的工作时间，T 为产品故障前的时间，则把产品在规定的条件下，在规定的时间内丧失规定的功能（即发生故障）的概率定义为不可靠度

（或称为故障概率），用 $F(t)$ 表示：$F(t) = P(T \leqslant t)$。

同样，不可靠度的估计值为：

$$F(t)=\frac{N_f(t)}{N_s(t)+N_f(t)}=\frac{N_f(t)}{N_0}=\frac{N_0-N_s(t)}{N_0} \tag{2—2}$$

由于故障和不故障这两个事件是对立的，所以 $R(t)+F(t)=1$。

当 N_0 足够大时，就可以把频率作为概率的近似值。同时可见，可靠度是时间 t 的函数。因此 $R(t)$ 亦称为可靠度函数，且 $0 \leqslant R(t) < 1$。

2. 防护系统故障曲线

防护系统的故障产生可以用故障曲线来描述，故障曲线又称“浴盆曲线”（见图 2—7）。

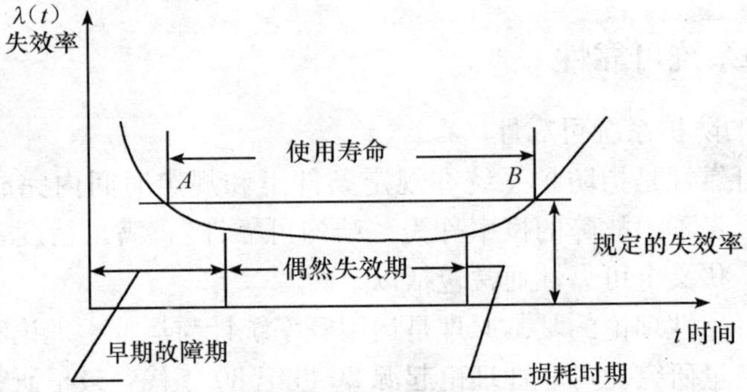

图 2—7　故障曲线

由图 2—7 可知，故障曲线分为三个阶段：

（1）早期故障期

早期故障反映了设计、制造、加工、装配等质量薄弱环节。早期故障期又称调整期或锻炼期，此种故障可用试验的办法来消除。

（2）正常工作期

在此期间故障率低而且稳定，是设备工作的最好时期。在这期间，产品发生故障大多出于偶然因素，如突然过载、碰撞等，因此这个时期又叫偶然失效期。

（3）损耗时期

在此期间，零件磨损、陈旧，引起设备故障率升高。如能预知损耗开始的时间，通过加强维修，在此时期开始之前就及时将陈旧损坏的零件更换下来，可使故障率下降，也就是说可延长可维修设备与系统的有效寿命。故障率的单位一般采用 10^{-5} 小时或 10^{-9} 小时（称 10^{-9} 小时为 1 fit）。故障率也可用工作次数、转速、距离等表示。

3. 元素可能性及系统结构对防护系统可靠性的影响

防护系统可靠性是建立在系统中各个组成部分之间的作用关系和这些部件本身可靠度的基础上的，系统的可靠性取决于元素可能性及系统结构。

（1）串联系统

串联系统又称基本系统，从实现系统功能的角度来看，它是由各元素串联组成的系统。串联系统的特征是，只要组成系统的所有单元中，任一单元发生故障都会导致整个系统发生故障；或者说只有当系统中所有单元都正常工作时，系统才能正常工作的系统称为串联系统。串联系统结构如图 2—8 所示。

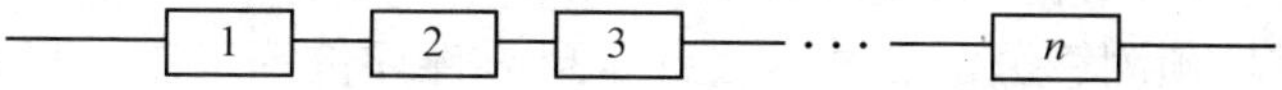

图 2—8　串联系统方框图

根据串联系统的定义及逻辑框图，其数学模型为：

$$R_s(t) = \prod_{i=1}^{n} R_i(t) \tag{2—3}$$

式中　R_s（t）——系统的可靠度；

R_i（t）——第 i 个单元的可靠度。

若各单元的寿命分布均为指数分布，即：

$$R_i(t) = e^{-\lambda_i t} \tag{2—4}$$

$$R_s(t) = \prod_{i=1}^{n} e^{-\lambda_s t} = e^{-\sum_{i=1}^{n}\lambda_i t} = e^{-\lambda_s t} \tag{2—5}$$

$$\lambda_s = \sum_{i=1}^{n} \lambda_i \tag{2—6}$$

式中　λ_s——系统的故障率；

λ_i——各单元的故障率。

（2）并联系统

组成系统的所有单元都发生故障时，系统才出现故障的系统叫并联系统，它属于工作储备模型。其逻辑框图如图 2—9 所示。

根据并联系统定义逻辑框图，其数学模型为：

$$F_s(t) = \prod_{i=1}^{n} F_i(t) \tag{2—7}$$

式中　F_s（t）——系统的不可靠度；

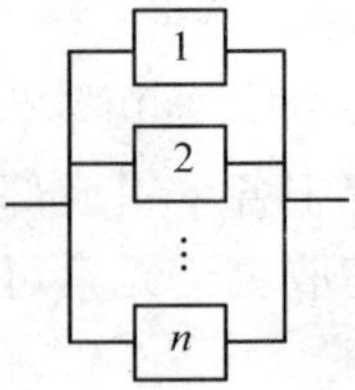

图 2—9　并联模型

F_i (t) ——第 i 个单元的不可靠度。

由此可见，并联系统可靠度大于或者至少等于 i 并联单元可靠度的最大值。

总而言之，可靠性设计是保证防护系统满足给定可靠性指标的一种设计方法。包括对系统的可靠性预测、分配、技术设计、可靠性评价等工作。其中，技术设计是可靠性指标的重要方向。预防故障发生，及时消除故障，便于检查易发生故障部位是技术设计的主要任务。为达到系统的可靠性，必须对成本、可靠性、可维修性、性能等各因素进行综合权衡并以此作为设计的依据。

须注意：可靠性分配时要根据系统的可靠性目标，确定系统各组成部分的可靠性指标。这是可靠性设计的重要步骤，通过可靠性分配可进一步落实可靠性指标，明确各子系统和单元的可能性要求，发现薄弱环节，为改进防护系统提供依据。

第四节　交通安全文化

随着交通运输理论和实践的不断发展，许多发达国家从 20 世纪 70 年代就开始从人、车、路、环境等多方面入手，综合运用管理技术和科学技术研究治理交通安全问题，并取得了显著成效。其中，道路交通事故在西方发达国家处于逐渐下降趋势并保持在较低的水准线下。相比而言，发展中国家的道路交通事故却进入持续增长的状态，这虽然与各国国民经济高速增长和机动车保有量上升速度有关，但也与交通安全文化等因素密切相关，表现为国民交通安全意识落后、安全管理体制不完善、执法不力和安全管理水平落后等。

一、交通安全文化的含义

1. 安全文化的概念

安全文化概念的正式提出是源于 20 世纪 80 年代的切尔诺贝利核事故。在进行该事故原因调查分析时，专家们指出：“切尔诺贝利核事故是对核能安全文化认识不足所致”，涉及劳动法、劳动规章的制定、技术垄断、单纯考虑经济运行成本、核电知识的缺乏、核电建设规划的不完善，乃至酗酒、懈怠等一系列原因。经过综合分析研究，专家发现所有这些问题都出自“没有树立安全高于一切”的文化理念。从此以后，安全文化逐步得到了世人的关注。

1991年国际核安全咨询组INSAG编写的《安全文化》中，对安全文化给出了相对严谨的定义：“安全文化是存在于单位和个人中的种种特性和态度的总和，它建立一种超出一切之上的观念，即核电厂的安全问题，由于它的重要性要保证得到应有的重视。”这一表述强调安全文化既是态度问题，又是体制问题，既和单位有关，又和个人有关，同时还牵涉到在处理所有核安全问题时所应该具有的正确理解能力和应该采取的正确行动。

2. 交通安全文化

交通文化作为一种具有特殊内容和表现手段的文化形态，是人们在社会活动中依赖于以交通、交通资源、交通技术为支点的信息活动而创造的物质财富和精神财富的总和。在交通运输中，交通安全是一项重要的内容和衡量标准。交通运输在实现人、物和信息的位移和流通这一目的基础上，安全成了首要的目标。交通安全是交通文化的重要组成部分，交通安全文化既是交通文化的子文化，也是交通文化的核心目标。具体来说，交通安全文化是指一定时期、一定交通安全技术条件下，交通参与者形成的交通安全价值观、安全态度、安全能力和安全行为方式的总和，其目的是尽量减少交通事故的发生，降低人民生命财产损失，保障交通运输顺利安全实现。交通安全文化不但包含交通行为过程中人和车的安全，而且还包含货物运输中货物的安全准时抵达。交通安全文化不仅体现在交通安全技术的完善，更强调交通意识的提高。从人的交通安全需求出发，把关心人、理解人、尊重人、爱护人作为交通安全宣传教育工作的基本出发点，引导和启发人们从生命价值中切身体会交通安全的重要性，最终营造一种社会性的交通安全氛围。

3. 交通安全文化的构成

专家们从切尔诺贝利核事故原因中提炼出了三方面的原因，即安全理念薄弱、安全知识缺乏、安全行为不当。恰好安全理念、安全知识和安全行为这三方面也共同构成了交通安全文化的支撑体系。同时，这三个方面的建设水平决定了交通安全文化的水平，如图2—10所示，它要求作为支撑的三个方面必须同时发展，只有这样安全文化这个平台才不会坍塌和倾斜，交通安全文化才能朝向积极方面发展。

（1）交通安全理念

安全理念指在自身安全哲学、宗旨、目标、精神作用等基础上，通过理性思维

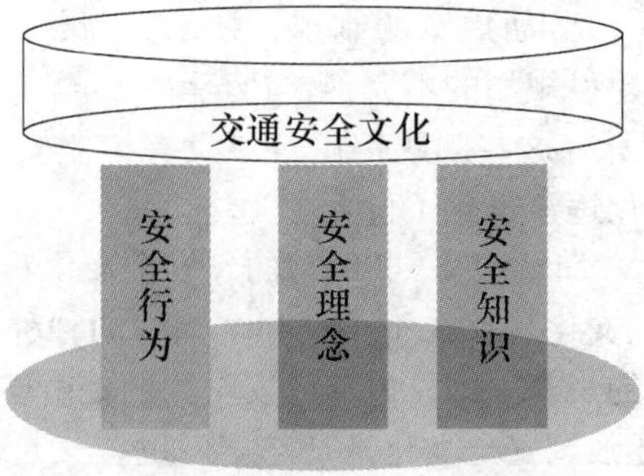

图 2—10　交通安全文化支撑体系

而形成的观念。交通安全理念是一个整体性的概念，它以交通安全价值观为基础，以交通运输组织系统和物质资源为依托，以交通过程中个体和群体的意识和行为特点为表现，形成交通运输安全生产经营管理的思想作风和风格。交通安全理念的水平表现在所有交通参与者对交通安全有形的认知和渗透在交通运输全过程的安全文化氛围。

(2) 交通安全知识

这里的交通安全知识是从广义的角度，既包括狭义的交通安全知识，即交通安全技术、交通安全信息、交通安全制度等以文字和符号的形式存在的有形内容，也包括所有交通参与者在交通运输活动中所具备的经验、技巧、体会等隐性的能力，即交通安全技能。掌握交通安全知识的程度能充分反映出交通安全文化素养的水平。从大量的事故调查中发现，驾驶员安全技术素质低、安全知识缺乏是导致事故发生的一个重要原因。

【案例】

韩国大邱地铁纵火案

2003 年 2 月 18 日韩国大邱地铁一名乘客引发的纵火案造成至少 198 人死亡。火灾发生后，烟雾中有毒气，加之地铁站内漆黑一片，救援工作遇到了很大困难，地铁交通一度陷入瘫痪状态。调查发现，大邱地铁车厢为了防止触电未安装自动报警设备和自动淋水灭火装置，同时未采用先进的阻燃材料，易燃材料燃烧后产生了大量毒气和烟雾，导致了事故的扩大。

一般情况下，地铁运营事故的产生一方面是由于缺乏先进的设备及其安全检测体系，另一个重要方面就是与乘客和地铁工作人员的素质紧密相关。统计表明，几乎每一起重大事故都与地铁工作人员的失职有关。所以务必加强对工作人员的法制教育、技术教育、安全教育和职业道德教育。工作人员要牢记“安全第一”的运营准则，任何时候都不能麻痹大意。同时，还要多加强对乘客在紧急情况下逃生自救知识的宣传教育。

（3）交通安全行为

交通行为是由于交通文化影响而形成的人的交通需求、交通意识、交通能力、交通心理、交通活动等交通选择、接受、利用等行为方式的总称。交通安全行为的规范是交通文明程度的具体体现。在交通安全理念指导下，人们的交通安全行为既受到各项交通安全法律法规的群体性约束，也同时受到每个人交通安全意识水平的个体性约束。因此，只有正确的交通安全行为并得到所有交通参与者的认可和支持，才能保证交通活动的井然有序。

二、交通安全文化的特性

交通运输安全工程本身是一个庞大的系统工程，涉及人、机（车、船、飞机等）、路（公路、铁路、航道、航线）、环境与管理等方面，影响面广，需要对现代化交通运输结构进行全面、综合考虑，才能保证整个交通运输的安全发展。交通安全文化作为交通文化的一个分支，也具备有自身特色的安全文化特性。

首先，交通安全文化具有整体性，表现在同一国家或同一地区的交通参与者一般都有统一的安全价值观念和价值标准。虽然每一个人都可能在参与交通的时候作为一个独立个体而存在，都有着属于自己的交通价值观念和价值标准，同样每个相对独立的群体（如驾驶员群体、行人群体等）也有着属于这个特定群体的价值观念和价值标准，但是，作为交通安全文化核心和灵魂的交通安全价值观念和价值标准却超越了个体和群体而具有整体的相关性和一致性，个体和特定的群体的交通安全价值观念和标准反而受到交通安全文化总体的制约、影响和规定。

其次，从交通安全文化的形成来看，它是机动交通发展的必然结果，是共同的追求和创造。在这个形成过程中，它整合了许多相关内容，是机动车交通的人、车、路和交通环境四大要素发展运动的结果。其中，“人”的发展主要在于交通安全价值观念及价值标准的形成和发展。在不同的历史时期，每一个交通参与者都自觉或不自觉地根据自己的认识能力、生活习惯和文化修养，对交通安全需要做出自己的理解、确定自己的安全价值观和价值标准，而社会则不断地扬弃、同化、融合个体理解的差异性，整合出共同的、一致的方面，最终形成一个统一的、为全体社会成员所普遍接受的总体；而“车”“路”以及“交通环境”的发展则为交通安全提供日益坚实的物质基础和客观条件。

最后，作为一种约定俗成的、无处不在的交通规范，交通安全文化具有明显的社会属性。交通安全文化是一个社会所共同拥有的精神文化财富。任何一个交通参与者、任何一个社会团体，都与交通活动休戚相关，都受到交通安全文化的影响和熏陶，并都受益于斯。尽管对于不同民族以及不同社会价值观念的人来说，交通安全文化不可避免地受到他们既有的思想传统和价值观念的影响，但他们处于一个相同或者相近的交通社会环境之中，都会自觉接受并努力维护建设同一种交通安全文化，从而赋予一个社会以同一交通安全文化的作用力和共同维护交通安全的凝聚力。

作为一种文化，交通安全文化也同样具有兼容性。它能够从其他学科中吸取积极有用的因素并加以改造和吸收。但是，这种安全文化的兼容是一种有选择性的兼容。交通安全文化在形成与发展的过程中，应该注意保留、吸收那些对自身发展进步有益且合理的东西。

三、交通安全文化的功能

首先，交通安全文化有利于交通安全水平的提高。交通安全的实践主体是“人”，交通安全水平的提高有赖于一个国家或者地区政府乃至社会各界的共同努力，不仅需要提供充沛的物质财力，还需要强大的精神动力支持。通过交通安全文化建设，可以有效地促进和保障交通运输安全管理水平的提升，激发全民交通安全的自觉性，在开创和谐、稳定的交通运输事业中发挥重大的凝聚和导向作用。文化是形成凝聚力的黏合剂。从某种意义上讲，一个民族的兴衰，都可以在文化上找到根源；一个企业的成败，也可以从文化中找到症结。文化具有丰富的精神内涵和强大的精神力量。安全文化的伟大功能之一，就在于它在安全生产中可以凝聚人心、增强合力。交通安全文化将政府、运输企业、社会民众有机地团结在一起，共同为保障交通运输的安全承担义务和责任，并为交通安全文化的传播创造条件。

其次，交通安全文化促进交通安全知识的提升。人的交通安全知识、安全思维、安全观念、安全意识、安全行为、安全道德以及自我保护能力等，是依靠后天的教育而逐渐形成的。在我国现有条件下，引发交通事故的责任约80%在驾驶员，大大超过其他国家约30%的比例数。驾驶员素质的高低，直接影响了行车的安全性。因此，一方面需要加大对交通参与者安全知识的教育培训力度，另一方面也需要通过交通安全文化的渗透，通过政府、社会、家庭对人的安全教化，使人对安全及自护由无知到局部有知，同时吸取教训、总结经验、融合提升、优化发展，最终形成每个人所应有的交通安全行为能力和自我保护能力。

最后，交通安全文化引导交通安全规章制度的建设。交通安全文化作为人们认同的交通安全价值观念和行为准则，必然对所有交通参与者的一言一行起到引导作用。交通安全文化通过潜移默化的作用，使人们的注意力逐步转向安全的交通价值观念，促使社会把交通运输安全导向积极的精神状态和健康的文化氛围。在这种理念的引导下，建立和完善相应的交通运输制度、规范、法规作为保障，来规范每一位交通参与者的行为，做到有章可循。在整个交通运输全过程中，制度的长期规范必将促使其内化为习惯性的安全行为，同时又升华成新的安全思想，使得整个交通安全文化建设过程持续发展。

习　　题

1. 什么是系统？交通系统包含了哪些特征？
2. 简述交通运输安全保障系统的结构层次。
3. 试用瑟利—安德森事故致因模型分析某一具体交通事故。
4. 简述事故预防 5 阶段模型。
5. 试用系统防护可靠性的公式计算人的可靠度。

第三章　驾驶心理与驾驶行为

驾驶适应性是驾驶员心理、行为特征的共同体现，驾驶员是各种载运工具的操作者和监视者，提高他们的驾驶安全性，必须明确和测量他们的安全职业适应性，从心理和行为方面去提升他们的职业能力。本章学习应该遵循理论和实际相结合的原则，通过学习掌握驾驶员的基本要求，影响驾驶心理和行为的因素，安全职业适应性测评的方法和程序，职业能力重点测量的因素和驾驶性格测量等重点内容。

第一节　驾驶和驾驶员概述

一、驾驶和驾驶员的概念

驾驶是由一系列驾驶操作动作组成的整体活动。

驾驶员，是根据本人自愿，体检及审核合格，报名参加定期培训之后由公安交通管理部门考核合格，准许驾驶某一车型或多种车型的机动车辆，并持有公安交通管理部门核发的机动车驾驶证的人员。分为学习驾驶员和正式驾驶员。

学习驾驶员是指报名并参加交通法规、机械常识及相关知识考试合格后，持有“中华人民共和国机动车学习驾驶证”的人员。学习驾驶员不允许单独驾驶车辆，只能在规定的时间、路线，并在教练员的监护下学习驾驶机动车辆。

正式驾驶员是学习驾驶员学习期满，考试合格并领取了“中华人民共和国机动车驾驶证”的驾驶员。机动车驾驶员可按照驾驶车型单独驾驶车辆。

二、驾驶员管理与驾驶

驾驶员管理的内容包括以下几个方面：

1. 学习驾驶证的审批和发证。

2. 正式驾驶证的核发、换发、补发，办理驾驶员的增驾及异动手续。

3. 对驾驶员进行安全教育、法制宣传、定期审验等日常管理，掌握驾驶员的数量和动态。

4. 建立、管理机动车驾驶员档案，并做好统计分析工作。

5. 研究驾驶员在道路交通中的生理和心理特征，为确保驾驶员的身体条件提供理论依据。

6. 对驾驶培训行业实施监督，保证和提高培训质量。

三、技能与驾驶

技能是运用知识和经验去完成某一活动的手段。驾驶员的观察力、注意力、思维力、记忆力及一些特殊操作能力都是顺利完成驾驶活动所必须具有的基本心理特征。技能又分为运动技能和智力技能。运动技能是指各种具体操作本领；智力技能主要是人们在大脑中进行认识活动的方式，是凭借感知、记忆、想象、思维等认识活动进行的。驾驶技能是运动技能和智力技能相结合的活动方式，以运动技能为主。驾驶技能的好坏是影响驾驶行为和行车安全的最直接因素。驾驶技能的形成一般要经过以下三个主要阶段。

1. 驾驶技能形成的初始阶段

初学驾驶操作时，是通过教练员的指导或观察别人如何操作来领会基本知识的。主要特点是领会驾驶操作的基本要求，掌握操作的局部动作。此阶段，注意力和记忆力都很紧张，动作忙乱而不协调、生硬呆板，出现多余动作，不能觉察自己的全部动作，不易发现错误和缺点，自信心不足。此阶段要熟记驾驶分解动作。

2. 驾驶技能形成的中间阶段

这一阶段的特点是心理紧张度有所缓解，技术逐步熟练，准确度提高，反应时间缩短，逐渐积累了运动感觉的经验。但动作仍有不协调的地方，不能够离开教练员单独开车。

3. 驾驶技能形成的最后阶段

此阶段的特点是动作连贯协调、干净利落，观察和控制能力增强。

四、性格与驾驶

情绪、性格是个性中起核心作用的心理特点。能力反映活动方式，性格则决定活动的方向。驾驶员的心理活动受性格影响，带有个人特点。性格亦对驾驶行为和安全行车有重大影响。

1. 驾驶员的性格分类

驾驶员的性格主要分为理智型、情绪型和意志型三类。理智型：用理智尺度衡量客观事物，言行举止不易冲动。情绪型：言行举止易受情绪影响，开快车、斗气车，易出交通事故。意志型：积极主动，意志坚定，能吃苦耐劳，完成任务。

2. 不良性格对行车安全的影响

骄傲自满或自卑的人，易造成事故；性格固执、孤僻或有嫉妒心理的驾驶员，影响驾车情绪和心境；情绪不稳定的驾驶员行车中易冲动，开“英雄车”，易出事故；责任心不强、工作马虎的驾驶员，会影响安全行车；私心严重的驾驶员，易造成事故。

3. 驾驶员要养成良好的性格

人的性格是比较稳定的，但也是可以改变的。立场、观点、理想和信念会影响人的性格，环境和外界的刺激也会改变人的性格。要正确分析、评价自己的性格，巩固和发展好的方面，改变和克服不良的方面，努力做一个性格优良的驾驶员。

五、饮酒与驾驶

饮酒与个性特征也有联系。酒精是一种对人体身心机能有严重影响的物质。饮酒对驾驶员的身心健康和驾驶机能都有危害。中国酒的酒精含量：白酒一般在45%～65%，果酒一般为16%～48%，啤酒为3%～5%。酒是一种容易被肠胃吸收和溶解于血液的物质，饮酒后如果空腹，5分钟可以在血液中发现酒精。两个半小时后，酒精被人体全部吸收。

1. 饮酒对驾驶员身心机能的影响

酒精严重损害消化、造血、心血管系统，使这些系统的机能下降或发生病变，严重者会使中枢神经处于异常兴奋或抑制状态；降低感觉、记忆、注意、判断和意志水平，使情绪和性格出现异常状态；血液中酒精含量达到1%即可发生较严重的酒精中毒事故。

2. 酒醉程度与反应

第一阶段：不醉期，血液中酒精含量达0.3%。脸发红，体内发热，外表能看出喝酒，活动仍有自控能力，但大脑机能因受酒精刺激开始有点麻痹。第二阶段：微醉期，血液中酒精含量达0.9%。对事物判断直观，感情抑制解除，性格变得活泼、爽朗，情绪不稳定，话多，有的哼唱歌曲，呼吸变快，出现轻度的语言和运动障碍，反应迟钝。第三阶段：酩酊大醉期，血液中酒精含量达1.2%。感觉迟钝，注意力分散，活动失调，手脚不听使唤，语言障碍，自制力和道德观念丧失，耍酒疯、有时哭、有时笑、有时狂喊乱叫，发生呕吐。第四阶段：烂醉期，血液中酒精含量达1.5%。烂醉如泥，神经系统深度麻痹，思维紊乱，迷迷糊糊，目光呆滞，站立行走靠墙抱柱，有的乱倒乱躺。第五阶段：昏睡期，血液中酒精含量高于1.5%。大脑处于高度抑制状态，体温下降，出现反射减退、意识丧失和呼吸减慢现象，有死亡的危险。

3. 酒后开车原因及预防措施

主要原因有：对酒后开车危险性认识不足，受不正确观点的影响，侥幸心理作怪，受习惯、风俗和社会风气影响，受消极情绪与消极思想的影响。预防措施：加强安全法规教育；亲朋好友及时劝阻；交警部门及农机安全监理机构严格执法，坚决惩罚；驾驶员自觉减少饮酒机会。

六、驾驶员的行为特点和分类

1. 驾驶员的行为特点

驾驶员的行为特点是由驾驶工作的性质决定的。驾驶员的主要行为是驾驶，其行为具有如下特点：

（1）应变性

驾驶车辆是在不断迅速变化的动态状况中进行的。汽车驾驶员对千变万化的外界信息，必须作出迅速而准确的判断和反应，否则就会产生操作失误，甚至发生事故。这就要求汽车驾驶员必须具备迅速接受和处理各种信息的反应能力，特别是在高速交通工具和高速公路日益发达的今天，这一特点就更加突出。

（2）协调性

驾驶是由一系列驾驶操作动作组成的整体活动。驾驶员在行车中，不仅要眼观六路、耳听八方，对外界信息及时地进行分析比较，作出决策，而且要迅速正确地操作。据统计，一个汽车驾驶员在一个工作班上需要完成的各种操作动作上万次。这不仅要求汽车驾驶员在行驶中自身的各个器官能积极而协调地配合，同时也要求汽车驾驶员的各种心理功能在人与车、车与路之间达到最大限度地协调。

（3）警觉性

汽车驾驶员在行车途中，不但要迅速及时地处理已现的、潜伏的、微弱的各种信息，而且要迅速及时地处理那些凸显的信息。凸显信息由于出现的概率小，随机性很大，经常难以察觉，容易放松警惕，一旦出现，驾驶员又往往因措手不及而肇事。因此，汽车驾驶员在行车途中，必须经常保持警觉状态，具有察觉和处理凸显信息的机敏性，做到“闹市区警惕，郊区不麻痹”，以“一万防万一”，才能避免因警觉性差、思想麻痹而导致的交通事故。

(4) 稳定性

复杂的交通环境会引起汽车驾驶员心理状态的变化，这种变化对不同的汽车驾驶员其心理表现是不一样的。经验丰富、自信心强、性格坚定、果断的汽车驾驶员，在遇到紧急状况时，动作往往比平时更准确和迅速。而有的汽车驾驶员则会手忙脚乱，动作失常，神色慌张，不能采取必要的措施，以致出现错误动作而肇事。因此，在复杂危险的情况下，汽车驾驶员能否保持心理状态和情绪稳定，克服惊慌和恐惧感，对保证行车安全是十分必要的。

(5) 独立性

汽车驾驶员在行车过程中，对各种问题的处理通常是单独进行的。因此，汽车驾驶员必须有独立性，在任何情况下都能毫不犹豫、当机立断地采取有效措施；在执行任务的过程中，当遇到意外情况或车辆出现故障时，应具有独立自主地正确处理各种问题的能力。

(6) 风险性

由于汽车的速度快、动能大，发生交通事故的概率较高，风险也大，一旦发生碰撞事故，破坏性极大，往往造成车毁人亡。这种无法避免的现实，使汽车驾驶员的心理经常受到强烈的刺激。因此，汽车驾驶员必须具备一定的承担风险的心理承受力。

2. 驾驶员的分类

按照不同的标准驾驶员可以分为青少年汽车驾驶员、中老年汽车驾驶员、实习汽车驾驶员、小轿车驾驶员、客货车驾驶员及私家车驾驶员，不同类型的驾驶员有着不同的心理特征。

(1) 青少年汽车驾驶员的心理特征

青年人的一个显著特点是对新鲜事物敏感、好奇，接受新鲜事物快、容量大。这对于年轻人学习新知识、了解和适应社会是非常重要的。但是，这一特点也导致了容易受外界的影响，不加选择、盲目地学习和模仿等问题发生，表现为行为无定、变化无常。如有的汽车驾驶员单独执行任务时，不顾别人的劝告，发生酒后开车、开“英雄车”等问题。有的青年人由于自主需要强烈，对外部控制、约束格外敏感，不听别人的劝告，甚至形成逆反心理，如果别人劝其要注意安全、减速行车，他却反其道而行之。

(2) 中老年汽车驾驶员的心理特征

中老年汽车驾驶员大多已具备了丰富的行车实践经验，心理素质已经成熟，驾驶适应性已趋于比较完美的状态，有些情况不必多去思考，可凭借多年积累的行车经验，通过下意识去处置，并且在不利于自己驾驶的条件下创造性地去克服各种困难，车辆行驶在路上，好像成了自己身体的一部分，得心应手，轻车熟路，常有一种千军万马中如入无人之境的感觉。

（3）实习汽车驾驶员的心理特征

实习汽车驾驶员是指经过专业技术培训将要领到驾驶员证，但尚不能单独行车的驾驶员。这类驾驶员不论在驾驶技术方面，还是在行车中处理情况方面，离正式驾驶员还有一段距离。他们开起汽车来缺乏行车常识，往往粗心大意或过于拘谨，对交通信号不熟悉，判断能力差，预见性不足，遇到紧急情况容易惊慌失措，造成严重事故。同时，实习汽车驾驶员由于刚刚学会开车，此时的心理是开车心切。

（4）小轿车驾驶员的心理特征

小轿车驾驶员的主要任务往往是给担任一定领导职务的人开车。各单位在配选小轿车驾驶员时，比较注重从思想作风、驾驶技术等方面进行考察和挑选，多数小轿车驾驶员深感自己责任重大，行车非常谨慎，他们一般对自己要求严格，在驾驶技术、车辆维护和礼貌行车方面，逐步形成了良好的驾驶作风。但是，有时由于对汽车驾驶员缺乏严格的考察和把关，致使个别心理素质不佳者进入小轿车驾驶员队伍。他们当中，有的驾驶作风和安全意识比较差，自恃特殊，认为闯红灯、超速行驶、违章停放等，交警无权处罚；有的感到给领导开车，有“来头”、有“靠山”，即使被纠察通报，也会给予淡化处理。但应当看到，小轿车驾驶员一旦发生交通事故，造成的损失和不良影响及危害是很大的。

另外，由于小轿车的功率、加速性能、爬坡性能各不相同，其机动性好、灵活方便，小轿车驾驶员一般都养成了主动、灵活、快速的驾驶习惯。加之小轿车驾驶员的工作环境优越，车辆性能先进、外形美观，也容易使一些小轿车驾驶员产生“与众不同，高人一等”的“优越”心理、得意忘形的“兴奋”心理、争胜和卖弄的“逞强”心理，甚至产生盲目的骄傲情绪，认为车辆高级，人也高贵。因此，行车时不做礼让，强行超车，盲目开快车，尤其是进口高级轿车驾驶员，自恃车辆性能优越，是交通活动中的佼佼者，旁若无车，霸道行驶，容易导致交通事故的发生。

（5）客货车驾驶员的心理特征

客货车驾驶员主要是指在郊外、边远山区担负长途客货运输任务的驾驶员。由于郊外、边远山区的交通条件和驾驶环境与城市不同，因此，客货车驾驶员具有与其他车型驾驶员不同的心理特征。

（6）私家车驾驶员的心理特征

私家车主要是指自费购置的家庭用车、出租车和个体企业或公司老板用车。近年来，随着我国经济的持续稳定发展，城乡居民生活水平的显著提高，汽车正逐步进入家庭，成为人们普遍喜欢的交通工具，驾驶机动车已从职业型向技能型转变，“学车热”日渐升温，非职业驾驶员增多。

七、驾驶员的基本要求和条件

根据《中华人民共和国机动车驾驶证管理办法》第九条规定，申请领取机动车驾驶证的驾驶员必须具备以下身体条件：

（1）申请大型客车、大型货车、无轨电车驾驶证的，身高不低于 155 cm，申请其他车型驾驶证的，身高不低于 150 cm。

（2）两眼视力不低于标准视力表 0.7 或对数视力表 4.9（允许矫正）。

（3）无赤、绿色盲。

（4）两耳分别距音叉 50 cm，能辨别声源方向。

（5）四肢、躯干、颈部运动能力正常。

（6）无妨碍安全驾驶的疾病及生理缺陷。

会妨碍安全驾驶的疾病主要包括以下内容：

（1）心血管系统疾病，主要为器质性心脏病。

（2）神经系统疾病：癫痫发作者或曾有既往病史、美尼尔氏症、眩晕症、癔症、震颤麻痹和影响手脚活动的脑病。

（3）精神障碍：精神病、痴呆。

会妨碍安全驾驶的生理缺陷为：

（1）运动功能障碍：四肢关节僵直、脊椎活动受限、足外翻等影响运动功能的先天性生理缺陷，或因疾病造成的运动功能障碍。

（2）四肢不全，下肢不等长度大于 5 cm。

（3）拇指残缺：拇指缺失超过指间关节（即超过第一节）。

（4）除拇指外其余四指缺两指，指缺失超过近侧指间关节（即超过两个指节）。

驾驶员年龄条件为：根据《中华人民共和国机动车驾驶证管理办法》第十一条的规定，申请领取机动车驾驶证的驾驶员的年龄为 18 至 60 周岁。18 周岁以下年龄段的青少年，因年龄尚小，身体正处于成长发育期间，并且自我控制能力尚弱，因此还不具备申请领取机动车辆驾驶证的年龄条件。对于 60 周岁以上的老年人来说，因为年纪较大，已不适宜学习驾驶技术及申请领取机动车驾驶证。而对于已经领取机动车驾驶证的 60 岁以上的老年人来说，其驾驶证可以保留到 70 周岁以前，但在行驶中应处处小心，以防不测。

第二节　驾驶心理和驾驶行为分析

一、驾驶心理分析

1. 注意品质

注意是一种心理现象，在驾驶员从事驾驶活动的工作中，注意占特殊地位，它是心理活动对一定对象的指向和集中。即当缺乏注意集中于车辆、行人、道路线形、视距及交通标志时所引起的其与情绪、兴趣之间的关系。例如，不注意看，就会视而不见；不注意听，就会听而不闻；不注意思考，就会判断失误；不注意操作，就会操作失控等。这些情况的出现都是因为注意力没有集中，而导致感知迟缓、判断错误甚至出现危险征兆。因此，考察驾驶员注意品质的差异和限度是非常重要的。驾驶员在驾驶活动中就应排除其他事物的干扰，全神贯注地开车。驾驶员的注意品质与觉醒水平也有很强的相关性。研究表明，人的昼夜生理节律对驾驶员操作具有明显影响。上午 9：00—11：00 为一天中人觉醒水平最高的时刻，注意力较旺盛，而在深夜至清晨，这段时间人的觉醒水平最低，易诱发事故。

2. 反应特性

驾驶员的反应特性主要涉及其反应时间，反应时间主要与年龄、性格、能力，以及视力、判断力、心理状态、暂时性损伤（疲劳、饮酒、药物影响）等有关，由简单反应时间和复杂反应时间组成。驾驶员的反应时间严重影响着驾驶员的安全驾驶能力。

3. 疲劳驾驶

产生疲劳驾驶的原因很多，主要有驾驶员的睡眠质量差、驾驶持续时间长、驾驶动作单调、道路条件及驾驶操作的人机界面设计不合理等情况。除此之外，疲劳还与驾驶员的身体状况、驾驶室环境等有关系。由于驾驶疲劳的形成是渐进式的，因而驾驶效能的下降也是逐渐反映出来的，这些都易导致交通事故的发生。

4. 驾驶员的意志

坚强的意志也是影响驾驶员心理的重要因素。意志是意识的调节，它表现为有能力去实现有目的方向的活动和需要克服困难的行动，人的意志是在完成预先拟定的目的活动行为中表现出来的。一个人具有坚强的意志、蔑视和克服困难的精神，才能在驾车过程中充分发挥自己的聪明才智，克服车辆驾驶中的各种困难，处理好复杂的道路和环境情况，并善于控制自己的情绪，约束自己的言行，克服不良的思想倾向，不急躁、不斗气，不开“英雄”车，不开“情绪”车，使自己始终保持良好的心境。

5. 驾驶员的情绪

机动车驾驶员在从事驾驶活动中都会对自己周围的环境表现出自己的心态。愉快、忧愁、失望、悲伤、恐惧、苦恼等各种不同的情绪和情感变化，是外部事件在人体内引起的一系列内变过程之后出现的表情，当受到刺激时一般是通过面部、动作、眼神等表现出来的。在驾驶车辆行驶过程中，当驾驶员心情愉快时，对事物的观察和判断就会具有积极的促进作用，常常表现为感受力强、反应迅速、判断准确、动作敏捷，这就是所谓“人逢喜事精神爽”，有利于车辆行驶安全。反之，当产生忧愁、苦恼等情绪波动时，则感受力下降、精力分散、懒于观察思考，开起车来胆大气粗，一旦遇到紧急情况和突发事件，则反应迟钝，易出现判断失误等不良行为。所以驾驶员在从事驾驶活动时，不但要有稳定的情绪，而且还要有较好的情感。

6. 人格因素

人格也称个性，是各种心理特性的总和，也是各种心理特性的一个相对稳定的组织结构，在不同的时间和地点都影响着一个人的思想、情感和行为，使他具有区别于他人的、独特的心理品质。驾驶员的人格因素与事故的关系长期以来一直为国内外不同领域的研究者所关注。研究发现，大部分交通事故是由一小部分具有某些人格特质如攻击性、神经质倾向强，而持久性、协调性和同情性较差，及犯罪行为等的人造成的；有趣的是，国内外对优秀驾驶员的研究发现，优秀驾驶员在智力和体力上与普通驾驶员没有多大差别，但他们热爱自己的工作，在工作单位里是“可靠、忠实和勤奋的职工”，在家里是“忠实、可靠、节俭和谨慎的丈夫及父亲”，无论在什么场合，都没有攻击性，总是礼让别人，具有为社会接纳的良好人格特征。总之，驾驶员心理特征与交通事故有着密切的联系，但这方面的研究还有待进一步深入。由于交通事故往往是受人、车、路等多种因素的影响而导致的，许多研究没有控制危险暴露的时间，有的在事故统计上存在着偏差。这些都可能影响研究结果的客观性和一致性。

7. 自我保护意识

意识是人所特有的反映客观现实的高级形式。人的自我保护意识是指为了生存而采取自救行为时所具有的特殊心理功能。一般情况下，驾驶员在操作过程中能够意识到怎样操作更安全，但是有时各种原因会导致安全意识不强。造成自我保护意识不强的原因是多方面的，主要有侥幸心理、逞强心理、盲目自信、片面追求效益的心理。

8. 驾驶技能

驾驶技能是指驾驶员驾车过程中的一系列驾驶操作活动和智力活动。很显然，熟练的驾驶技能对安全行车是必不可少的，但驾驶技术不仅是驾驶安全的一个必要条件，也对其他心理因素也起着重要作用。

9. 危险知觉

要做到安全行车，驾驶人在操作过程中必须不断获得充分的相关信息，在事故发生之前对可能引起事故的危险信号能有准确的感知。然而在驾驶过程中，各种有关、无关的信息以及安全、危险的信息总是混杂在一起的，这就需要靠驾驶人对直接作用于感觉器官的客观事物作出整体的反应，这就是知觉。所以，危险知觉是驾驶技能的重要方面之一，是指对外部环境潜在危险的主观认知和评价，以及相应的准备行为。有关危险知觉的研究是交通事故心理研究中的一个热点，危险知觉水平与事故率呈负相关。日本深尺伸幸对驾驶员的危险意识进行调查，结果发现在含有明显交通状况冲突的调查项目上，事故倾向驾驶员与安全驾驶员比较，差异无显著性意义；而在含有潜在危险的测试项目上，两类人群差异有显著性意义，安全组驾驶员对潜在危险的感受性更高。危险知觉与驾驶员的年龄、经验有关。因此，对驾驶员进行危险知觉能力测试和训练显得尤为重要，也是研究者们十分关注的一个问题。

10. 驾驶风格

驾驶风格实际上就是驾驶员长期养成的驾驶习惯，主要包括选择驾驶速度，是否超车和违章等。Williams 等曾经作过一个有趣的研究，表明危险的驾驶员风格甚至掩盖了高级驾驶技能的作用，成为引发事故的重要原因。他们比较了赛车手与一般驾驶员的事故率和违章率，发现前者的事故率和违章率均比后者高。这一研究说明，养成安全的驾驶风格比提高驾驶技能对于行车安全更为重要。Baxter JS 等报道年轻人和男性与危险驾驶风格关系密切。这些驾驶风格包括超速行车，与前车车距太近（追尾），车间距离太近等。其中，超速行车是与事故率关系最明显的驾驶风格。蔡娜在女性驾驶员心理及行为分析中认为女性驾驶员驾驶行为安全性高、礼貌谦让，但判断和执行能力差、应变能力差、心理承受能力低。不安全的驾驶风格可能有两个主要来源。第一，来源于驾驶员的不良驾驶态度和对事故可能性缺乏足够的重视。安全态度测验与事故率的关系已得到了一些研究的证实。第二，来源于驾驶员对自己技能和安全水平不正确的估价。大多数驾驶员都认为自己的技术高于一般水平。驾驶员的过分自信，有可能增加他们的事故风险。

11. 感知运动能力

感知运动能力是指驾驶员的反应速度、知觉、注意、判断等基本素质。驾驶员的复杂反应能力对驾驶安全非常重要。Treat 研究了驾驶员的决策时间与交通事故的关系，他们以驾驶员的复杂反应时间与简单反应时间之差作为决策时间指标。结果无事故组决策时间为 0.052 s，非责任事故组为 0.078 s，责任事故组为 0.970 s。其差异具有显著性意义。这表明事故率与驾驶员对复杂交通情境的决策时间相关。彭楚翘等研究了事故多发驾驶员与安全驾驶员简单反应时间、选择反应时间、决策反应时间之间的差异，结果表明：事故多发组卡车驾驶员的视觉、听觉简单反应时间比安全组卡车驾驶员长，但差异不显著；事故多发组卡车驾驶员的视觉、听觉选择反应时间与决策时间都比安全组卡车驾驶员长，且差异显著。驾驶员视觉所获得的信息占全部信息的 80%以上。但是，驾驶员静视力与事故的相关程度很低，动视力与事故的关系则较密切。驾驶员的暗适应能力对行车安全也很重要。这些基本视觉功能与事故率的关系在老年驾驶员中表现得尤为突出。薛改样等报道发生过交通事故的驾驶员水平视野异常（≤150）率明显高于对照组，且差异有显著性。

二、驾驶行为分析

1. 道路交通系统中的人及其作用

人在交通系统中处于核心位置，而驾驶员在交通过程中处于主导地位，驾驶员通过眼睛、耳朵等感觉器官认识交通环境，感知交通环境中的交通信息，利用自己已有的知识（经验）进行分析、思考，进而做出正确判断，采取恰当的措施，保证行车无误。在道路交通系统中，随着驾驶行为的进行，道路交通状态不断发生着变化，会出现一系列的增加驾驶风险性的道路交通事变，若驾驶员处于正常状态，可以通过个人的主观努力，避免这些事变产生危害性后果，即避免交通事故的发生，使道路交通系统保持安全的状态；但是，若驾驶员生理或心理状态处于非正常或亚正常状态，不能及时、准确地处理这些交通事变，道路交通状态的安全性降低，随着这些事变的持续和发展，交通事变将会演化成交通事故。因此开展驾驶员在道路交通系统中的驾驶素质评价研究并将其应用于驾驶员的甄选、驾驶员培训、道路交通安全的管理等方面，是预测和避免交通事故发生的一种有效手段。

2. 驾驶员的驾驶行为模型

“汽车行驶时，驾驶行为是信息感知过程、记忆过程、控制过程和反应过程所组成的一个不断往复进行的信息处理过程，亦即感知影响判断决策然后作用于动作”。驾驶行为可以分为三个阶段，即感知阶段、判断阶段和动作阶段。感知阶段，驾驶员利用感知器官接受公路上的道路交通信息；判断阶段，驾驶员在感知信息的基础上，根据积累的知识和驾驶经验，经过大脑的分析，做出判断，确定有利于汽车安全驾驶的措施，主要由中枢系统完成；动作阶段，驾驶员依据判断决策做出反应和行动，由运动系统（效应器）完成。这样驾驶的行为可以认为是驾驶员在驾驶状态下，由于交通环境的变化而引起的身体功能化反应。驾驶员的感知器官（如眼睛、耳朵等）接受与驾驶任务有关的道路信息，利用形象编码将道路交通信息放入短时记忆（short-time memory）［工作记忆（working memory）］储存，短时记忆通过记忆过程中逻辑组织和长久记忆的加工，即短时记忆的信息提取（或检索）（retrieval），把短时记忆中与当前驾驶直接关系的信息加以集中，而把与驾驶无关的信息加以抑制，形成注意力的分配，为更高级的思维模式打下基础；由高级的思维过程和以往的经验（长久记忆）对当前的驾驶信息进行分析和决策，选择出思维上最合理的决策路线；最后由效应器官执行大脑中枢的决策。在这个过程中，注意力的分配与长久记忆是关键，长久记忆与驾驶员的驾驶培训、驾驶经验有关，而注意力则与驾驶员的心理过程有关，驾驶员在通过十字交叉路口时，5～6 分钟的时间里注意力的转移和重新分配有 500～600 次。因此，驾驶员的注意力品质、选择反应的品质、处置判断的品质（逻辑思维）在驾驶过程中起到很大的作用。

3. 驾驶员的驾驶特征

驾驶员的驾驶特征是指驾驶员在驾车活动中所表现出来的内在的、相对稳定的、有别于其他行为的特征和性质，即驾驶员的驾驶素质。它包括驾驶员安全行车所必备的生理、心理特征及其技术特点。

汽车驾驶员在行车过程中，通过感觉器官接收信息。感觉是一种最简单的心理现象，它是人脑对直接作用于感觉器官的刺激物的个别属性的反应。感觉除了通常所说的视觉、听觉、嗅觉、味觉和触觉外，还有平衡觉、运动觉和机体感觉等。驾驶过程中，有 80%～90%的道路信息是通过视觉获得的。驾驶员的视觉在保障安全行车的过程中起着重要的作用。所以在生理素质方面，驾驶员的视觉机能好坏是影响行车安全的主要因素。①在驾驶视力方面，静视力、动视力、夜视力对驾驶汽车的影响最大；②驾驶员疾病状况、身体活动功能的影响更大一些；③体力、疲劳程度也是影响行车安全的两个主要因素。

驾驶员的驾驶离不开良好的心理素质。心理素质是指人的抽象思维、观察、判断、情绪、性格等心理活动的质量，它是驾驶员极为重要的素质之一。其中的重要方面有：①运动知觉。驾驶员的速度估计的能力对安全驾驶有较大影响。②信息处理。驾驶员对行车过程中所接收到的信息选择和处理能力，影响驾驶员的安全驾驶的能力。③反应特性。驾驶员的反应时间和反应准确性是影响安全驾驶的重要因素。④注意的品质。驾驶员在行车过程中注意的分配和转移能力，对安全驾驶有重要影响。“驾驶员心理表现能力受驾驶员心境、性格、情绪、意志品质、气质、态度的影响很大，直接左右了驾驶员对交通状况的反应能力和注意程度，如精神恍惚、反应迟缓等”“驾驶员职业道德素质直接表现在遵守交通法规、处理情况和一贯的驾驶作风上，是驾驶员安全行车的意志品质”。

驾驶员的技术特性取决于驾驶员对车辆性能掌握的熟练程度、安全行车的经验、判断的准确程度和应变能力，对安全驾驶也有影响。驾驶员的驾驶特性特别是驾驶员的生理和心理特征会随着地点、时间和交通环境的变化产生相应的变化。对驾驶员素质特征在驾驶过程中的作用以及发生的改变进行检测和研究，就可以归纳和总结出驾驶员安全行车的素质特征。

三、疲劳驾驶和心理分析

1. 疲劳的一般概念及分类

由于疲劳产生的复杂性和多因素性，研究人员从不同的角度，对疲劳的概念有各种不同的说法。大量文献资料表明，疲劳是一种主观感受，表现为暂时性的工作能力下降，经过休息调整能得以恢复。或由于厌倦而不愿意继续工作的一种状态，这种状态是相当复杂的，并非由一种明确的单一因素构成。同时，疲劳的出现也是机体需要休息的信号，以免于损害性病变的发生。广义的疲劳概念是指任何原因引起的身体不适和工作效率的下降，狭义的疲劳如视觉疲劳、听觉疲劳、腰肌疲劳等。

根据疲劳产生的原因，有人把疲劳分为体力疲劳、脑力疲劳、精神疲劳、病理疲劳等。根据疲劳产生的部位，有人则把疲劳分为神经系统的疲劳、心血管系统的疲劳、骨骼肌肉系统的疲劳。根据疲劳的临床表现，有人则把疲劳分为轻度疲劳、急性疲劳、过度紧张、过度训练、过度疲劳等。

我们可以根据疲劳的性质，把疲劳分为两类：一类为生理疲劳，另一类为心理疲劳。生理疲劳是由于运动而引起肌肉或大脑产生的疲劳，包括运动性疲劳和脑力疲劳；心理疲劳则是由于心理因素引起的反映在心理现象方面的疲劳，包括智力性疲劳、情绪性疲劳和单调性疲劳。一般来说，它们产生疲劳的紧张刺激源不一样。生理疲劳的紧张刺激来源于肌肉的长时间或高强度的运动，而心理疲劳的紧张刺激则主要来源于心理因素引起的紧张产生的疲劳。生理疲劳产生之后，表现为“力不从心”，它是客观的，表现为感觉迟钝、腰酸背痛、动作失调、姿势拙劣、肌肉痉挛等。而心理疲劳产生之后，表现为“心不从力”，它是主观的，表现为注意力涣散、思维迟钝、反应速度降低，尤其突出的是情绪上的倦怠、厌烦、焦躁、无聊等。生理疲劳和心理疲劳虽然有区别，但二者却是密切联系的。一方面，生理上的疲劳必然引起心理上的疲劳。一个人如果身体疲劳必然会引起思维迟钝、注意力分散、工作热情缺乏等。另一方面，心理上的疲劳也极易引起生理上的疲劳，一个人如果缺乏工作兴趣，心不在焉，必然会影响操作速度、操作准确性等。

2. 驾驶疲劳及心理表现

疲劳，使人感觉机能弱化，听觉和视觉敏锐度降低，对复杂刺激的时间增长，动作的准确性下降，反应迟钝，判断不准，操作失误易出现事故。据我国铁路系统事故统计，自 1988 年 12 月 26 日至 1997 年 7 月 6 日，因驾驶员疲劳打盹造成重大、特大事故 34 起，而发生在清晨 2：00～5：00 的竟占六成，可见疲劳是影响安全生产的一个重要因素，对安全生产有着极大的危害性。而铁路运输生产由于速度高、时间长、噪声大、作业动作姿势单调、心理紧张、需要花费巨大的生理能量和心理能量，因而很容易产生疲劳。疲劳对生产的影响不像其他因素那么直接，它总是渗透到人的各项机能中，通过思维、反应、操作、判断等反映出来。在调查事故原因时，疲劳往往容易被忽略，而它往往是一些事故潜在的原因。

驾驶疲劳是指驾驶员在连续行车后所产生的生理、心理机能以及驾驶操作效能下降的现象。一般认为，驾驶疲劳是脑力、体力同时参与的技术性疲劳。驾驶员疲劳时，除表现有循环机能的变化、血液的变化、呼吸机能的变化、神经机能的变化、体温的变化等以外，在心理状态方面也会引起各种各样的变化。

驾驶疲劳时的心理表现主要有以下方面：①对驾驶操作缺乏信心，主动性降低，或无法按驾驶操作规程要求继续行车；②注意力分散，判断能力下降，注意力分配不均衡并且转移速度降低，经常丢失重要的行车信息；③感觉器官的功能发生衰减，如视觉模糊，听力下降，判断迟缓；④驾驶动作不灵活，节律失调，动作的自动化程度减低；⑤记忆和思考能力下降。在过度疲劳情况下，往往会忘掉操作技术规程，违反交通法规，甚至走错行车路线；⑥过度疲劳会在行车途中产生困倦，甚至打瞌睡。

3. 驾驶疲劳导致事故的形成过程

目前，人们还未充分意识到疲劳驾驶带来的危害，普遍认为疲劳是一种普通的生理现象。事实上，对大量事故的致因分析表明，驾驶疲劳是驾驶员操作失误无法避免的主要原因。从人机工程原理角度分析，人、机器和环境在生产作业过程中组成一个系统，三者在系统内要相互匹配。人与机器的关系，是人通过感觉器官接收机器的信息，并以某种方式作出反应，通过控制功能去改变机器的行为状态。驾驶员驾车按一定的路线安全到达目的地，驾驶员与车之间就必须建立一种人机匹配关系。在行车过程中，驾驶员要不断地接收新的信息，并不断地作出反应，这个过程需不断地进行直到终点，形成人—机信息系统。要使这个系统有效地运行，首先需要人体的有关部位相互配合协调。然而，人在疲劳状态下，这种人机匹配难以协调一致，注意力不集中，运作迟缓，反应变慢，头昏目眩，甚至产生错觉，造成判断失误，操作不规范，从而导致事故的发生。

经过调查研究，当疲劳出现时，驾驶员的生理、心理状态均会发生各种各样的变化。驾驶员心理状态的变化主要是通过驾驶员的自我感觉，即疲劳感或主观体验来反映的。而这种心理状态先于生理变化和驾驶效能下降。人处于不同的觉醒状态时，其意识水平、工作效率是有极其明显区别的。当驾驶员处于最佳觉醒水平时，人的意识就处于正常的清醒状态，注意力集中，思维活跃，心理、生理、操作活动都处于积极活动之中。在这种状态下，驾驶员很少发生事故。如果处于疲劳状态，驾驶员就处于昏沉低意识，反应迟钝或注意力不集中，驾驶效能受到一定影响；若是处于过度疲劳阶段，即由于深度困倦打瞌睡，则注意力丧失，很容易发生安全事故，这是一种极为危险的状态。驾驶疲劳导致事故的形成过程如图 3—1 所示。

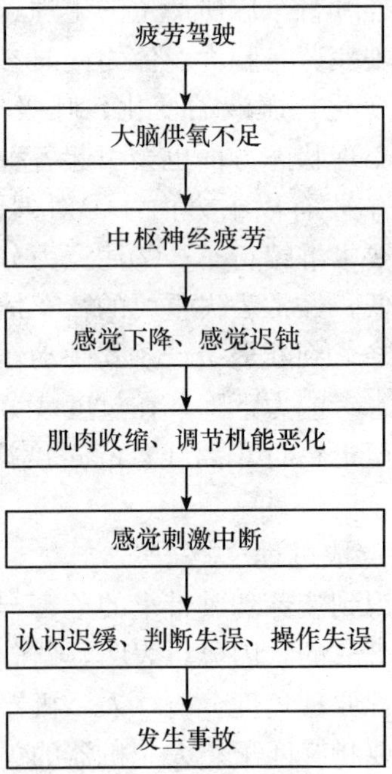

图 3—1　疲劳驾驶导致事故的形成过程

第三节　驾驶员职业适应性概述

一、职业适应性的含义

1. 职业适应性的含义

社会有机论者斯宾塞认为，包括社会在内的每一种有机体总是在适应它的生存环境。在斯宾塞的眼中，适应是一个不断被打断又不断趋于完整的过程，适应性总是大致的，而且总在不断进行。关于适应性的概念，国内学者倾向于这样的定义：个体表现在取得自身与环境相互协调的某种身心活动或学习活动中较为稳定的能力特征。显然，职业适应性是个体社会适应能力的一个非常重要的方面，是基于基本社会化之上进行的继续社会化的阶段性成果表现。

对于职业适应性我们可以从理论和实践两方面来理解。

从理论上说，职业适应性（Occupational Aptitude）是指一个人从事某项工作所必须具备的生理、心理素质特征，它是在先天因素和后天环境相互作用的基础上形成和发展起来的。

从实践来看，不是任何人都能够胜任所有的职业，也不是任何人通过职业培训后，就一定能够适应新职业的要求。职业的适应性应从人和职业两个方面来看：对人而言，是指人的个性特征对其所从事职业的适宜程度；对职业活动而言，是指某一类型的职业活动特点对人的个性特征及其发展水平的要求。对职业的适应性如何，主要取决于人的素质（心理素质、业务素质、道德素质）。人在与职业适应的过程中，居于主导地位并发挥重要作用。

2. 安全职业适应性的概念

安全职业适应性，是指一个人从事某项工作时所具有的人机适应能力和完成该项工作必须具备的生理、心理的用于自我保护和自我调节的安全素质特征。安全职业适应性属于人因工程学中有关人对机适应的研究领域。首先，人们在身心素质上存在明显的个体差异，作为某种人、机、环境系统的操作者和监控者，一部分人可能比另一部分人更适合些，因此，在系统设计中要考虑人员的选拔工作，要优选出适应系统要求的人到系统中去。其次，人具有很好的可塑性，通过学习与培训，人的能力和身心素质可以有很大的变化，开始时不适应的工作可以通过培训逐渐适应。因此，在人、机、环境系统设计中，要注意人员选拔和培训，使人的自身素质和基本条件与职务要求相匹配，达到提高系统效率、降低成本、保证安全的目的。

安全职业适应性研究也是安全心理学、行为学的应用研究。

二、职业适应性评价的程序和方法

职业适应性评价（Occupational Aptitude Test）就是通过一系列科学的测评手段，对人的身、心素质水平进行评价，使人职匹配合理、科学，以提高生产效率、减少事故。

1. 职业适应性评价程序

职业适应性评价一般分为准备阶段、实施阶段、统计阶段和应用阶段四个阶段，各阶段的步骤如下：

（1）准备阶段

这一阶段主要包括选择测评的时间和空间、测评的选定、方案的细化三个步骤。测评时间和空间的选择是测评准备工作的开始，首先被试者有测评的愿望，在测评现场没有其他干扰，而且在各方面条件允许的情况下，可以对被试者立刻开始测评，对于空间的选择，最好在一个相当安静的环境中，光线尽量不要太强，若非团体测试，要避免其他被试者对主要被试者的干扰。测评选定的主要工作是由测评方根据自己的要求或是与其他提出测评要求的机构或个人确定进行什么样的测评，在此期间，应制订出测评的初步方案。方案的细化实质上是测评项目选定的延伸，主要是选定测评的方法、手段、对象，具体地说，就是采取计算机测评还是问卷测评，即明确采取哪一种量表，若是问卷测评，要形成问卷或测评卡片。

（2）实施阶段

这一阶段主要包括宣传动员（说明指导语）、实施测评、收集测评数据、测评结果简单检验四个步骤。在有时间限制的情况下或需要有特殊补充的测评要注意对被试者进行动员，让其明确测评的一些原则，打消其顾虑，如实回答问题，而不要去推测答案，因为测评不同于平常考试，它是没有正确答案的，只有如实地回答，才能得到有效的建议。实施测评过程是整个测评最关键的步骤。被试者回答情况是测评继续进行的前提，收集测评数据是在被试者完成测题后，施测者需要完成的首要任务。在收集测评数据时，施测者要注意检查一下被试者回答的简单情况，有没有按照指导语与测评要求来回答，这是测评结果简单检验。

（3）统计阶段

若是手工测评，这一阶段包括数据整理、划分等级和类型、测评综合三个步骤。若是计算机测评，这一阶段可以由计算机直接统计处理。这是一个重要的环节，关系到整个测评工作的质量，大量的原始调查数据只有运用计算机才能够得到准确快速的统计分析。目前，由于计算机已经得到普及，计算机专业人员也已设计开发出相应的软件，因此，除了统计阶段的监督需要施测者完成外，统计工作现在已可以由计算机代替完成。

（4）应用阶段

这一阶段包括形成测评报告、根据测评结果提出建议、将测评总结反馈给部门或个人、跟踪调查四个步骤。在统计处理后，测评结果应以表格或其他形式输出，用来作为研究分析的依据。根据产生的各种统计运算结果，专家要进行各种分析研究，并通过与被试者的访谈补充，根据测评结果提出建议。在完成上述步骤后，还要将测评报告形成完善的总结或相应的文字材料，再提供给有关机构或个人。至此，一个职业适应性测评过程全部结束。

2. 职业适应性评价方法

职业适应性评价主要采用德尔菲法、心理测量方法两大方法。

（1）德尔菲法

目前指标体系研究大都采用德尔菲法，它在决策、预测及评价指标体系等方面都得到了广泛的应用。该法是决策和价值判断领域内的一种有效方法，突破了传统的数量分析限制，为更合理地制定决策和评价指标提供了新思路。其基本过程是通过匿名方式进行几轮函询，征求专家们的意见，将每轮意见进行汇总分析整理，作为参考资料再寄发给每位专家，供专家分析判断，提出新的论证意见；如此多次反复，意见逐步趋于一致，得到一个比较一致的且可靠性较大的结论或方案。下面分析德尔菲法职业测试指标确定的具体步骤。

1）专业咨询表编制。首先是测试指标包括生理指标和心理指标的拟定，生理指标可参照国家安全生产监督管理部门作业人员安全技术考核管理规则和作业安全技术考核标准中所规定的身体条件，心理素质指标可参照国内外有关特殊职业适应性和一般职业适应性检查测试的研究资料及安全心理学、事故倾向性理论的研究成果；然后与劳动保护、职业卫生等专业人员进行座谈，对待测工种作业人员进行走访和现场调查；最后初步拟定出待测指标，制定专家咨询表。

2）咨询专家的确定。可参照有关安全生产监督管理部门提供的劳动安全、劳动保护、职业卫生等专业专家库清单，结合要研究测试的主题要求确定专家名单。遴选专家时，要求专家从事该领域有 10 年以上的工作经历，考虑到无应答因素，确定第一轮函询对象应多些，并且保证最终有效问卷样本不要太少，否则没有统计意义。

3）测试指标重要性的排序。对初步选择的备选指标，针对工作重要度可按重要、较重要、一般、较不重要、不重要5个等级排序；针对与发生事故关系的密切程度，按关系密切、关系较大、一般、关系较小、无关5个等级排序。可编制排序表格，将专家意见排序填在表格上。根据各项目对事故重要性及对工作重要性的排序结果，分析计算相关程度。

4）各职业适应性检测指标的确定。根据专家对指标重要性的排序，首先将排在前面的指标筛选出来，进行细化研究，再通过专家会议与现场考证等方法对所取指标进行讨论，最终确定适应性指标体系。

（2）心理测量方法

安全职业适应性的研究常用并且有效的方法是心理测量方法，是采用一定的操作程序，用数字对人的行为加以确定的一种方法。心理现象的测量，由于自变量和因变量比较多，控制变量比较复杂，所以测量相对就难一些。下面介绍心理测量的主要方法。

1）按照测量功能分类。分为能力测量和个性（人格）测量。能力测量又包括实际能力和潜在能力的测量。实际能力测量包括一般能力测量（智力测验）和特殊能力测量（音体美等）。潜在能力测量包括能力倾向测量。个性（人格）测量包括测量性格、气质、兴趣、情绪、态度等。

2）按照测量目的分类。分为描述性测量、诊断性测量、预测性测量。描述性测量：目的是对于被测试的人或团体的能力、性格、兴趣、知识水平进行描述。诊断性测量：对于个人或者团体的某种问题进行诊断。预测性测量：预示个人将来的表现和所能达到的水平。

3）按照测量性质分类。分为反射性测量、投射性测量。反射性测量：观察通过刺激使被试者产生的反应。投射性测量：进行心理测量的检验和比较。

从安全职业适应性的研究来看，重点考虑的是测量要素和误差的处理，以及误差的控制。

1）心理测量要素。心理测量要素有很多，最基本的是它的参照点。心理测量的参照点就是心理测量用于比较的基数点。任何测量都要有可供比较的参照点。例如，百米赛跑要以起跑线为零起点，地势高度要以海平面为零起点，温度要以冰点为零起点。这里的起跑线、海平面和冰点都是研究对象的参照点。有了参照点才便于比较大小高低。职业适应性心理测量参照点的确定要视研究的内容和目的而定。

2）间接测量。在心理测量中，由于不能直接测量心理的参数，只能采用间接测量方法。间接测量的方法是通过测量某一事物对另一事物的影响，来测量这个事物的参数。心理测量就是通过对人的外在行为的测量来推断相应的心理活动，具体操作方法通常是采用测验题目来推断心理参数。安全职业适应性的测量过程和结果的处理，实质上是不同职业能力的比较，需要把高绩效、高适应能力的人和低绩效、低适应能力的人进行比较，间接地找到选拔和评价的标准指标。在测量过程中测量误差的处理非常重要。

3）心理测量的误差。心理测量的误差通常有以下几个方面：①题目误差：心理测验的关键环节就是编制测验题目。在编制过程中最常见的误差就是数量误差和质量误差；②数量误差：测验题目总体数量过多或过少都影响测验准确度。数量过少时，被试者测试的机会不够充分，有可能遗漏应该测试而未测试的内容。数量过多时，被试者容易产生厌倦情绪，回答题目有可能不够认真；③质量误差：题目用语是测量被试者的重要媒介，需要简明、确切，不能词不达意，题目的设计需要很高的水平；④选题误差：心理测验的项目有特定的要求，必须按照应该测验的内容选择相应的测量项目；⑤过程误差：测验过程中有很多变化会影响测验的准确度，必须注意预防；⑥物理环境：测验现场的声音、光照、温度等，都可能干扰被试者的情绪；⑦社会环境：在被试者所处的社会生活中如果有重大事件发生，就会影响精神状态，或者左右情绪心理；⑧被试者误差：被试者在参加测试过程中将产生有别于平时状态的被试变化，这种变化对于测试结果的影响是不容忽视的。

4）被测试变化。主要有四个原因：第一，主观控制。被试者在被测试时，为了实现某些愿望，就人为控制思想观点，以期望给施测者留下一个好的印象或坏的印象。所以，出现不客观真实地回答问题的现象。例如，为了获得某个工作岗位，就有意选择可能有助于录用的答案。或者为了脱离某个岗位，就故意选择不利于工作的答案。这种干扰测试真实性的额外期望，应该予以避免；第二，测验焦虑。有的被试者在被测试时出现焦虑紧张的精神状态，这种状态很可能限制被试者正常回答问题。应该说，在测试中适当的紧张状态有助于提高被试者的认真态度，但是过度的紧张则限制了被试者的思维和反应，影响了回答问题的正确性；第三，视同游戏。测试需要放松的状态，这样才能真实反映心理思想。但是有的被试者把心理测试视同游戏，不认真对待测试，草率从事；第四，练习效应。有的被试者在测试之前曾经接触过类似的测试，不是初试，所以对于有些规律和评分办法有所了解，在测试中可能表现得超出正常状态。特别是一些有关测试反应速度的能力测验，练习与不练习结果大不相同。

5）误差的避免。为了避免测试误差，应该有针对性地做好预防工作。预防措施主要有六种：第一，问卷题目数量要科学合理。不能动辄数百道问题，也不能就简单几道问题。一般而言，人的静止答题耐心是有限度的。所以普通测试不应该超过半小时。事关重大的职业选择等测试，不要超过一小时；第二，问卷题目避免直白。要尽量借助被测试者不熟悉的形象来测试。认真选择测试的物理环境，有时甚至可以刻意布置使人放松的环境。例如，休闲式、家庭式或者无干扰的封闭环境；第三，避免社会环境的影响。当生活中有重大变故时，人的心态必然有反应，这时的心态不能代表平常心态。所以测试之前要了解情况，避免以偏概全；第四，对于有主观控制倾向的被试者，有必要特别讲明，测试结果的真实性直接关系到今后能否正常地工作，如果由于人为的控制导致错误的结果，对今后的发展是不利的；第五，控制测试速率。不要给被试者留下太多思考时间，要尽量做到在下意识状态下回答问题；第六，不要透露测试目的或者只透露次要目的。在无目的状态下进行测试效果就会真实。

6）信度和一致性。由于心理测验过程中存在多项可变因素，例如，测验过程中环境的变化、测验对象心理状态的变化等，所以很容易影响测验结果的可信度。因此，要求测验结果必须真实可信，也就是把测验结果的一致性作为重要的衡量标准。在测量时要做到多次测验结果相同、多人测验结果相同、一人测验前后相同、一次测验前后相同等。检验信度的指标是信度系数，就是为检验测验结果可信程度而设置的指标。当使用一个或编制一个心理测验方案时，必须首先了解该测验方案的信度系数，核定是否符合测验目的。理想信度系数为 1.00。心理学家认为：一般能力与成就测验的信度系数为 0.90～0.95；性格、兴趣、价值观等人格信度系数为 0.80～0.85；相关系数大于等于 0.70 时，可以用于团体比较；相关系数大于等于 0.85 时，可以用于鉴别个人；相关系数在 0.70 以下时，不能鉴别个人和比较团体。

三、驾驶员职业适应性评价

下面以铁路机车驾驶员的职业适应性研究为例来阐述我国在驾驶员职业性评价方面的研究状况。

1. 国内外研究现状

（1）国外研究情况

在铁路驾驶适应性方面，日本走在世界前列。20 世纪 50 年代中期以来，日本在改善运输安全方面取得显著成效，列车事故率由 1955 年的每百万平方公里 0.37 起事故减至 1985 年的 0.05 起。日本高度重视人在保护行车安全中的特殊作用，特别是对高速列车驾驶员有更高的要求，要求他们具备良好的职业生理和心理条件，并通过 JR 行车适应性检查（包括生理机能检查和心理检查），淘汰不合格或不良者，选拔职业生理和心理条件较好的人做驾驶员，提高了驾驶员工作的可靠性。实践证明这项举措是非常有效的，日本曾在国际铁路医务联盟第七次大会上指出他们采用职业适应性测试法后事故率下降45%。

俄罗斯从生理，特别是心理角度挑选机车乘务人员。前苏联铁路医学科学研究院劳动心理学和选择研究室对该问题进行了多年研究，确认了保证铁路驾驶员具有职业适应性的专有生理和心理素质包括：紧急动作的能力、不怕工作单调、反应速度快、情绪稳定、遇事不慌。其中最主要的是紧急动作的能力。同时俄罗斯哈尔科夫铁路运输工程学院心理诊断实验室会同有关单位研制自动心理生理电子测试仪，测试心脏收缩频率及其易变性、皮肤电阻及其灵敏度、闪光融合频率，选择反应时间等，然后确定在单调工作条件下紧急动作的准备程度。根据对紧急动作的准备程度和消除疲劳能力的指标评价中央神经系统功能状态、心理生理状况和职业适应性的任务，挑选具有更好生理和心理素质的人员担任驾驶员职务。通过这种方法可以降低行车事故率，保证行车安全，同时也提高了行车安全关键岗位上人的工作可靠性。

法国国营铁路公司对所有的求职者都要进行生理心理检查，并以此作为录用职员的参考因素。法国在录用驾驶员时要进行相应的适应性测试，测试项目主要包括：心理运动机能及其持续，注意力的分配与转移，反应速度，观察力，计算能力，空间图形的认知能力及语言能力等。此外，还要由心理学专家进行面试。其中对于高速列车驾驶员，要进行专门的适应性测试。此外，当被怀疑有可能引发失误和事故，或在驾驶和行为方面出现异常时，驾驶员也要接受临时检查；当通过临时性检查判定其心理、精神状态极有可能导致人为失误时，有关部门就要酌情采取相应措施暂时停岗或更改配置等。

德国高速铁路在录用驾驶员时，要测试检查如下项目：对理论及技术问题的理解力，记忆力，反应速度和准确性，视觉、听觉认知能力及工作能力等。其生理心理测试与日本、荷兰等国家大体一致。

荷兰国家铁路局对求职者亦进行心理检查。对驾驶员则实行定期检查，这一点与日本相似。50周岁前每5年检查一次，50周岁后检查频度加快。假若主管部门提出申请，诱发危及安全失误的驾驶员则必须接受临时性检查。

（2）国内研究现状

在国内，从20世纪80年代初起，有人开始了有关驾驶员适应性的研究，发现并证实在中国存在事故倾向性驾驶人群，并揭示了事故倾向性驾驶员具有易发事故的心理、生理特征。进而提出并建立了事故倾向性的“特性—环境—时期”三维模型假设，即事故倾向性是指在一定时期、特定环境下具有诱发事故的潜在生理和心理素质特征。此项研究成果已广泛应用于道路交通管理，对降低交通事故方面有积极的作用，并推动了我国有关职业适应性和事故倾向性研究的发展。我国在铁路、航空、海运这三个交通领域，对人的安全心理素质进行了大量的研究，取得了不少成果。

20世纪90年代初，国家铁道部批准立项成立“机车乘务人员生理与心理素质考评与标准的制定”课题组，针对铁路范围内对机车驾驶员进行大规模系统的心理素质测试与调查。整个研究从确保铁路行车安全的角度，结合铁路机车驾驶员的工作特点和要求，分析了影响铁路行车安全的诸多因素中最为重要的人的因素在安全驾驶中的作用，以及作为能够胜任我国铁路机车驾驶工作要求的合格驾驶员应具备的生理、心理素质；为提高铁路驾驶员的整体素质及铁路行车安全可靠性提供科学的依据。

我国在海运方面，已经提出了人员选拔时应进行心理素质测试的建议。在航空领域，已经实行对飞行员选拔时进行各项生理、心理素质测试。

安徽三联事故预防研究所引进外国适应性检测的研究成果，结合我国的国情，研制出事故倾向性驾驶员筛选系统心理设备系列六种监测仪，检测六种与驾驶操作密切相关的生理和心理品质：速度估计、操作机能、复杂反应判断、深视力、夜视力、动态视力。目前，这六种检测在我国逐步推广，已经列为驾驶员年检必测项目，为驾驶员管理部门提供科学诊断的依据，为驾驶员自己提高自知之明，起到了不可或缺的作用。另外，安徽三联事故预防研究所选择了事故倾向者和安全者有显著差异的11个态度因素，包括责任归属、行动性、冲动性、自我中心、易疲劳性、自制力、自信心、懦弱性、习惯行为、毅力、轻率性，通过筛选、聚类，剔除鉴别力低的项目，保留了六个因素的40个项目，编制了驾驶员安全态度量表。

由于各种原因，我国目前还没有正式制定驾驶员素质检测制度，也没有什么权威的国立检测机构，与上述提到的日本、欧洲等国的差距还比较明显。

2. 人的因素在行车安全中的作用

在铁路这样一个庞大的机体中，运输安全是铁路各部门工作的综合反应，同时受到社会经济和自然环境等诸多因素的影响，其中任何一个环节的失误都可能对行车安全产生不良影响，引发重大事故。发生行车事故，会给人民生命财产造成巨大损失，还会对社会造成不良影响。

世界各国都非常重视铁路行车安全，想方设法提高劳动组织水平，对运输过程实行强制性监督，对已有技术设备进行现代化改造，并推广技术含量更高的设备。

在人—机—道路（环境）组成的交通系统中，随着科学技术的进步，道路和车辆的安全可靠程度得到了不断提高。而所有的技术设备都离不开人的操作，因此可以说，铁路运输的可靠性、安全性在很大程度上取决于人操作的错误率能消除多少，这就必然涉及人的心理、生理素质问题。因此，人的因素在行车安全中起着很重要的作用。

英国铁路1976年和1977年的统计数字表明，在列车事故中有57%是责任事故，其中由铁路员工失职造成的事故，在1976年占35%，在1977年占34.8%，进一步分析表明其中因机车乘务人员的责任造成的事故分别占66.3%和62.1%；1972—1982年重大列车事故中，人的因素占36%～55%。印度铁路行车事故中有60%是由铁路人员的责任所造成的。前苏联的情况也是如此，据1972年前苏联对行车事故中列车冒进信号事故原因的分析表明，由于驾驶员不注意观察信号的占54%，对制动机操纵迟缓或使用不当的占16.5%，误认信号的占12%，在乘务工作中未做好充分准备或值班过程中打盹睡觉的占1.5%，其他原因占3%。可见，这类事故主要是机车驾驶员造成的。1984年机务部门所发生的重大事故中，因机车驾驶员操作失误的占95%，技术设备不良的占5%。1983年重大事故中，机务部门有约70%是由冒进信号造成的。

日本通过对铁路事故原因进行分析发现，因铁路员工疏忽大意造成的事故占39.7%，其中驾驶员误认信号最危险，极易导致重大事故的发生，占20%。1985年日本铁路约有52%的行车事故是人为失误造成的。

美国统计，由于人的因素造成的事故约占30%。

在我国，通过对行车惯性事故和行车重大、特大事故的分析可以发现，行车作业人员失误造成的事故占有相当大的比重。据统计，1981—1990年我国沈阳局、成都局、北京局的重大、特大和险性事故，由于人员失误导致事故发生的占75.1%。1986年全路发生的148起机车冒进信号事故中，由于人为过失引起的占70.9%；1983—1984年全路重大事故和大事故中属于行车作业人员责任的分别高达75.7%和61.9%。曾在国内外造成极大影响的陇海线杨庄事故和沪杭外环线“3·24”事故都是因机车乘务人员的人为过失造成的。1990年8月5日，在济南局胶济线平陵城至枣园间发生的1641次尾追1637次冲突事故，也主要是由于机车乘务人员的责任造成的。由此可见，无论国外还是国内，人为差错和疏忽是行车安全的最大威胁。

目前我国铁路运输事业在党和政府的领导和大力支持下，已经有了很大发展，铁路已经成为现代的主要交通工具，在发展国民经济中起着越来越重要的作用。随着科学技术的发展，运输设备的自动化程度逐步提高，机车三大件，即红外线探测轴温装杆、各种自动控制和自动检测报警设备，都已相继投入使用。新技术、新设备的开发应用加大了铁路行车作业的安全系数。与此同时，新中国成立60多年来，铁路运输管理人员在总结、吸取许多行车事故经验教训的基础上，制定出了一整套比较完整的行车规章制度，基本上做到了有章可循，这些行车规章制度对消除事故隐患，改善行车安全状况起到了重要作用。但实践证明，有章不循，违章违纪现象对行车安全构成了严重威胁。在分析人为差错、疏忽和违章违纪等问题时，仅仅指出是领导管理松、员工纪律松弛或工作责任心不强是不够的，这样并不能完全提示事故发生的原因和掌握事故发生的规律性，也无助于搞好行车安全。

从国内外的数据表明，发生行车事故的原因是错综复杂的，它是人员素质、设备素质、管理水平和外部环境要素的综合反应，但人是行车安全工作中最重要、最活跃、最具有主观能动作用的因素，因为设备最终要靠人去操作、监控、维修和保养，离不开人的责任心和主观能动性。据理论上推算，随着科学技术的日益发展和进步，技术设备失误的概率为十四万分之一，而人失误的概率为万分之一，二者相差近10多倍。因此从人的因素这个角度采取措施，避免人为失误的发生，提高人的工作可靠性，就会使铁路行车事故大幅度减少。

在行车安全中，人的因素所起的作用越来越突出，而且研究发现以前发生过交通事故的人重复发生事故的概率很高，习惯上把这些容易出事故的人叫做“事故多发者”。这些人之所以容易发生交通事故，主要与他们的生理、心理素质，尤其是心理素质有关。所以把生理、心理素质测试作为机车乘务人员选拔的一项重要考评内容是非常有必要的，这样可以从源头上做到事故预防。对于现有的机车乘务人员进行职业适应性检测，有利于提高他们的生理、心理素质，从而降低事故发生率。

3. 机车驾驶员职业个性特征

根据在我国13个铁路局所收集的有关资料，特别是在北京局、沈阳局和成都局等主要铁路局收集的近10年来较完整的行车事故统计资料，对发生的重大事故、大事故和险性事故进行综合分析，五大原因（人员失误、设备故障、其他因素、环境因素、管理因素）中，人员失误和设备故障是主要控制因素。这两项因素的累计权重已接近80%，其中人员失误是最重要的影响因素，总排序顺序在第一位。在引发各种事故的原因中，按其重要度（即由此原因引发事故的比重大小及严重程度）机车乘务人员违章违纪排在第一位。

由机车乘务人员责任所引起的事故原因中，按其重要度排序为：①驾驶员冒进信号；②盲目动车；③越过警冲标；④未按规定试风；⑤离岗串岗；⑥未确定车辆的连挂状态；⑦烧漏机车易熔塞；⑧滥用紧急制动；⑨其他。

其中，引起机车乘务人员冒进信号最常见的原因，按其发生的数量排序为：①违纪睡觉；②间断瞭望；③臆测行车；④精力分散；⑤误认信号；⑥操纵不当；⑦列车超速运行；⑧关闭三项设备；⑨酒后上岗开车；⑩其他。

以上行车事故统计分析表明，人员失误是最重要的影响因素，其中机车乘务人员违章违纪按其重要度排在第一位。在分析原因时，注意较多的是造成事故的直接因素，如违纪睡觉、间断瞭望、臆测行车等，而没有提示出这些直接因素的产生与机车乘务人员生理、心理素质的因素关系。对一个机车乘务人员来说是否具有良好的安全个性生理、心理特征是十分重要的。这种特征往往是个体在性格、气质、能力、体力等方面经常的、稳定的特征总和，具有先天性和相对的稳定性，训练和教育并不一定都能使每个人达到特定能力的要求，它们是比较固定的，很少是经训练出来的，而且在大多数情况下是由先天素质决定的。

从机车乘务人员职业特性看，要保障行车安全，须做到如下几个方面：

首先，良好的视觉在行车驾驶过程中占有十分重要的地位，如在驾驶员观察、瞭望时，排除前方轨道周围的干扰视线的事物，认真辨认信号显示，或发现异常情况迅速采取相应的停车措施。所以机车运行中，驾驶员的视觉对光的适应能力、对信号的敏锐程度，以及听觉对异常噪声的分辨能力等都攸关列车的安全。

其次，由于记忆是“整个心理活动的基本条件”，行车人员若没有良好的记忆，引起的后果是不堪设想的。操作程序、作业计划等都必须熟记在脑中，遗忘了就不能保证运输作业的安全。

此外，在行车作业时必须全神贯注，集中精力，稍不留意就会发生意想不到的事故。因此，注意是行车安全的基本保证。

我们在日常生活中，随时随地都会有喜、怒、哀、乐等情绪产生。当情感体验处于积极状态时会使人感到舒适，在进行行车作业时，能够精神饱满，感受性提高，勤于观察，仔细思考，思维敏捷，工作效率高，差错少；而当处于消极状态时则使人感到痛苦，无精打采，感受性低，懒于观察和思考，行动迟缓，反应变慢，工作效率低，易于发生差错。所以，情绪和情感从积极和消极两个方面影响着运输安全。积极的情感，是保证运输安全的必要条件；而消极的情感，则是发生事故的重要因素。

影响人的行为的因素，除了有人的内在因素（如素质、经历、生理状况、精神状态、欲望等）外，还有外在因素（如工作环境、生活环境等）。机车驾驶室里温度很高，夏天有时竟能高达五六十度，身处其中犹如蒸笼，时间一长更是无法忍受。驾驶员长年累月地工作在一个噪声大、有振动，摇晃的环境里，其身心机能不能不受到相当的影响。再者乘务人员的值乘时间不规律，常常是持续几个小时甚至十几个小时也得不到休息。若心理、生理调节能力差，天长日久则出现紊乱。白天不易休息好，晚上失眠、睡眠不足，接班后倦怠欲睡，感知不清晰，思维迟钝，注意力不集中，反应迟缓，动作笨拙，这就影响了值班时判断分析能力和紧急情况下的应变能力。长此下去，恶性循环，疲劳感、厌倦感加重。

机车乘务人员由于值乘在外，生活不规律，业余生活很少，与家人、朋友之间的交往便很少，有时就无法满足其与人社交的心理需要。驾驶员同一般人一样，也有良好的工作与生活条件的需要，爱与被爱的需要，娱乐的需要，休假的需要，被接受、有所属的需要等，如果长期得不到满足，势必对驾驶员的心理、生理产生很大的影响。

4. 机车驾驶员应具有的生理、心理素质

在铁路运输系统中，机车乘务人员既是正点运行的操纵者，同时也是行车安全的保证者。乘务人员的工作责任重大，作息制度不规律，工作中要接收的信息量大，突发事件多，作业环境单调、枯燥。因此机车乘务人员必须具备一定的生理素质和文化水平，稳定的情绪，在智力、性格、注意力和反应速度上达到一定水平，才能胜任此项工作。而这些水平的测定，只有通过职业适应性测试才能达到。

(1) 机车乘务人员生理、心理活动内容分析

机车乘务人员的主要职业任务及生理、心理活动内容见表 3—1。

表 3—1　机车乘务人员的主要职业任务及生理、心理活动内容分析表

作业程序	职业任务	生理、心理活动
出乘前	1. 充分休息，保证值乘中精力充沛，无应激后效	1. 情绪稳定，自律性强，能在下午或前半夜充分睡眠，不为外务所干扰
	2. 按时出勤	2. 责任心、时间观念强
	3. 安全意识清晰	3. 按安全操作规程进行自我提示，保持最佳紧张度
出勤	1. 了解当区段实际天气和天气预报情况，抄记“运行揭示”	1. 主要凭借视觉和听觉渠道接收数字和语言信息并准确记忆
	2. 根据天气情况、列车种类指定安全正点的措施	2. 对所得信息进行逻辑和思维加工，形成定式
	3. 听取值班员传达运行要求，领取行车用品	3. 集中注意力，认真听取并牢固记忆

续表

作业程序	职业任务	生理、心理活动
接班	1. 听取交班乘务人员语言传达或通过交班记录了解机车质量状况	1. 主要凭借视觉和听觉渠道接收信息并对关键信息强行记忆以待验证
	2. 按作业程序检查机车状况，进行机能试验	2. 通过视觉、听觉接收信息和已往储存的信息进行比较联想，进行逻辑思维和判断
	3. 注意邻线以及前后机车动态、周围环境人员动向，按照作业程序记安全规章标准化作业，保障本人及他人安全	3. 凭视觉、听觉等接收信息，准确判断，注意力集中、注意广度好、注意分配良好、警觉水平高，大脑和行为反应迅速
出段挂车实验	1. 确认信号、岔道，并呼唤应答	1. 信息交流，自我唤起提醒，增强注意力水平
	2. 了解挂车股道车次	2. 短时记忆
	3. 检查机车与列车连接状态	3. 比较、思维判断
	4. 确认调车信号、岔道位置、脱轨器信号或标志	4. 视觉确认信息，与储存的信息比较，快速信息加工，逻辑思维判断
	5. 平稳操作机车，按规定时点，在规定地点停车	5. 手脚动作协调，视觉、听觉接收速度，信号、动觉感知速度，习惯思维定式
启动及列车运行	1. 按规定鸣笛警示，与有关人员交换信息	1. 储存线路纵断面信息和视觉接收的现实信息，脚踩或手动鸣笛
	2. 彻底瞭望、确认信号，对信号、线路、行人、仪表等瞭望确认，并对异常情况作出反应	2. 视觉观察，敏捷思维判断；对不同的信息来源分配注意力，对特别情况集中注意力，对各种信息注意广度好，形成习惯“模式”
	3. 根据记忆的线路情况、站区间距离，调整控制速度，正确合理地操纵机车和监控装置，安全正点	3. 根据记忆中储存的信息与视觉信息比较，根据机车的制动力大小等数据综合思维判断并合理操纵机车，回忆各种相关信息在规定地点按限速行车
	4. 对意外情况迅速恰当地处理，向前后列车驾驶员、调度员、值班员报告，听取命令	4. 保持情绪稳定，根据储存的各种线路情况和故障处理特殊行车信息，对特殊情况能迅速思维判断，选择最佳方案，尽快处理
	5. 根据地面信号显示，站内或区间停车	5. 准确判断颜色信号当时速度和相对空间位置，在有效时间内作出相应的反应，把握减压时机和减压量大小以及追压时机以保证停车准确无误

由表 3—1 所列可知，所有过程中驾驶员及乘务人员心理及生理活动都包括：①在任何情况下保持精力集中，不为外务所分散吸引；②对意外情况表现镇定、反应迅速、处理果断；③长时间紧张从事操作工作，而不降低工作质量和进度，即有较强的抗单调、抗疲劳能力；④视觉、听觉、运动感觉、嗅觉等灵敏度良好，与动作协调好、多通道信息加工处理；⑤注意广度、注意力集中和注意迁移适当；⑥瞬时、短时、长时记忆；⑦逻辑思维判断能力强而迅速；⑧敏锐感觉速度、距离、时间并准确判断；⑨对长时间噪声、振动、摇摆、磁场环境下工作适应；⑩自我控制、调整能力强，可适应在各个时间段退勤后充分休息，体力、智力恢复快，责任心强，无侥幸心理和冒险心理等行为倾向，以保证随时自我激励，维持意识清醒程度。

(2) 机车驾驶员生理、心理素质要求

人的一切活动都是由其心理支配的，行驶中始终贯穿着驾驶员的心理活动。驾驶机车要做到眼到、心到、手到，但由于人的心理活动复杂多变，往往不能如愿而造成失误。作为一名机车乘务人员，其心理结构优良是成功预防事故发生的先决条件，也是机车乘务人员选拔的标准。对驾驶员来说，神经过程要求强而平衡、灵活。所谓强，指在工作时保持积极性、注意力集中、意志坚定顽强，在危难的环境中始终能不丧失工作能力；平衡指能坚韧顽强、沉着冷静，在任何环境下都能善于控制自己；灵活性是指灵活地适应各种社会环境，在工作和生活中有良好的应变能力。依据以上对机车乘务人员作业环境和作业过程的心理、生理活动内容的分析，提出了对该职业的生理、心理要求。

1) 对感觉和知觉的要求。敏感性特点和敏感程度是人的感觉能力的主要标志。乘务人员所接收的视觉、听觉信号有 146 种以上。机车乘务人员所接收的视觉信息占 80%以上，对其视觉要求应该特别高。由于地面和机车行车基本信号分为红、黄、蓝、绿、白，颜色区分辨认能力应在中等以上；听觉接收各种听觉信号，并通过机器设备运转的声音判断机车运行是否正常，听觉敏感程度应当中等水平以上；有时机车发生故障需要嗅觉判断，所以机车乘务人员应该具有较高的嗅觉水平；为了判断机车本身运行情况和路面情况，也需要较灵敏的振动感。视觉、听觉分析器要具有较强的抗疲劳特点。在行车作业过程中不间断地接收大容量信息流，是乘务作业所必备的。它要求乘务人员具备感觉的稳定性。在特殊情况下，理解基础上的感觉反应速度就显得很重要。感觉的稳定性和感觉速度这两项属性一般具有先天性，机车行驶中需要乘务人员有较高的速度感觉和判断能力。由于机车乘务人员接收继时性信息是经过多通道传递的，所以必须具备多通道接收信息的能力。

2）对注意属性的要求。①注意广度：由于机车乘务人员要同时接收多源性信息，如机车运行中要同时注意信号、线路、接触网、多个仪表等。所以要求他们有较高的注意广度。②注意的转移分配：机车乘务人员在观察仪表和前方时，要求不断地转移注意，当已确认某项信息后，必须很快转移到另一项信息显示器上，所以对注意转移的圆滑性和转移速度上要求较高，过快会使作业者疲劳，过慢又会错过时机。在特殊情况下要求极为迅速，一般情况下要求注意分配好、转移适中。③注意的稳定性：取决于兴奋过程的力度。兴奋过程减弱，注意的稳定性必然降低。神经系统的这种特征是较难训练的，是乘务职业必要的心理素质。保持长时间注意的稳定性，不为环境因素和其他外部因素所吸引是乘务人员安全操作所必备的心理条件。

3）对记忆属性的要求。①长时间大容量的记忆：现行机车乘务工作十分复杂多样，职业要求乘务人员必须熟记数百条规章（如技术规章、行业规章、运规、安全规章等）、数百条有关机车性能（如构造原理、故障处理、保安设备等）的数据以及其他诸如车站状况、线路纵断面情况等。所有这些内容加起来有上千条，若不能熟练应用，则极易发生事故。所以要求乘务人员必须有良好的记忆存储能力，否则一旦由于记忆错误引发事故，将付出巨大的代价。②短时记忆：对列车编组、闸瓦压力、行车达示、调度命令、调车计划则要求短时间记忆力好，用过后即可遗忘，遗忘无用数据信息会节约记忆空间，是完成下一步操作的必要条件。

4）对个性的要求。乘务人员的个性心理特征对行车安全有着重要的影响，在1994年由我国北方交大主持的铁道部科技司计划项目“铁路机车乘务人员生理素质研究及标准制定”的抽样调查中，研究人员发现卡特尔16PF个性因素中E、H、Q4、B、C、H、O和Q2因素在事故组和非事故组有显著差异，这进一步表明乘务人员的个性特征也应该是机车乘务人员职业适应性测试的重要内容之一。

5）综合素质的要求。速度预测能力和复杂反应能力是各国在进行铁路驾驶员职业适应性测试时都必然检查的内容，因此可以把这两项能力作为综合素质单列出来。

习　题

1. 驾驶员的基本要求是什么？
2. 驾驶心理分析包括哪些因素？最重要的是哪些因素？

3. 职业适应性测试的方法有哪些?
4. 为什么要对驾驶员进行安全职业适应性的测评?
5. 如何分析驾驶员的人因失误?
6. 影响驾驶员安全行为的因素有哪些?

第四章　交通运输安全分析

本章首先从道路交通安全管理体制出发，介绍了道路交通安全管理机构、道路交通事故处理原则及处理程序；为帮助学生深刻理解交通事故的含义，介绍了道路交通事故定义与构成条件、道路交通事故的分类和统计指标有关规定；进而从道路交通安全设计、车辆安全技术装备、车辆运行监测与监控技术三方面介绍了保证道路交通安全的主要技术手段，以及道路交通事故救援系统。

第一节　交通运输安全的影响因素分析

交通运输系统是一个在时间、空间上分布很广的开放的动态系统，交通运输安全影响因素错综复杂，涉及面很广。影响交通运输系统的因素可以分为四个分析对象：人、机器、环境和管理。系统中的“人”，是指作为工作主体的人；“机器”是指人所控制的一切对象的总称（包括固定设备和移动设备）；“环境”是指人、机共处的特定的工作条件（包括内部环境和外部环境）；“管理”作为控制、协调手段，协调人、机、环境之间的相互关系，并通过反馈作用将系统状态的信息反馈给管理系统，从而改进安全管理方法，最终得到更为安全的系统。交通运输安全影响因素间的关系如图 4—1 所示。

按照影响对象对交通运输的作用关系，交通运输安全的影响因素分析可以分为单因素分析、多因素分析。单因素分析是对各个因素可能产生影响的条件进行分析，多因素分析重点在于分析各因素交互作用的条件和共同作用对安全的影响程度。

一、单因素影响分析

1. 人员因素影响分析

交通运输安全各项活动都依赖于高效、安全和可靠的人的行为。交通运输工作

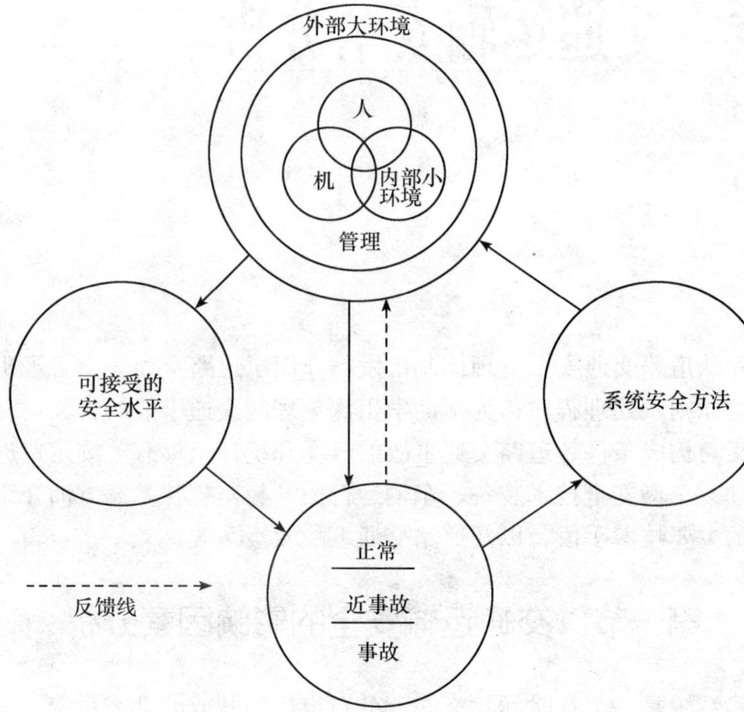

图 4—1　交通运输安全影响因素间的关系

的每个环节、每项作业都是由人来参与并处于主导地位的，人操纵、控制、监督各项设备，完成各项作业，与环境进行信息交流，与其他作业协调一致。正是由于人在运输工作中的重要地位，使得人在交通运输安全中起着关键性的作用。

联邦德国安全专家库尔曼认为，在人—机—环境系统中只有人向安全问题提出挑战，一个掌握足够技能和装备的人能够发现并纠正系统故障，并且使其恢复到正常状态。事实上绝大多数事故的发生均与人的不安全行为有关，如切尔诺贝利事故、“4·18”胶济铁路事故，联邦德国大约 80％以上的道路交通事故都是起因于人的差错。法国电力公司 1990 年安全分析最终研究报告指出，在 70％～80％的事故中，人的因素起着决定性的作用。日本核电站管理部门分析结果表明，日本国内 70％的核电站事故是由人的差错引起的。美国机动设备事故统计结果表明，人的因素引起的事故占 89％（其中单纯人的因素占 57％，人与环境的因素占 26％，人与设备的因素占 6％）。

人对交通运输安全的特殊作用可归纳为人的主导性、人的主观能动性和人的创造性。人的主导性是指在人和设备的有机结合中，人是主导方面。设备必须由人来设计、制造、使用和维护，即使是技术状态良好的安全设备，也要有人的正确使用才能发挥它的保安作用。当情况发生突然变化时，只有人具有主观能动性，能立即采取相应的措施和灵活的方法排除故障等不安全因素，使系统恢复正常运转。人能通过研究和学习，不断提高和改进现有系统的安全水平，表现出人的创造性。

人的安全因素是由人员的素质决定的。交通运输安全对不同人员的素质要求如图 4—2 所示。交通运输对其系统内人员的安全素质有思想素质、技术业务素质、生理素质、心理素质、群体素质等的要求。并要求运输系统外人员不直接从事交通运输生产活动，其安全素质主要体现在严格遵守交通运输安全法规有关规定，具备交通运输法规知识，具有较强的安全意识和一定的安全技能。

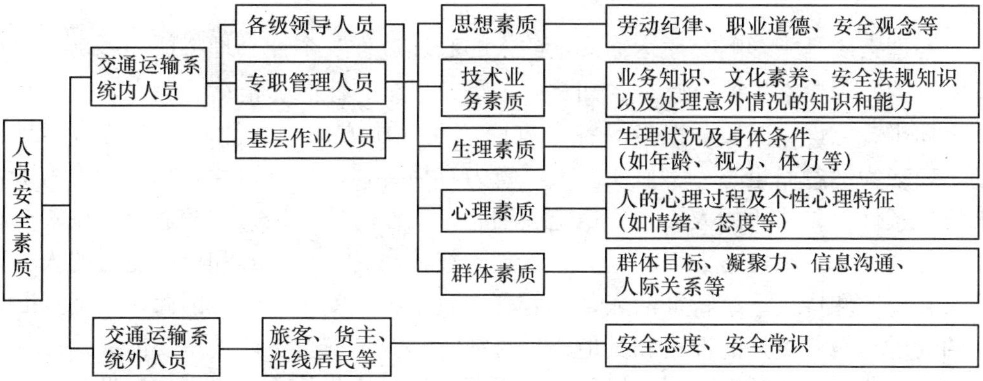

图 4—2 交通运输安全对不同人员的素质要求

思想素质包括职业道德、劳动纪律、安全观念等。安全思想素质差，责任心不强，是导致“违章违纪”等不安全行为的重要原因，特别是某些领导的安全意识差，“安全第一，预防为主”的思想树立不牢，往往会制约一个单位的安全状况。

技术业务素质主要包括业务知识、文化素养、安全法规知识，以及处理意外情况的知识和能力等。由于交通运输作业经常面临各种意外情况，所以运输工作人员的应变能力非常重要。此外，安全管理人员还应具备相应的安全管理知识和能力。

生理素质是指影响运输安全的人体生命活动，包括身体条件及生理状况。如年龄、性别、记忆力、体力、耐力、血型、视力、视觉（色觉、形觉、光觉）、听觉、动作反应时间和疲劳强度等生理条件均与交通运输安全有着十分密切的关系。例如，驾驶员的视觉功能障碍，不能准确瞭望，极易发生行车事故。驾驶员年龄与行车事故之间构成一种浴盆曲线关系（见图 4—3），主要原因在于青年人缺乏必要的工作经验和对自身的控制能力，冒险性强，容易受到外界人为因素的干扰，而年长者则由于生理机能不断衰退、体力减退、力不从心，所以发生事故往往难以避免。

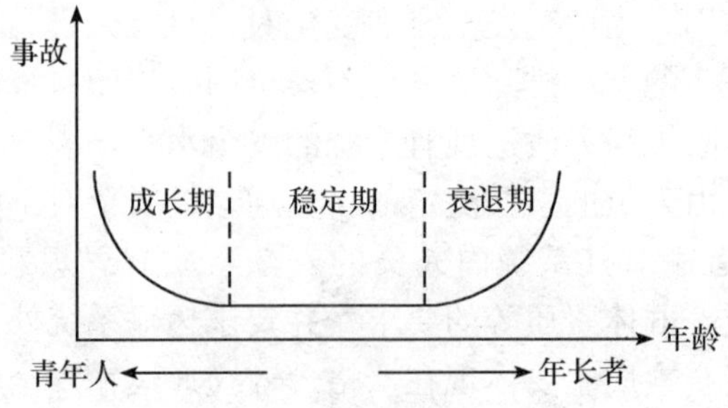

图 4—3　年龄与事故关系

心理素质是指影响交通运输安全的人的心理过程及个性心理特征。影响交通运输安全的心理要素主要有感觉、知觉、记忆、思维、注意、情绪、能力、疲劳、需要、动机、意识、气质和性格等各个方面。在气质方面，胆汁质的人往往容易冲动，表现为性急而粗心；多血质的人注意力容易转移、缺乏耐性，都可能成为引发事故的条件；黏液质的人表现为稳定、细心、工作有持久性，比较适合于在安全和要害部门工作。在性格方面，勤劳、认真、细致、具有自信心和控制能力的人，以及富有稳定和持久情绪特征的人，都有利于做好各项安全工作。因此，正确判断职工的气质，培养良好的性格和其他心理特征，是保障安全生产的重要前提。

在运输生产活动中，人的操作过程主要有辨认接收信息、操纵控制设备、观察调整运作三个环节，所有环节的行为均受心理现象的影响。积极的心理现象是保证交通安全的内在依据，消极的心理现象及由此产生的侥幸、麻痹、惰性、烦闷、自满和好奇等心理倾向，是由人的差错引发事故的深层次原因。交通运输安全的心理保障关键就在于采取各种有效的手段和措施提高人的心理素质。

群体是个体的集合，群体素质是指影响运输安全的群体特征，包括群体目标、群体内聚力、群体的信息沟通、群体的人际关系等。由于交通运输工作要求多工种协同运作，涉及多个环节，因而它对于交通运输系统内的部门之间、部门内人员之间以及同一作业的不同操作者之间的协调性要求很高，这使群体的作用变得十分突出。群体对交通运输安全的影响，主要表现在群体意识影响其成员的行为，包括社会从众作用、群体助长作用和群体规范作用。

2. 设备因素影响分析

交通运输设备是影响交通运输安全的另一个重要因素。质量良好的设备既是运输生产的物质基础，又是交通运输安全的重要保证。与交通运输安全有关的设备类型有运输基础设备、运输安全技术设备。

运输基础设备分为固定设备和移动设备。固定设备指线路（路基路面、桥隧建筑物、轨道、航道）、站场（车站、航空站、码头）和信号设备（交通信号、联锁设备、闭塞设备）等。移动设备指机车、车辆（客车、货车）、飞机、船舶、通信设备（各种业务电话、电报）、信号设备等。

运输安全技术设备分为安全监控设备、安全监测设备、自然灾害预报与防治设备、事故救援设备和其他安全设备。安全监控设备对运输员工操作正确性进行监督，防止在实际运输作业过程中由于人的精力和体力出现不适应而造成行车事故。例如列车自动停车、列车无线调度电话、打瞌睡或注意力不集中驾驶的报警系统、空中交通警戒与防撞系统等。安全监测设备对各种设备的技术状态进行监测，如轴温探测装置、车辆检测与警报系统、车距警报系统等。自然灾害预报与防治设备，如塌方落石报警装置、地震报警系统、火灾报警系统、台风监控系统等。事故救援设备，如消防、抢修、排障等设备。其他安全设备，如道口栏木、安全管理设备等。

交通运输设备具有种类多，数量大，整体性强；延伸面广，配置分散，连续运转；冲击剧烈，自然力影响大，设备有形损耗严重；运用中设备监控难度大，故障处理时间紧等特点，因而对其安全性要求较高。正是由于交通运输安全对设备的安全性要求较高，因此各国都在积极依靠技术进步，不断更新改造原有设备，采用更先进的交通运输安全技术设备。改进运输设备安全性的途径有强化运输基础设备，加大其安全系数，使之适应重量、密度、速度提高的要求；研制和采用先进的运输安全技术设备。

影响交通运输安全的设备因素主要指运输基础设备和运输安全技术设备的安全性能，包括设计安全性和使用安全性。

设备的设计安全性是指设备的可靠性、可维修性、可操作性（人—机工程设计）以及先进性等。设备可靠性是指设备在规定条件下、规定时间内处于正常工作的能力，它可以用可靠度、故障前平均时间、故障率等来衡量。在整个寿命期过程中，设备的故障率可以用浴盆曲线表示，如图 4—4 所示。从图 4—4 可见，机器设备在调整后的开始阶段通常具有较高的可靠性，而经过一段时间的使用、运转后，由于一些物理和化学因素的影响，如磨损、老化等，其可靠性会逐渐降低，且随着使用时间的延长，最终必然会发生故障。因此，设备使用人员应充分了解设备的可靠性，保证及时修理或更换。如城市的士汽车运转率高，许多城市规定在使用 9～12 年后同批次车辆集体退出，汽车作报废处理。

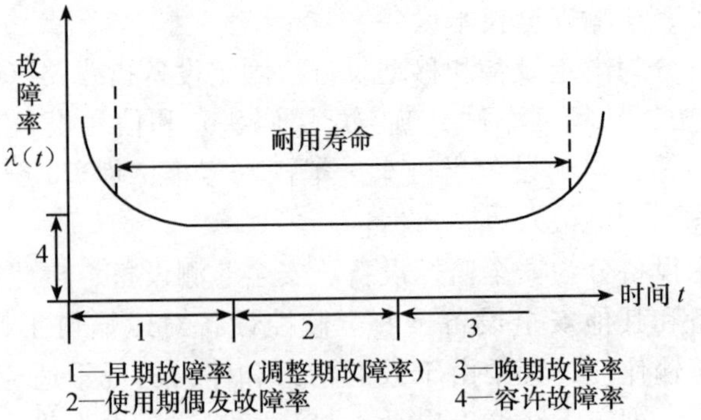

图 4—4　设备故障率典型曲线

设备的可维修性是指设备易于维修的特性，即设备发生故障后容易排除故障的能力。维修是指设备保持和恢复功能的作用活动，是在使用中设备发生故障后，由设备维修部门采取的行动。可维修性是设备的固有特性之一，可维修性好，可使设备在需要维修时以最少的资源（如人力、技术、测试设备、工具、备件、材料等）在最短的时间内顺利地完成。设备维修性难易程度的客观指标为维修度。维修度是指在规定条件下和规定时间内，可维修产品或系统（设备）在发生故障后能够完成维修的概率。其中，“规定的条件”与维修人员的技术水平、熟练程度、维修方法、备件以及补充部件的后勤体制等密切相关。交通运输系统长期不间断地运行，对设备可维修性的要求较高，尤其希望维修时间越短越好。

设备的可操作性是指设备设计要便于人进行操作。因此，机器设备在设计过程中，要同时考虑人与机器两方面的因素。在机器设备设计中，凡要求人进行操作的，其操作速度要求低于人的反应速度，凡要求操作者以感官作用下的间歇操作的，必须留出足够的间隔时间，才能获得人机设计的综合最佳效果。可操作性主要指人机界面设计，应保证显示器与人的信息通道匹配、操纵器与人的效应器匹配、人机与环境要素之间的匹配。在生产过程中，信息流要从界面通过，如果人机两个子系统匹配得好，信息流畅通，人机系统就会处于较佳状态。因此，人机界面的设计应显示器具有可识别性，控制器具有可控性，显示器和控制器布局合理、分工恰当。

设备的先进性是指尽量利用最新科技成果，采用先进的设备，淘汰落后的设备。对于交通运输系统来说，越是先进的设备其安全性也就越高。例如平交道口改立交道口后，事故率将会大幅度下降。当然，先进的设备要求有先进的安全技术设备与之相匹配，否则一旦发生交通事故，后果将难以预料。

设备的使用安全性包括设备的运行时间，维护保养情况等。设备运行时间越短，即设备越新，其使用安全性就越好；反之，则相反。

3. 环境因素影响分析

影响交通运输安全的环境系统包括内部小环境和外部大环境两部分，如图 4—5 所示。影响交通运输安全的环境因素如图 4—6 所示。

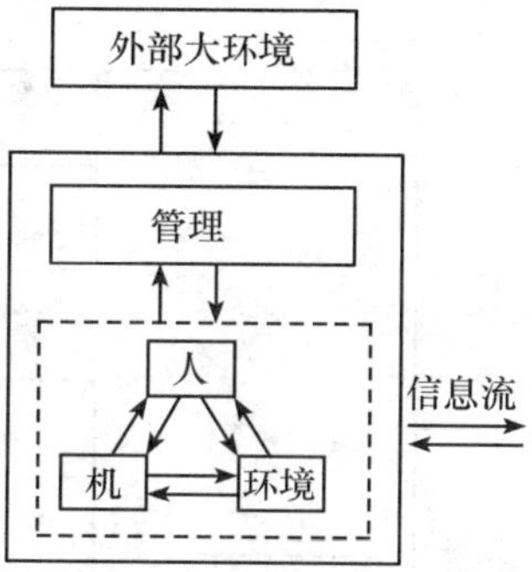

图 4—5　交通运输的人—机—环境系统

由图 4—5、图 4—6 可知，对于一般微观的人—机—环境系统而言，内部环境通常指作业环境，即作业场所人为形成的环境条件，包括周围的空间和一切生产设施所构成的人工环境。然而，交通运输系统是一个非常复杂的宏观大系统，它是由系统硬件、系统工作人员、组织机构（包括管理机构、运行机构、维修机构等）以及社会经济因素（包括政治、经济、文化、法律等）相互作用而构成的社会—技术系统。因此，影响交通运输安全的内部小环境绝非仅是作业环境，它还包括通过管理所营造的交通运输系统内部的社会环境，即交通运输系统外部社会环境因素在交通运输系统内的反映，它涉及面很广，包括交通运输系统内部的政治、经济、文化、法律等环境。

影响交通运输安全的外部大环境包括自然环境和社会环境。自然环境是指自然界提供的、人类一时难以改变的生产环境。自然环境对交通运输安全的影响很大。运输线路暴露在大自然中，经常遭受洪水、雷雨、风沙、泥石流以及台风、地震等自然灾害的威胁。在各种自然灾害中，最常见的是暴雨、洪水，严重影响交通运输安全，危害极大。此外，气候因素（如风、雨、雷、电、雾、雪、冰等）、季节因素（春、夏、秋、冬）、时间因素（白天、黑夜）以及运输线路沿线的地形地貌等

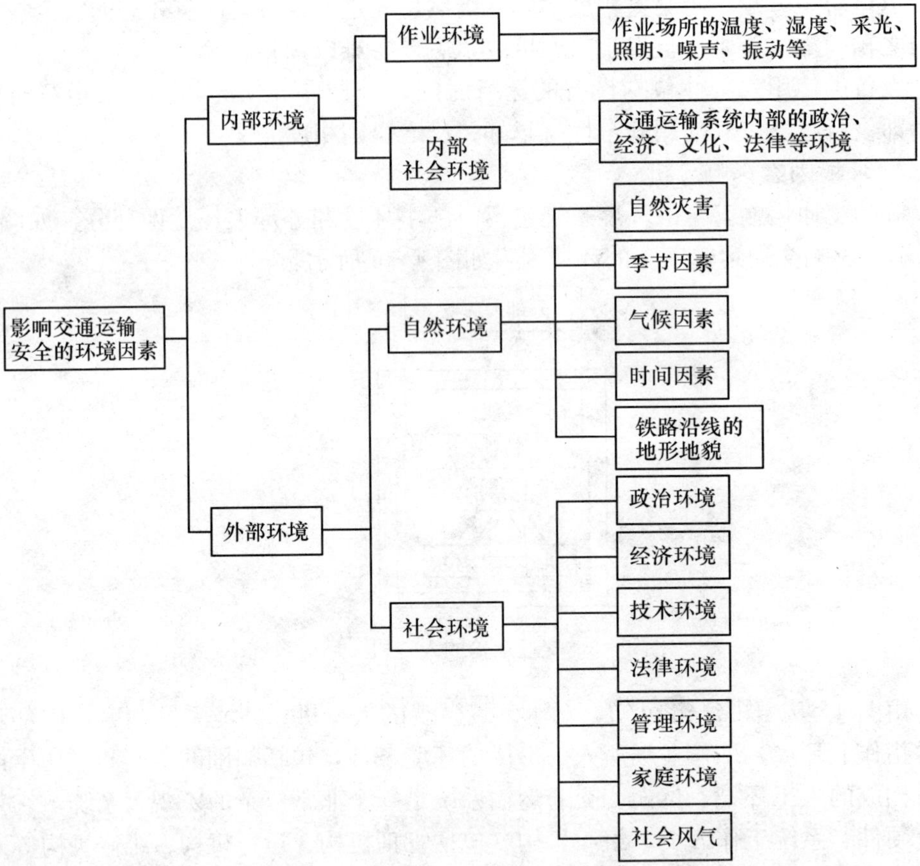

图 4—6　影响交通运输安全的环境因素

也是不容忽视的事故致因。社会环境包括社会的政治环境、经济环境、技术环境、管理环境、法律环境以及社会风气、家庭环境等，直接表现为运输线路沿线治安和站场秩序状况，它们对交通运输安全都有不同程度的影响。

二、多因素交互影响分析

人—机—环境三者之间相互作用，具体有以下七种组合方式。

1. “人—人”之间相互作用

交通运输是由多部门、多层次人员分工与协作来实现的。人与人之间相互作用、相互影响、相互依赖、相互制约，必须协调配合，才能有效保证运输生产的顺利进行。如果人与人之间的协调配合不好，就会造成事故隐患乃至发生交通运输事故，影响交通运输安全。

2. “人—机”之间相互作用

在“人”与“机”的关系中，“人”是行为的主体。人的劳动能力、劳动熟练程度、劳动态度直接影响“机”的运转状况。同时，自动化的“机”可以部分地监督人的行为，减少人为偏差。所以“人—机”之间是相互作用和相互影响的关系。

3. “人—环境”之间相互作用

人的活动是在一定的环境之中进行的，受环境的影响和制约。一方面，人从环境中获取物质、能量和信息，可以创造环境，改造环境，对环境施加能动性的影响；另一方面，环境反作用于人，使人必须适应环境，根据环境的变化调整自己的行为。

4. “机—机”之间相互作用

“机—机”之间表现为一种联动的关系。为使联动有效地传递下去，机器内部的各个零部件必须运转正常与协调，任何一个环节出现不协调的现象，都会成为事故隐患的一种可能，需要加强“机—机”之间衔接的可靠性。运输线路上的汽车或者机车必须各行其道，才能保证各自的安全。

5. “机—环境”之间相互作用

一方面，良好的环境有利于保证“机”的状态良好和运行正常；另一方面，通过一定的“机”改造“环境”，使“环境”向有利于系统的方向发展。如汽车进入隧道会出现黑洞现象，车辆就应开放车灯给予光线补偿。

6. “环境—环境”之间相互作用

不可控制的大环境之间、可控制的小环境之间、大环境与小环境之间相互影响和制约，彼此之间是相互改造和被改造的关系。应充分发挥可控制的小环境的能动作用，影响不可控制的大环境的变化。

7. “人—机—环境”之间相互作用

“人—机—环境”构成交通运输安全保障系统最基本的组成要素，根据系统的整体性思想，单纯一个要素的良好状态，或者单独强化某一个或两个要素并不能保证整个系统的优化。为充分发挥系统的整体功能，必须有效地组合与协调三者之间的关系。

三、管理因素影响分析

1. 交通运输安全管理的概念

交通运输安全管理是指运输系统的各级管理人员为了实现满意的安全水平，按照安全生产的客观规律，在有限的投入下对运输系统的人（基层作业人员）、财（如安全技术措施经费等）、物（如运输基础设备和运输安全技术设备等）、信息（安全信息）等资源进行计划、组织、指挥、协调和控制，以达到减少或避免交通运输事故的目的，其本质是充分发挥人的积极性和创造性，调动一切积极因素，促使各种矛盾向有利于交通运输安全的方面转化。换言之，交通运输安全管理是指为了有效地减免运输事故及由运输事故所引起的人和物的损失而对危险进行控制的一切活动。

2. 交通运输安全管理的内容

交通运输安全管理包括技术管理和道路营运管理。技术管理是充分发挥道路功能，适应经济发展需要的技术保障，其内容包括道路的发展规划、法规、政策、标准规范的研究和制定，工程可行性报告、招投标、设计、施工、管理中的技术问题研究。道路营运管理的目的是最大限度地发挥道路营运效率，提高道路安全性，其内容主要包括道路和道路设施的养护维修管理，保护路产和维护路权的路政管理，纠正交通违章、维持交通秩序和处理交通事故的交通安全管理，数据检测、采集并进行处理与运用的信息管理，通行费收支的收费管理，以及包括停车、餐饮、抢险救援等服务的营运服务管理。

管理具有计划、组织、指挥、协调和控制的职能，管理使人、机器和环境组成一个能够有效实现预期目标的系统。虽然人、机、环境往往是造成事故的直接原因，而管理看似为间接原因，但追根溯源管理却是根本的、本质上的原因。这是因为人、机器和环境的系统都是受“管理”要素支配的；管理有助于提高运输系统内人员、设备和环境的安全性，管理具有协调运输系统内人、机、环境之间关系的功能，具有优化运输系统人—机—环境整体安全功能的能力，亦即管理具有运筹、组合、总体优化的作用。

3. 交通运输管理的影响因素

影响交通运输安全的管理因素较多，主要有安全组织、安全法制、安全技术、安全教育、安全信息和安全资金等，如图 4—7 所示。

4. 交通运输安全管理制度

车辆驾驶人员的驾驶技术、职业道德素质，从业人员资格管理是交通运输安全的关键。目前，我国交通运输安全的管理制度主要有经营资质管理制度、车辆技术等级状况管理制度、从业人员资格管理制度。

经营资质是交通运输企业的运营准入证。按照我国《道路运输条例》的有关规

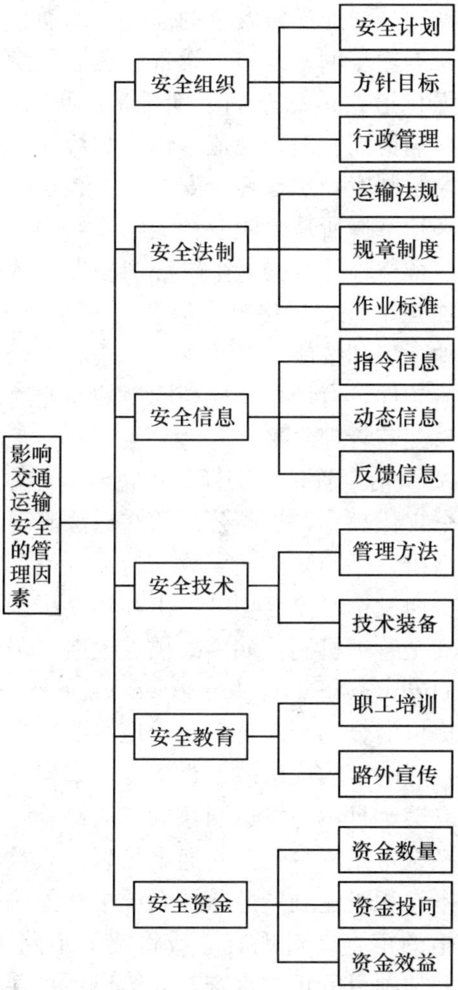

图 4—7　影响交通运输安全的管理因素

定，凡不具备安全生产资质条件的企业要实行一票否决制，严禁进入运输市场；对发生特大交通责任事故的经营者从“整改通知”下发之日起一年内暂停新增客运线路；坚决不许可运营不符合安全运营的线路，直至符合安全运营条件方可恢复运营。在货运审批过程中，对于违反国家标准、私自拼装、改装的车辆，严禁进入货运市场，对于申请危险品运输的车辆，要进行车型和车辆技术等级审核控制，更要严把市场准入关。

车辆技术等级状况管理是交通运输安全的保证。加强车辆技术等级管理要以车辆等级评定工作为重点，运输车辆、设施、设备、运输危险货物车辆标志都必须符合相关规定和要求。要强化道路运输车辆定期维护制度，建立完善的车辆技术档案；要坚持和完善营运车辆检测制度，规范车辆检测行为，确保检测质量；要严格执行营运车辆进出站的检测制度，规范客运安检站的经营行为，确保安检质量。

从业人员上岗作业必须掌握所从事职业相关的基本知识，并且必须经过交通主管部门的岗位培训并考试合格，持有交通主管部门核发的《操作证》或从业资格证书。在驾驶技能考试中加强临危处置措施以及发生交通事故后急救、自救知识教育，提高驾驶员安全驾驶意识和技能，以及发生事故后减轻伤害后果的能力。企业要为职工学习和培训创造条件，有计划地提高职工的职业道德和技能水平，促进企业的整体运输安全质量与经营管理水平。

5. 交通安全教育和安全信息管理与交通管理机制的建立

要强化道路交通安全宣传教育，提高公民的交通法制观念和交通安全意识是确保道路交通安全的重要举措，是预防交通事故的治本之策。

如今，世界主要的交通发达国家已相继提出和建立了以预防交通事故、降低事故严重性为核心的交通安全管理机制，如事故黑点改造。美国HES（Hazard Elimination Safety）是the Highway Safety Improvement Program（HSIP）的主要内容。该计划由联邦政府提供资金用于改善州主干道路及地方道路（除了交叉口）设施，消除和减少事故多发点的事故或事故严重程度。如建立道路交通事故紧急救援体系，减少人员伤亡。欧美、日本等发达国家的成功经验告诉我们，拥有完善的道路交通事故的紧急救援系统，是减少道路交通事故死亡人数和其他后延损失的重要手段。目前，美国和日本在积极建立紧急救援系统中都强调准确定位技术。道路安全审计是由独立的、合格的审查者对现有的或将建的道路工程项目或交通工程项目、与道路用户有关的其他项目的正式审查，并给出项目存在的或潜在的安全问题和安全性能方面的审查报告，以减少日后人员、财产的损失以及进一步改建的费用。这样可以做到事前防范，对预防事故的发生有重大意义。

一是建立安全信息管理系统。我国由全国安全生产监督局负责全国交通运输的安全信息统计，交通部负责运输系统的通达范围及状况、运输安全、民众出行及货物流动情况，运输与经济增长，运输、能源与环境，运输与国家安全等信息分析和统计。美国建立的统计及基础信息数据库庞大而全面，有全国道路使用监控系统(HPMS)、国家驾驶员注册表（NDR）、联邦交通事故死亡分析报告系统(FARS)、国家营运汽车分析报告系统（CVARS)、国家公交数据库（NTD)、国家营运汽车驾驶员信息系统（CDLIs）、加州全州中央交通记录数据系统、加州自动管理信息系统（AMIS）、加州交通事故监视分析系统（TASAS）等。这些系统构成了完整的加州道路交通管理基础信息系统。

二是建立大交通管理机制。德国目前正在研究“整体交通政策”。以此为借鉴，我国交通运输部把道路、水路、铁路、航空、管道运输纳入“大交通”的整体考虑，建立适应新形势发展的安全管理机制，实现交通系统的可持续发展，制定和完善促进公路运输可持续发展的法律、法规和政策体系，通过法律、法规的约束，政策的引导和调控，推进我国“大交通”向可持续发展方向转变。

6. 道路交通的两类危险源理论模型分析

道路交通的两类危险源理论认为，事故的发生往往是两类危险源共同作用的结果。第一类危险源是指拥有能量的能量体，它有可能导致能量的意外释放，是第二类危险源出现的前提，并决定事故后果的严重程度；第二类危险源是指导致能量约束或屏蔽失效的各种因素，是事故的必要条件，决定事故发生的可能性。在道路交通事故系统里，可认为带有动能的机动车为第一类危险源，机动车在正常行驶过程中，动能按着正常的途径进行流通，即机动车的动能转化为克服路面摩擦力和空气阻力做功的热能以及重力势能，不发生动能的意外释放，则不会产生事故。机动车的动能一旦失去约束或限制，则会产生事故，这些导致机动车动能约束或限制措施失效的各种因素称为第二类危险源，包括人的失误、车辆故障、道路缺陷、交通环境恶劣、交通管理失误等，其事故模型如图 4—8 所示。

根据我国某市公安交通管理局的统计数据显示，2007 年 1—6 月该市共发生事

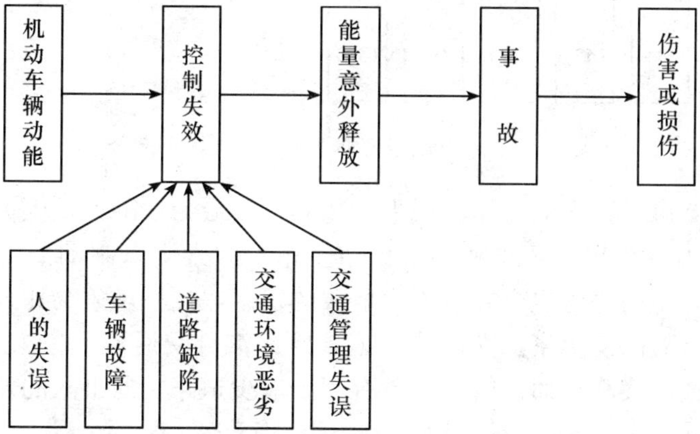

图 4—8　道路交通的两类危险源理论模型

故 612 起，死亡 598 人。按照导致 612 起事故发生的主要原因进行统计并依据图 4—8 所示两类危险源理论模型分类，分类统计数据如图 4—9 所示。人的失误主要是超速行驶、酒后驾驶、不按规定让行、违章超车、违章占道、疲劳驾驶等几个方面，如图 4—10 所示；车辆故障主要是制动失效、制动不良、转向失灵、发动机故障、灯光失效等方面，如图 4—11 所示；道路缺陷主要是弯道、标志不明、红绿灯故障、路面湿滑、路障、坑洼等方面，如图 4—12 所示；交通环境恶劣主要是拥堵、大雾、光线太强或太暗、大雨、大雪、大风等原因，如图 4—13 所示；交通管理失误主要是混合交通流，道路分隔线不清，交警、协管人数不够，驾驶员管理不严，交通教育力度不够，交通宣传力度不够等方面，如图 4—14 所示。

从图 4—8 至图 4—14 的分类统计数据可以看到，导致第一类危险源的能量意外释放的各项因素中，由于人的操作失误而导致能量控制失效占到了所有因素的 83%，其次为车辆的故障和交通管理的不到位。

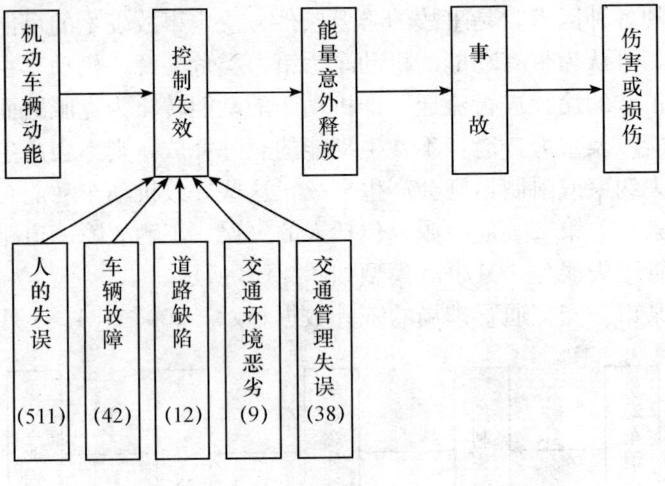

图 4—9　某市道路交通事故原因分类数据图

由图 4—10 可见，人的操作失误中以超速行驶最为危险，发生的事故最多，达总数的 36%，其次为违章超车和违章占道。车辆因素则以制动不良为最大安全隐患，另外交通环境的恶劣也会导致不少事故的发生，拥堵现象会让人产生不耐烦的情绪，加大了事故的发生率。交通管理因素则以混合交通流现象为最大安全隐患，故适当增加交通警察和交通协管的数量有利于减少道路交通事故的发生。

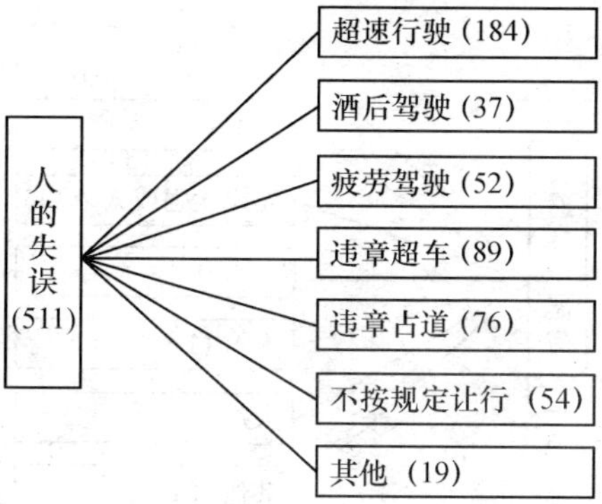

图 4—10　某市道路交通事故人的失误分类统计图

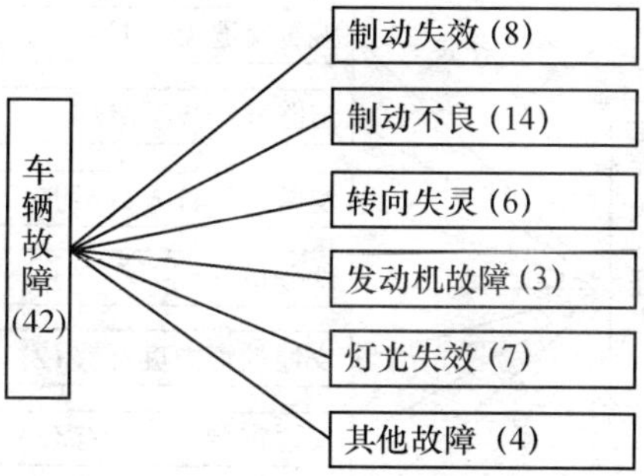

图 4—11　某市道路交通事故车辆故障分类统计图

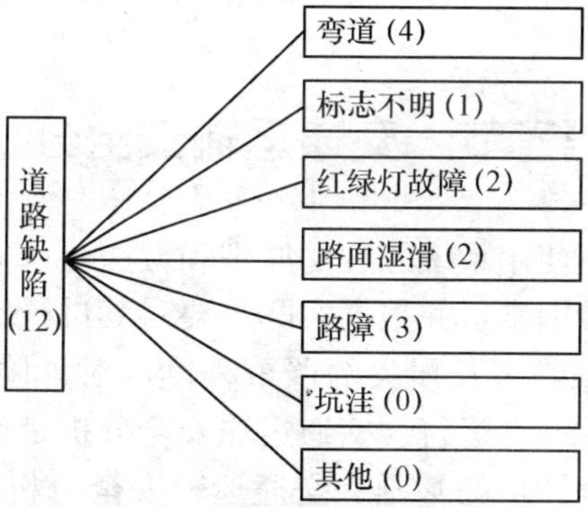

图 4—12　某市道路交通事故道路缺陷分类统计图

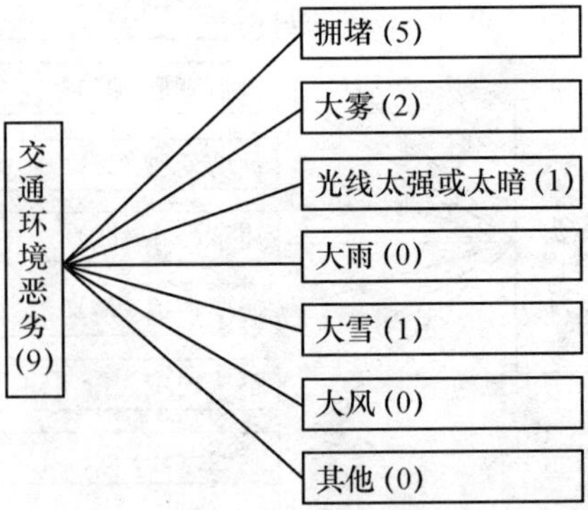

图 4—13　某市道路交通事故环境因素分类统计图

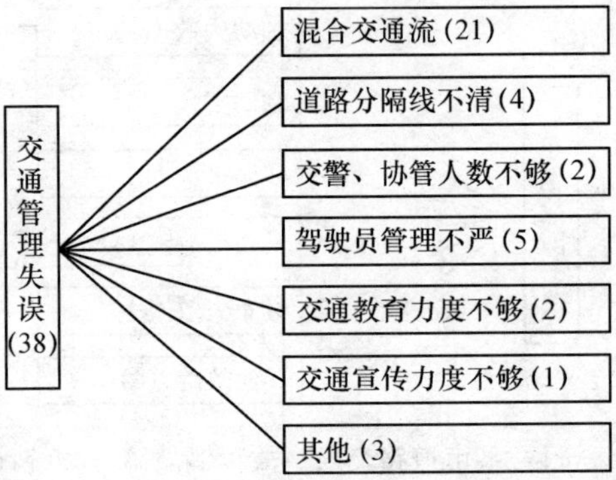

图 4—14　某市道路交通事故管理因素分类统计图

第二节　交通运输安全分析

交通运输安全分析是使用系统工程的原理和方法，从安全角度分析导致交通系统故障或事故的各种危险因素，并根据实际需要对其进行定性、定量描述，估计事故发生的概率和可能产生伤害及损失的严重程度，对危险因素采取相应的控制措施，保证交通运输系统的安全运行。交通运输安全分析是运输安全系统工程的核心内容，也是交通运输安全评价的基础。交通运输安全分析通常包括六项分析内容：①调查和分析可能出现的初始的、诱发的及直接引起事故的各种危险因素及其相互关系；②调查和分析与系统有关的环境条件、设备、人员及其他有关因素；③分析利用适当的设备、规程、工艺或材料进行控制或根除某种特殊危险因素的措施；

④调查和分析可能出现的危险因素的控制措施及实施这些措施的方法；⑤调查和分析不能根除的危险因素失去或减少控制可能出现的后果；⑥调查和分析危险因素一旦失去控制，为防止伤害和损害的安全防护措施。

安全分析方法有许多种，在危险因素辨识中得到广泛应用的安全分析方法主要有统计图表分析、因果分析图、安全检查表分析、预先危险性分析、事件树分析、事故树分析、故障模式及影响分析、危险性和可操作性研究。此外，还有管理疏忽和风险树分析、原因—后果分析、共同原因分析等方法，可用于特定目的的危险因素辨识。

一、统计图表分析

统计图表分析就是利用统计图表对交通事故数据进行整理并进行粗略地原因分析，便于找出事故发生的规律，图 4—15 所示为某市某年上半年交通事故性质分类统计图所表示的情况。

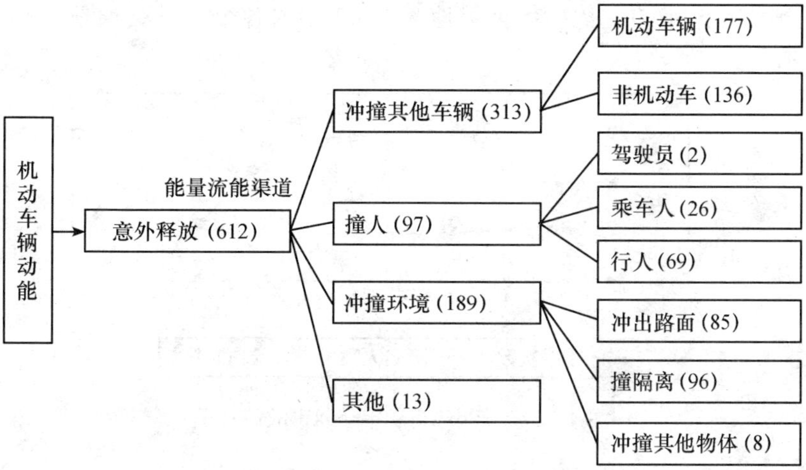

图 4—15　某市某年上半年交通事故性质分类统计图

1. 比重图

比重图是一种表示事物构成情况的平面图形，可以在平面图上形象、直观地反映事物的各种构成所占的比例。图 4—16 所示是以图 4—15 的数据所作的比重图。

2. 趋势图

趋势图是按一定的时间间隔统计数据，利用曲线的连续变化来反映事物动态变

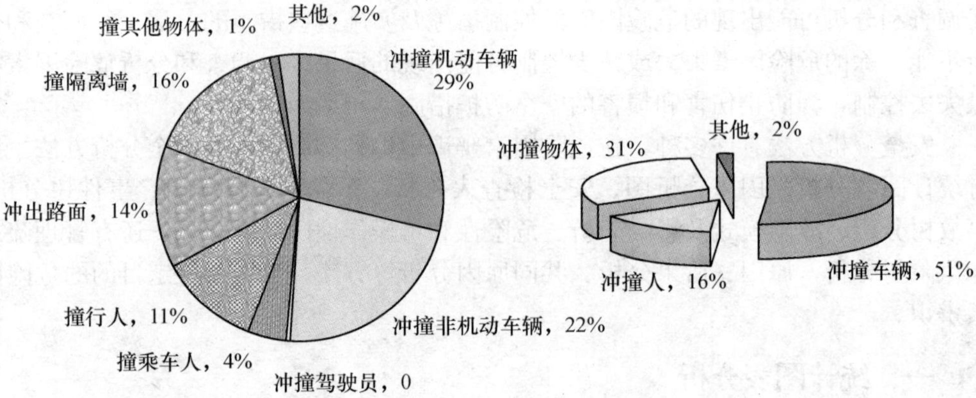

图 4—16 某市某年上半年交通事故性质构成比重图

化的图形。通常用横坐标表示时间间隔，纵坐标表示事物数量尺度。趋势图借助于连续曲线的升降变化，来反映事物的动态变化过程，可以帮助我们掌握交通事故发生规律，预测其未来的变化趋势。某地区 2009 年内各个月份交通事故趋势图如图 4—17 所示。

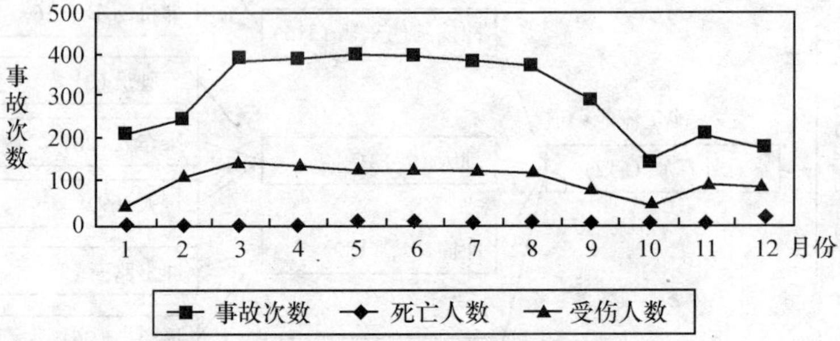

图 4—17 某市 2009 年交通事故趋势图

3. 直方图

直方图由建立在直角坐标系上的一系列高度不等的柱状图形组成，也被称为柱状图。直角坐标系的横坐标表示需要分析的各种因素，柱状图形的高度代表对应于某一指标的数值。采用直方图进行交通事故统计分析，可以直观、形象地表示出各种因素对交通事故的影响程度。我国某地区一年内按 7 天为周期统计的交通事故直方图如图 4—18 所示。

4. 圆图法

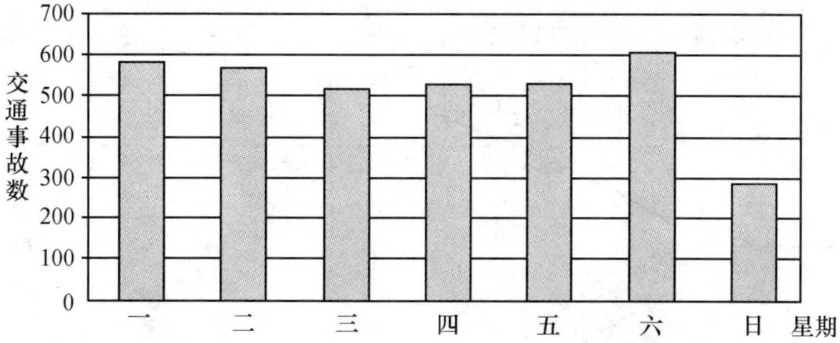

图 4—18　某地区按周期统计的交通事故直方图

圆图法是将整个圆周等分，以 360°为 100%，把分析项目所占比例，按 1°为 1/360 的比例画在一个圆内。通过圆图法，可以比较直观地看出各个因素所占的比例。图 4—19 所示为我国某市交通事故统计圆图法示意图。

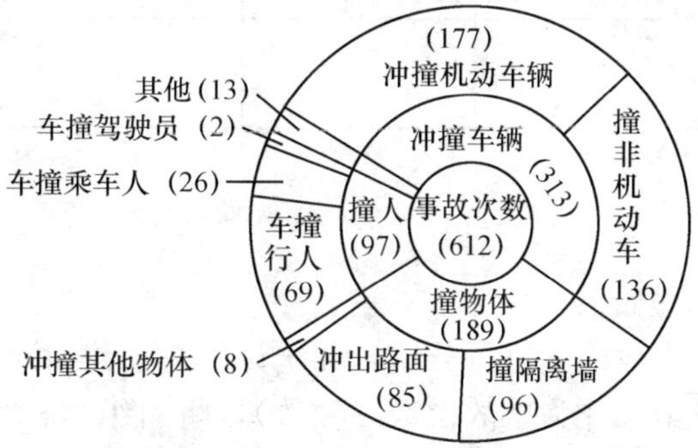

图 4—19　某市交通事故分类统计圆图法示意图

5. 排列图

排列图全称为主次因素排列图，也叫巴雷特图法，可确定系统安全的关键因素，明确安全管理工作重点。它由两个纵坐标、一个横坐标、直方图和曲线组成。左边纵坐标表示频数，右边纵坐标表示累积频率；横坐标表示事故原因或事故分类，一般按影响因素的主次（发生频数大小）从左向右排列；直方图表示某个因素的频数；曲线表示各因素频率的累计频率，常称为巴雷特曲线。采用排列图来反映交通事故的主要原因时，按主次因素分为三类：累积频率在 0～80%的因素称 A 类因素，是主要因素（关键因素）；累积频率在 80%～90%的因素称 B 类因素（次要因素）；累积频率在 90%～100%的因素称 C 类（次要因素）。如果全力解决 A、B 两类因素，就能够解决 90%的交通事故问题。该方法的形式如图 4—20 所示。

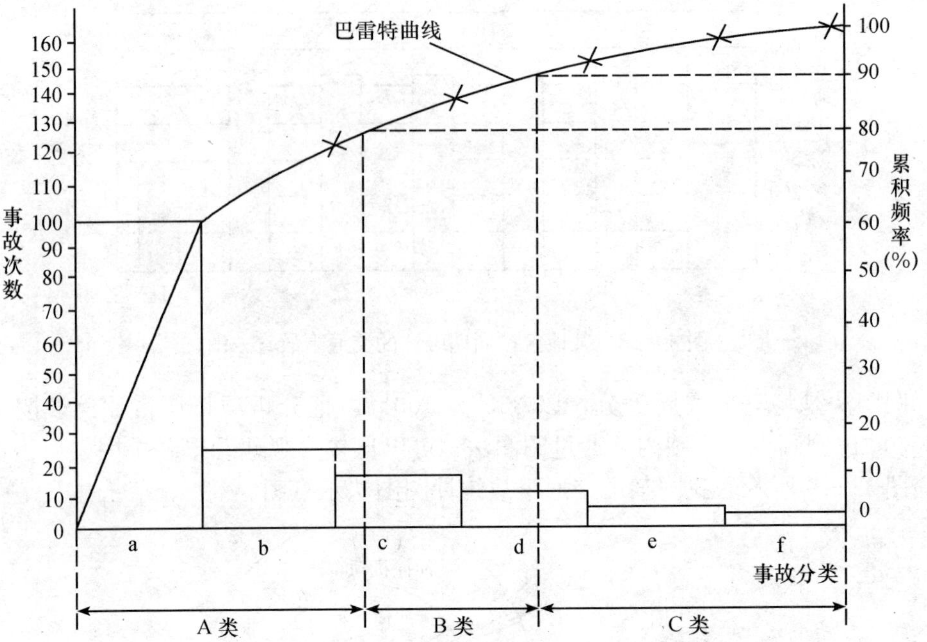

图 4—20　排列图

排列图的制作过程如下：

第一步，将发生事故因素进行分组，并统计各组频数和计算相应的频率值。

第二步，将左纵坐标作为事故次数（频数）；将右纵坐标作为出现该类问题的次数占总次数的比重（频率）；将横坐标表示为事故分组，按各类因素出现的频数多少依次自左向右排列。

第三步，将各因素的累积频率值以曲线连接，得出用坐标图表述的巴雷特曲线。

6. 事故分析图

采用事故分析图可分析交通事故在道路上的分布情况和事故多发地点，在道路平面图上再现事故发生情景。用规定的简明符号将实际发生的交通事故时间、事故形态、事故发生前肇事车的行驶状态和方向、行人或自行车的前进方向、事故后果等标注在相应的位置上，即得到事故分析图，如图 4—21 所示。

二、因果分析图

因果分析图又称特性因素图，因其形状特殊，也称树枝图或鱼刺图。道路运输

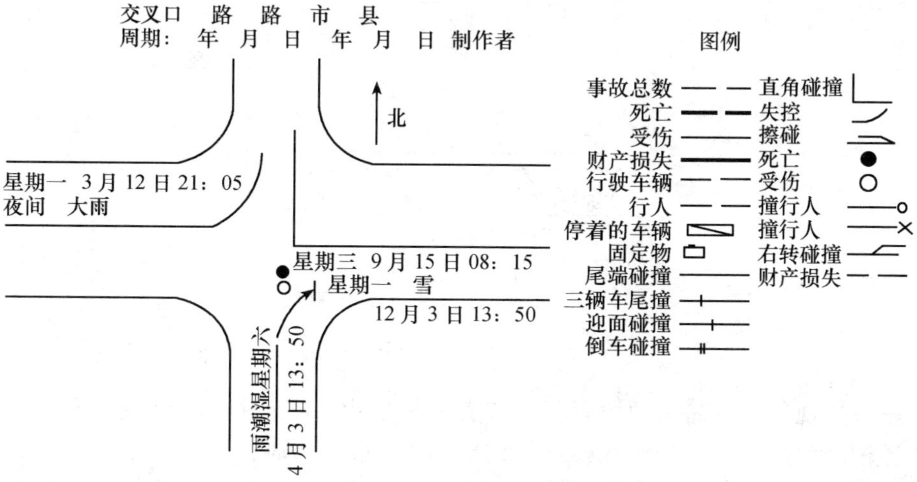

图 4—21　事故分析图

安全事故是交通参与者、运载工具、运行线路等多方面因素综合作用的结果，这些因素和事故以及彼此之间存在着错综复杂的关系。当分析发生交通事故的原因时，为了客观、全面地确定交通事故的各种大小原因，用简明的文字和线条在因果分析图上表现出来。

采用鱼刺图分析需要召集与问题有关的人员组成一个工作组，该组成员必须对问题有一定深度的了解。鱼刺图作图过程一般有以下几个步骤：①调查组负责人将拟找出原因的问题写在黑板或白纸右边的一个三角形的框内，并在其尾部引出一条水平直线，该线称为鱼脊；②调查组成员在鱼脊上画出与鱼脊成 45°角的直线，并在其上标出引起问题的主要原因，这些成 45°角的直线称为大骨；③对引起问题的原因进一步细化，画出中骨、小骨……尽可能列出所有原因；④对鱼刺图进行优化整理；⑤根据鱼刺图进行讨论。

完整的鱼刺图如图 4—22 所示。由于鱼刺图不是以数值来表示并处理问题，而是通过整理问题与它的原因的层次来标明关系，因此，能很好地描述定性问题。鱼刺图的实施要求交通安全诊断专家有丰富的指导经验，整个分析过程要尽可能地为调查组成员创造友好、平等、宽松的讨论环境，使每个成员的意见都能完全表达，同时保证鱼刺图正确做出，即防止调查组成员将原因、现象、对策互相混淆，并保证鱼刺图层次清晰。调查组负责人不对问题发表任何看法，也不能对调查组成员进行任何诱导。

在图 4—22 中，“结果”表示不安全问题、事故类型；主干是一条长箭头，表

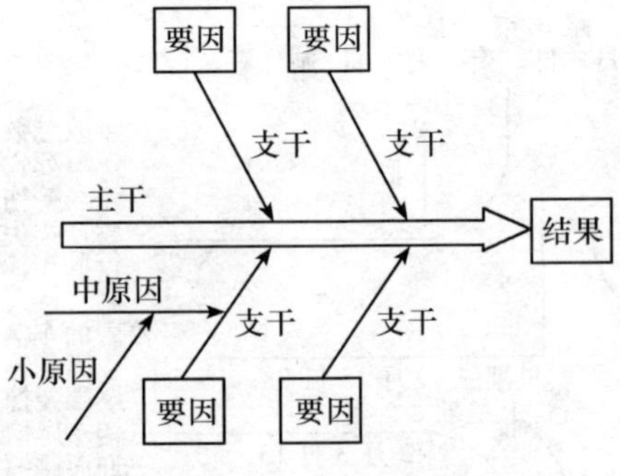

图 4—22　鱼刺图

示某一事故现象；长箭头两边有若干“支干”“要因”，表示与该事故现象有直接关系的各种因素，是综合分析和归纳的结果；“中原因”则表示与要因直接有关的因素。依次类推，便可以把事故的各种大小原因客观、全面地找出来。在运用鱼刺图对交通事故原因进行分析时，要从大到小、从粗到细，由表及里，寻根究底，直到能具体采取措施为止。

鱼刺图将引发事故的重要因素分层（枝）加以分析，分层（枝）的多少取决于安全分析的广度和深度要求，分析结果可供编制安全检查表和事故树用。该法可以使复杂的原因系统化、条块化，而且直观、逻辑性强，因果关系明确，便于把主要原因弄清楚，因此便于采取相应的预防措施。它既可以对事故总体进行分析，也可用于对单项原因进行分析，还可对具体案例进行分析。分析交通事故的具体案例，对吸取事故教训、采取防范措施尤为适用，但难以揭示各因素之间的组合关系。

例如，2006 年某日 7 时，一辆川江 CJQ5062XXY 型厢式货车由重庆开往成都，行驶至成渝高速公路 k13 +900 m 处，与停在紧急停车道的十通货车发生追尾碰撞，造成 3 人死亡、2 车受损。经交通事故鉴定专家讨论，得出该碰撞事故的鱼刺图如图 4—23 所示。

三、安全检查表分析

在日常安全检查工作中，为了发现和查明系统的各种危险和隐患，监督各项安全法规、制度、标准的实施，制止违章行为，预防事故，消除危险，需要按系统工程思想，采用安全检查表分析交通系统安全。

安全检查是运营常规、例行的安全管理工作，是及时发现不安全状态及不安全行为的有效途径，也是消除事故隐患、防止事故发生的重要手段。安全检查表是为系统地发现运输工具、运输线路、港、站、车间、班组、工序或机器、设备、装

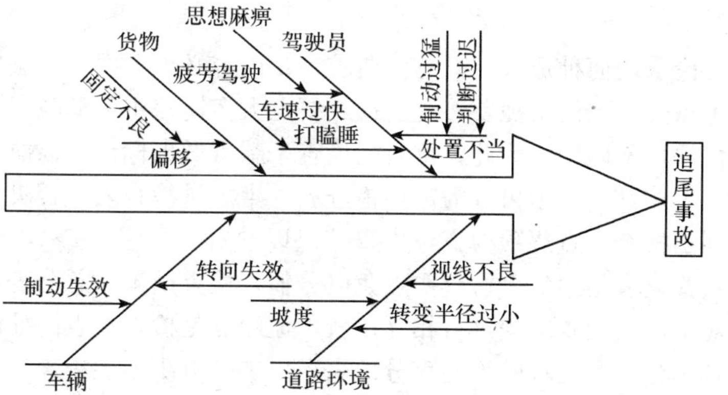

图 4—23　车辆追尾事故鱼刺图

置、环境以及各种操作管理和组织措施中的不安全因素而事先拟好的问题清单。安全检查表根据系统工程分解和综合的原理，事先对检查对象加以剖析、分解，并根据理论知识、实践经验、有关标准、规范和事故情报等确定检查的项目和要点，以正面提问的方式，将检查项目按系统或子系统的顺序编制成表，以便进行检查和避免漏检查。其基本格式见表 4—1。

表 4—1　　　　安全检查表的基本格式

检查时间	检查单位	检查人	检查部位		整改负责人
序号	检查项目		检查结果		整改措施
			是	否	
1					
2					

安全检查表的检查项目，应包括所有可能导致事故发生的因素或状态，即要求所列检查项目系统、全面、完善。检查的项目越全面，检查的地方越彻底，漏掉的不安全隐患就越少，系统的安全性就越高。

安全检查表一般采用正面提问的方式，要求发问明确，回答清楚，并以“是”或“否”为答案。在每个提问后面也可以设整改措施栏，将整改措施简要地填写在此栏内，每个检查表均需注明检查时间、检查者、直接负责人等，以便分清责任。

为了使提出的问题有依据，可以收集有关此项问题的规章制度、规范标准中所规定的要求，分别简要地列出它们的名称和所在章节，附于每项提问后面，以便查对。

检查表不论采用何种形式，其总体要求是：内容必须全面，以避免遗漏主要的潜在危险；重点突出，简明扼要，避免检查要点太多掩盖主要危险，分散人们的注意力，反而使评价不确切。为此，重要的检查条款可做出标记，以便认真查对。

安全检查表按基本类型可分为定性检查表、半定量检查表和否决型检查表。定性检查表是列出检查要点逐项检查，检查结果以“对”“否”表示，检查结果不能量化。半定量检查表是给每个检查要点赋以分值，检查结果以总分表示。半定量检查表也可以对不同的检查对象进行相互比较，但缺点是检查要点的准确赋值比较困难，而且个别十分突出的危险不能充分地表现出来。否决型检查表是给一些特别重要的检查要点做出标记，这些检查要点如不满足，检查结果视为不合格，即具一票否决的作用，这样可以做到重点突出。我国的《GB 13548—92 光气及光气化产品生产装置安全评价通则》中的检查表即属此类，见表 4—2。

表 4—2　　光气及光气化产品生产装置安全检查表

检查项目			检查结果		备注
			是	否	
一、场地条件	1. 地理条件	①光气…… ②不应……			△
	2. 气象条件				
	3. 其他				
二、安全设计	1. 危险识别				
	2. 工艺设备				
	3. 管道				
	4. 仪表				
	5. 土建与电气				
	6. 操作的安全性				
	7. 防止灾害扩大的措施				
三、运行管理	运行管理				
四、安全管理	1. 组织				
	2. 安全教育				
	3. 设备管理				
	4. 防灾措施				

安全检查表按其使用场合大致可分为设计用安全检查表、设备专用定期安全检查表、企业和岗位用安全检查表和专业性安全检查表。

设计用安全检查表主要供设计人员在进行安全设计时使用，也以此作为审查设计的依据。其主要内容包括厂址选择，平面布置，工艺流程的安全性，建筑物、安全装置、操作的安全性，危险物品的性质、储存与运输，消防设施等。如果在设计时能够设法把不安全因素消除，则可以取得事半功倍的效果。因此，在设计之前应为设计人员提供相应的安全检查表。表中还应列出应该遵循的有关规程、标准。这样既可以扩大设计者的知识面，又能使他们乐于采纳这些标准中所列的数据要求，不仅可以避免与安全人员意见不同时发生争议，而且设计人员事先参照安全检查表进行设计，比设计完成后再参照检查表修改要省事很多。我国交通部制定的《道路交通安全设计评价指南》就列出了路线、路基、路面、隧道、桥梁、安全设施的设计成果评价方法和评价指标。

设备专用定期安全检查表是由于交通运输系统部门复杂，设备种类繁多，按客运、货运、车辆、电力、房建等部门各自的设备情况，制定相应的安全检查表，可供日常巡回检查或定期检查时使用。

企业和岗位用安全检查表是用于车间、工段及岗位进行定期和预防性安全检查，重点放在人身、设备、作业过程等的不安全行为和不安全状态方面。其内容主要包括工人安全、设备布置、通道、通风、照明、噪声、振动、安全标志、消防设施及操作管理等。

由专业机构或职能部门编制和使用的专业性安全检查表主要用于定期的专业检查或季节性检查，如对电气设备的防雷击检查，锅炉及压力容器等特殊装置的专业性检查。

编制安全检查表的主要依据有三个，即国家部门和地方政府颁发的规范规程和标准、国内外的事故案例和本单位的经验、有关的安全研究成果等资料。

为了保证安全生产，国家及有关部门发布了一些不同的安全标准及文件，这是编制安全检查表的一个主要依据。为了便于工作，有时可将检查条款的出处加以注明，以便能尽快统一不同的意见。

要收集国内外同行业及同类产品行业的事故案例，从中发掘出不安全因素，作为安全检查的内容。国内外及本单位在安全管理及生产中的有关经验，自然也是一项重要内容。通过系统安全分析确定的危险部位及防范措施，企业根据历史经验和教训编制的安全管理制度和实施细则，也是制定安全检查表的依据。

编制安全检查表的方法有经验法和分析法。经验法就是找熟悉被检查对象的人员和具有实践经验的工人、工程技术人员、管理人员组成一个小组，依据人、物、环境的具体情况和以往积累的实践经验以及有关统计数据，按照规程、规章制度等要求，编制安全检查表。分析法是根据已编制的事故树、事件树的分析，评价结果来编制安全检查表。经验法编制的安全检查表内容繁杂，制定时花时间，工作效率低，检查时使用效果不如分析法好。用分析法编制的安全检查表，经过事故树、事件树的定性、定量分析来确定检查项目，因而检查表较为精练和完善。虽然检查项目可能不多，但每一检查项目都是保证系统安全的关键环节，所以分析法是发展的方向。编制安全检查表的步骤如下：①确定被检查对象，组织有关人员；②熟悉被分析的系统；③调查不安全因素；④收集与系统有关的规范、标准、制度等；⑤明确规定的安全要求；⑥根据具体情况和要求确定编制方法，编制安全检查表；⑦通过反复使用，不断修改、补充完善。

一份编制成功的安全检查表应该具有如下特点：

（1）检查内容系统、完整。通过预先对检查对象进行详细调查研究和全面分析，所制定出来的安全检查表能包括控制事故发生的各种因素，可避免检查过程中的走过场和盲目性，能提高安全检查工作的效果和质量。

（2）检查目的明确。安全检查表是根据有关法规、安全规程和标准制定的，因此，内容具体，易于实现安全要求；各类安全检查表都有其适用对象，不宜通用；各级安全检查项目应各有侧重。

（3）易于准确得出结论。对所拟定的检查项目进行逐项检查的过程，也是对系统危险因素辨识、评价和制定措施的过程，既能准确地查出隐患，又能得出确切的结论，保证有关法规的全面落实。

（4）便于落实责任。检查表是与有关责任人紧密相联系的，检查后能够做到事故清、责任明、整改措施落实快，易于推行安全生产责任制。

（5）方便检查操作。检查表中所列项目，应简明扼要，突出重点，抓住要害，对危险部位应详细检查；安全检查表是通过问答的形式进行检查的过程，使用要简单易行，易于安全管理人员和广大职工理解和接受。

某铁路分局认为车场调车作业是一个重点检查岗位，制定的铁路调车作业安全检查表见表4—3。

随着电动车行业的快速发展，有关城市电动车安全隐患的问题已引起人们的广泛关注。电动车安全检查表见表4—4。

表 4—3　　调车作业班前安全检查表

检查单位：××　　检查人：×××　　检查时间：×年×月×日

序号	检查项目	检查结果		整改措施（备注）
		是	否	
1	接班前班组长是否从行动、外表检查了职工的思想、精神状态			
2	接班前班组长是否检查了职工的着装、工具等上岗准备情况			
3	作业前是否召开了安全预想会，并布置了安全注意事项			
4	作业前是否明确分工并强调了作业纪律			
5	是否做到了调车长、提钩组长、铁鞋组长负责全组的安全工作			
6	对危及安全生产的关键因素是否反复强调并对职工进行了布置，做到互相监督确保安全			
7	对喝酒上岗和身体不适的职工是否采取了有效措施			
8	当发现有危及安全的情况时，是否立即采取果断措施及时制止			
9	是否按规定巡视了线路、车辆和货物情况等			

表 4—4　　电动车安全检查表

序号	检查项目	检查内容	检查结果	备注
1	属性	能实现人力骑行，并具有电动或电动功能（属于电动自行车，非机动） 没有脚踏，不能实现人力骑行（属于电动摩托车，机动）		
2	资格	属于国家认可的品牌，并安装有牌照 电动摩托车应有年检和保险及已登记的相应证件		
3	技能	已掌握驾驶电动车的机能，并熟悉它的操作 已有电动摩托车需要考取的相应驾照 疾病、醉酒或神志不清		
4	车铃	是否有车铃 车铃是否正常工作并响度足够		
	链轮	链轮是否掉链 车链是否过长 链轮与脚踏板的轴是否接触不良 链轮的螺丝是否脱落		
	车灯	车灯是否完好 车灯亮度是否足够 车灯是否有远近光调节		
	反光器	反光器是否完好 反光器表面是否清洁，能够正常工作		

续表

序号	检查项目	检查内容	检查结果	备注
4	车闸	钢丝绳长度是否合适 闸皮厚度是否合适 车闸是否过紧 钢丝绳是否断裂 轮缘闸的推杆，拉杆是否正常工作		
	把手	把手高度是否合适 把手是否与前车轮垂直		
5	行驶中	电动自行车时速不得超过20公里 电动摩托车时速必须符合机动车行驶条例要求 电动自行车必须在非机动车道行驶 电动摩托车必须在机动车道行驶 载重不得超标，更不能载人 不得逆道，突然变向，抢道，占道 其他应遵守的基本交通规则		
6	其他	有定期地接受售后服务和进行维修保养 缴纳必需的各种资金		

四、预先危险性分析

预先危险性分析（Prelimiminary Hazard Analysis，PHA）是一种在系统或子系统运转活动之前，对系统存在的危险的类别、出现的条件和危险程度进行宏观概略分析，定性分析评价系统内危险因素和危险程度的一种方法。在进行交通运输安全分析中，主要用于交通线路、港、站、枢纽等新系统设计，或者已有系统改造的方案设计、选址、选线阶段，对系统存在的危险类型、来源、出现条件、事故后果以及有关措施等，作一概略分析，并尽可能在系统付诸实施之前找出预防、纠正、补救措施，消除或控制危险因素。

预先危险性分析的目的是防止操作人员直接接触使用危险性装置、工具和选用不安全的路线。如果必须使用时，也应从组织管理上或装备上采取安全措施，以保证这些危险因素不致发展成为事故。

在进行预先危险性分析时应对偶然事件、不可避免事件、不可知事件等进行剖析，并通过分析和评价来控制事故的发生。分析内容包括识别危险的路段、设备，并分析其发生事故的可能性条件，如道路转弯半径、最短直线距离、视距、最大纵坡度等；分析系统中各子系统的交接面及其相互关系与影响，如路面摩擦系数、车辆的刹车反应时间；分析货物，特别是有毒有害物质的性能及储运，如车罐内压力、大气温度、单车极限运量；分析操作过程及有关参数，如信息接收量、标志牌的提前距离等；分析对交通运输安全有影响的环境因素，如大雾、大风、降雪、洪水、高（低）温、振动、线路景观等；分析有关安全装备，如安全防护设施、冗余系统及设备、灭火系统、安全监控系统、个人防护设备等。

预先危险性分析具有许多优点。分析工作做在行动之前，可及早采取措施排除、降低或控制危害，避免由于考虑不周造成损失；对系统开发、初步设计、制造、安装、检修等所做的分析结果，可以提供应遵循的注意事项和指导方针；分析结果可为制定标准、规范和技术文献提供必要的资料；根据分析结果可编制安全检查表以保证实施安全，并可作为安全宣传教育的材料。

进行预先危险性分析时，一般是利用安全检查表、经验和技术事先查明危险因素存在方位，然后识别使危险因素演变为事故的触发因素和必要条件，对可能出现的事故后果进行分析，并采取相应的措施。预先危险性分析的一般程序如图 4—24 所示。

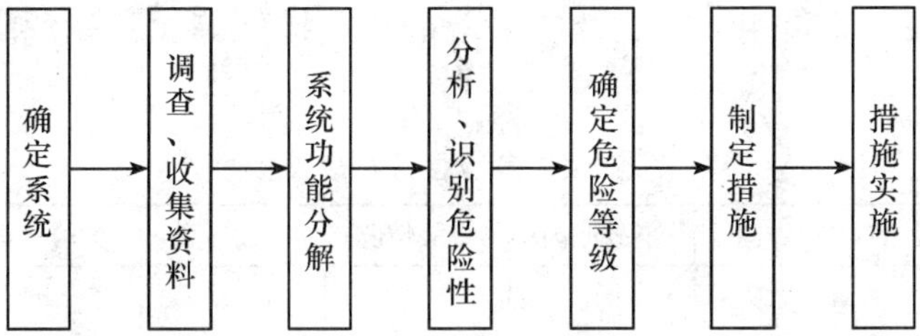

图 4—24　预先危险性分析程序

具体包括：

（1）确定系统。即明确被分析的系统。明确所分析系统的功能及分析范围。

（2）调查、收集资料。调查生产目的、工艺过程、操作条件和周围环境，包括其他类似系统的资料以及使用类似设备、工艺、材料的系统的资料。

（3）系统功能分解。一个系统往往由若干个功能不同的子系统组成，如铁路运输系统由车务系统、机务系统、工务系统、电务系统、车辆系统等组成。为了便于分析，应将系统进行功能分解，弄清其功能、构造、主要作业过程以及选用的设备、物质、材料等。将系统按功能绘出功能框图，表示它们之间的输入、输出关系。

（4）分析、识别危险性。确定危险类型、危险来源、初始伤害及其造成的危险性，对潜在的危险点要仔细判定。

（5）确定危险等级。在确认每项危险之后，都要按其效果进行分类。在分析系统危险性时，为了衡量危险性的大小及其对系统破坏性的影响程度，可以将各类危险性划分为4个等级，见表4—5。

表4—5　　危险性等级划分表

等级	危险程度	可能导致的后果
Ⅰ	安全的	不会造成人员伤亡及系统损坏
Ⅱ	临界的	处于事故的边缘状态，暂时还不会造成人员伤害和系统损坏，但应予以排除或控制
Ⅲ	危险的	会造成人员伤亡和系统损坏，应立即采取措施排除
Ⅳ	灾难性的	会导致事故发生，造成人员严重伤亡或财产巨大损失，必须立即设法消除

（6）制定措施。针对识别出的主要危险因素，可以通过修改设计、加强安全措施来消除或予以控制，从而达到系统安全的目的。

（7）按照检查表格汇总分析结果。典型的结果汇总表包括主要事故及其产生原因、可能的后果、危险性级别以及应采取的相应措施等。预先危险性分析表见表4—6。

表4—6　　预先危险性分析表

危险因素	触发事件	现象	事故原因	事故情况	事故后果	危险等级	建议安全措施

下面以厦门港水域船舶交通事故资料为基础，用预先危险性分析法来分析港口水域船舶交通环境系统的安全问题，对该系统存在的潜在危险、危险性类别，以及危险显现为事故的触发原因和导致事故的后果等，作出宏观的概略性分析。厦门港水域船舶交通环境的主要潜在危险为：

（1）水域（北碇岛—东碇岛）交通汇聚区，船舶密集，船种多样、交通流特殊等，属于交通复杂型。在雾、夜间等自然因素的影响下，容易人为疏忽导致船舶间碰撞。

（2）南碇岛—镇海角之间为小型船舶的常用航道，可航水域窄且分布若干险礁和浅滩，船只多。在雾、夜间等自然因素的影响下，因驾驶不慎或避让操作不当容易偏离航道，导致船舶触礁。

（3）浯屿—引航锚地为厦门湾进出口主航道，航道宽仅 250 m，与锚地紧靠。在雾、夜间等自然因素的影响下，因驾驶不慎产生偏离航道，容易导致船舶触礁或与锚泊船碰撞；或在商船与渔船混航的交通条件下，因疏忽瞭望，避让措施不当，容易导致船舶与渔船间的碰撞。

（4）猴屿附近为鼓浪屿西航道、东渡作业区和鹭江水道的交汇点，航道窄、水流急，有多处浅滩和暗礁。在交通密度较大，大小船舶混航的情况下，容易因未谨慎驾驶导致船舶碰撞、触礁或搁浅。

（5）码头及附近水域一般操船空间有限，由于操作人员的疏忽而操纵不当，导致船舶碰撞码头或靠泊船舶；或在码头前沿水域航行，因驾驶不慎或机器故障而使船舶偏离航道，导致船舶碰撞码头或靠泊船舶。

根据以上 PHA 法的分析，可将分析结果整理成表 4—7。

表 4—7　　厦门港水域船舶交通环境危险性预先分析

水域	危险因素	触发	事故原因	事故情况	经济损失/万元	占事故总数比例%
港外水域	交通形式复杂；雾或夜间	疏忽瞭望，未采用安全航速	临近时避让措施不当	与渔船碰撞或两轮碰撞	3 604	20.6
镇海角附近	雾，夜间；水域窄；船只多	驾驶不慎、避让操作不当	走偏航道	触礁	865	9.5
浯屿至引航锚地	雾，夜间；大船与渔船混航；航道窄	驾驶不慎、疏忽瞭望	走偏航道、临近时避让措施不当	触礁或与锚泊船、渔船碰撞	2 211	14.3
猴屿附近	航道窄且弯曲大；航道交汇点；流急	交通密度较大且大小型船舶混航	驾驶不慎	碰撞、触礁或搁浅	219	15.9
码头及附近水域	操船空间受限	操作人员疏忽、驾驶不慎或机器故障	走偏航道	碰撞码头或靠泊船舶	250	17.5

五、事件树分析

安全系统工程中的事件树分析（Event Tree Analysis，ETA），是一种运用运筹学决策论的归纳分析方法。它从给定的一个初始事件的事故原因开始，按时间进程采用追踪方法，对构成系统的各要素（事件）的状态（成功或失败）逐项进行二者择一的逻辑分析，分析初始条件的事故原因可能导致的事件序列的结果，从而定性与定量地评价系统的安全性。由于事件序列是按一定时序进行的，因此事件树分析是一种动态分析过程。由于事件序列图形形状呈树枝状，故称为事件树。

通过事件树分析可以看出系统变化过程，查明系统中各个构成要素对导致事故发生的作用及其相互作用，从而判别事故发生的可能途径及其危害性。事件树分析时，在事件树上只有成功和失败或安全和危险两种状态，而不考虑某一局部或具体的故障情节，因而可以快速推断和找出系统的事故，并能指出避免发生事故的途径，改进系统的安全状况。根据系统中各个要素（事件）的故障概率，可以概略计算出不希望事件的发生概率，还可以找出最严重的事故后果，为事件树确定顶事件（即系统失效事件）提供依据。该方法也可以对已发生的事故进行原因分析。

1. 事件树分析的过程

事件树的分析程序如下：

（1）确定系统和寻找可能导致系统严重后果的初始事件，即把分析对象及其范围加以明确，找出初始条件并进行分类，对那些可能导致相同事件的初始条件可划为一类。初始事件是事件树中在一定条件下造成事故后果的最初原因事件，可以是系统故障、设备失效、人员误操作或工艺过程异常等。一般选择分析人员最感兴趣的异常事件作为初始事件。

（2）分析系统组成要素并进行功能分解，利于进一步展开分析。

（3）分析各要素的因果关系及其成功和失败或安全和危险的两种状态，逐一列举由此引起的事件，并回答下列问题：在何种条件下，此事件会进一步引起其他事件？在何种不同的条件下会引起不同的其他事件？这一事件影响到哪些事件？它是否不止影响一个事件？

（4）建造事件树。根据因果关系及状态，从初始事件开始，由左向右展开，如图 4—25 所示，把初始事件写在最左边，各个环节事件按顺序写在最右面。从初始事件到第一个环节的水平线末端画一条垂直线段，垂直线段上端表示成功，下端表示失败；再从垂直线两端分别向右画水平线到下一个环节事件，同样用垂直线段表示成功和失败两种状态；依次类推，直到最后一个环节事件为止。如果某一个环节事件不需要向下分析，则水平线延伸下去，不发生分支，如此便得到事件树。

（5）进行事件树简化。

（6）说明分析结果。在事件树最后面写明由初始事件引起的各种事故结果或后

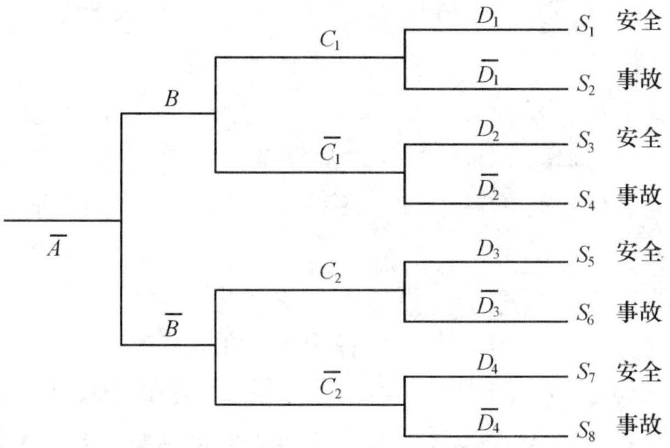

图 4—25　事件树的一般形式

果。

（7）进行定量计算。事件树分析的定量计算就是计算每个分支发生的概率，必须在确定了每个因素的概率的情况下才能进行定量计算。

绘制事件树必须根据事件的客观条件和事件的特征作出符合科学性的逻辑推理，用与事件有关的专业技术知识确认事件的可能状态，所以在绘制事件树的过程中就已对每一发展过程和事件发展的途径作了可能性的分析。事件树画好后的工作，就是找出发生事故的途径和类型以及预防事故的对策。

2. 事件树的定性分析

第一步：找出事故连锁。事件树的各分支代表初始事件一旦发生其可能的发展途径。其中，最终导致事故的途径即为事故连锁。一般地，导致系统事故的途径有很多，即有许多事故连锁。事故连锁中包含的初始事件和安全功能故障的后续事件之间具有“逻辑与”的关系。显然，事故连锁越多，系统越危险；事故连锁中事件数越少，系统越危险。

第二步：找出预防事故的途径。事件树中最终达到安全的途径指导我们如何采取措施预防事故。在达到安全的途径中，发挥安全功能的事件构成事件树的成功连锁。如果能保证这些安全功能发挥作用，则可以防止事故。一般地，事件树中包含的成功连锁可能有多个，即可以通过若干途径来防止事故发生。显然，成功连锁越多，系统越安全；成功连锁中事件数越少，系统越安全。由于事件树反映了事件之间的时间顺序，所以应该尽可能地从最先发挥功能的安全功能着手。

3. 事件树的定量分析

事件树定量分析是根据每一事件的发生概率，计算各种途径的事故发生概率，比较各个途径概率值的大小，确定最易发生事故的途径。一般地，当各事件之间相互统计独立时，其定量分析比较简单；当事件之间相互统计不独立时（如共同原因故障、顺序运行等），则定量分析变得非常复杂。定量分析要有事件概率数据作为计算的依据，而且事件过程的状态又是多种多样的，一般都因缺少概率数据而不能实现定量分析。

事件树分析的定量计算就是计算每个分支发生的概率。为了计算这些分支的概率，首先必须确定每个因素的概率。如各个因素的可靠度已知，根据事件树就可求得系统的可靠度。如图 4—26 所示为串联系统，若 A、B、C、D 的概率分别为 $P(A)=0.95$、$P(B)=0.97$、$P(C)=0.98$、$P(D)=0.92$，则系统的概率 $P(S)$ 为：

$$P(S)=P(A)\cdot P(B)\cdot P(C)\cdot P(D)=0.95\times 0.97\times 0.98\times 0.92=0.830\ 8$$

系统的失败概率，即不可靠度 $F(S)$ 为：

$$F(S)=1-P(S)=1-0.830\ 8=0.169\ 2$$

同理，计算如图 4—27 所示并联系统的概率。

$$P(S)=P(A)\cdot\{1-[1-P(B)][1-P(C)]\}\cdot P(D)$$
$$=0.95\times[1-(1-0.97)(1-0.98)]\times 0.92=0.873\ 5$$
$$F(S)=1-P(S)=1-0.873\ 5=0.126\ 5$$

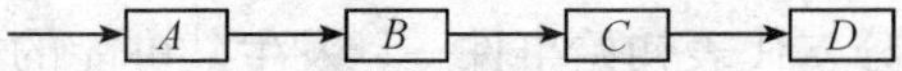

图 4—26　某系统串联图

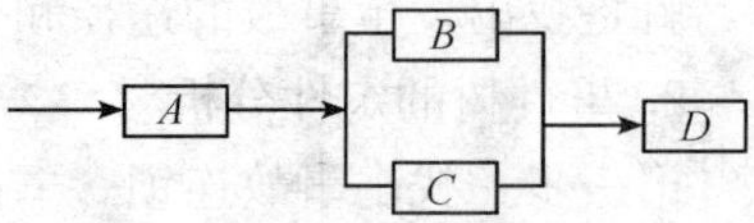

图 4—27　某系统并联图

4. 事件树的事故预防

事件树分析把事故的发生发展过程表述得清楚而有条理，对设计事故预防方案、制定事故预防措施提供了有力的依据。从事件树上可以看出，最后的事故是一系列危害和危险的发展结果，如果中断这种发展过程，就可以避免事故发生。因此，在事故发展过程的各阶段，应采取各种可能措施，控制事件的可能性状态，减少危害状态出现概率，增大安全状态出现概率，把事件发展过程引向安全的发展途径。

采取在事件不同发展阶段阻截事件向危险状态转化的措施，最好在事件发展前期过程实现，从而产生阻截多种事故发生的效果。但有时因为技术经济等原因无法控制，这时就要在事件发展后期过程采取控制措施。显然，要在各条事件发展途径上都采取措施才行。

船舶追越，常有船吸事故发生，如图 4—28 所示是对船舶追越事件树分析简图。由图可得出结论，要防止在追越时发生碰撞事故，必须保持宽裕的横距；如果前方有来船，则只有在确认不影响本船追越时才可鸣号追越；否则，应暂缓追越，等待时机成熟。由本例可知，尽管船舶的事件概率数据难以获得，但事件树的定性分析功能具有明显的实用价值。

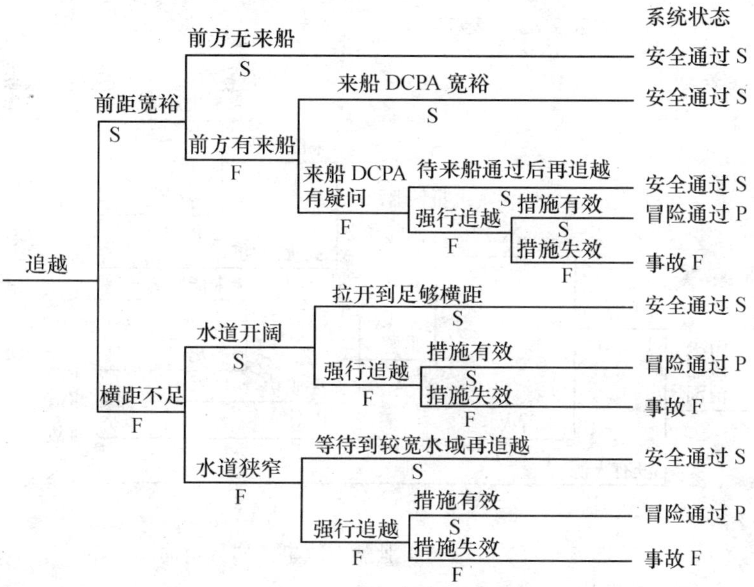

图 4—28　船舶追越事件树分析简图

注：图中 S 表示成功；P 表示小概率；F 表示失败

我们现在修建的过街天桥或地下通道，其目的就是使过马路的行人不再与车辆有行迹交叉。如果在繁华的十字路口，驾驶员和行人都能严格遵守各自的交通指挥信号，就能保证行人横穿马路时永远在车辆过后再过，防止人、车的时间交叉。行人过马路事件树如图 4—29 所示。

危险化学品运输直接关系到国家和人民生命财产的安全。一辆装载有可燃物质的大罐车在行驶中因泄漏而引发火灾，事件树分析如图 4—30 所示。设火灾事故过程如下：有可燃物质泄漏、火源、着火、报警、灭火、人员脱离。

根据图 4—30 计算概率：

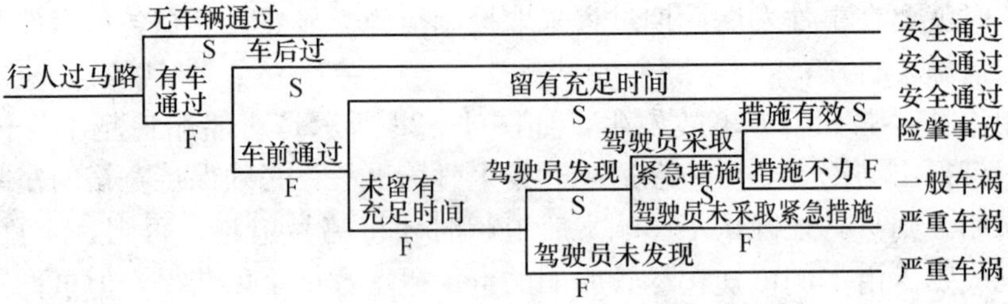

图 4—29　行人过马路事件树分析简图

注：图中 S 表示成功；F 表示失败

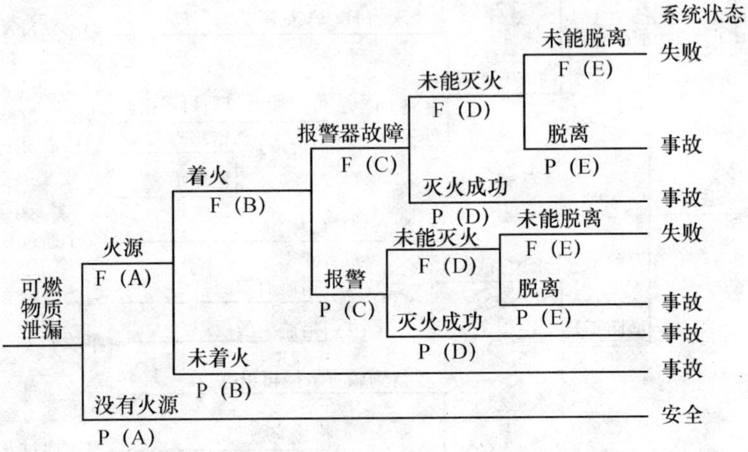

图 4—30　可燃物质泄漏事故事件树分析简图

注：图中 P 表示小概率；F 表示失败

系统失败的概率：

$$F(S)=F(A)\cdot F(B)\cdot F(C)\cdot F(D)\cdot F(E)+F(A)\cdot F(B)\cdot P(C)\cdot F(D)\cdot F(E)$$

系统事故的概率：

$$F(P)=F(A)\cdot F(B)\cdot F(C)\cdot F(D)\cdot P(E)+F(A)\cdot F(B)\cdot F(C)\cdot P(D)+F(A)\cdot F(B)\cdot P(C)\cdot F(D)\cdot P(E)+F(A)\cdot F(B)\cdot P(C)\cdot P(D)+F(A)\cdot P(B)$$

系统成功的概率：

$$P(S)=P(A)$$

六、事故树分析

事故树分析（Fault Tree Analysis，FTA）是一种图形演绎方法，是事故在一定条件下的逻辑推理方法。这种方法把系统可能发生的某种事故与导致事故发生的各种原因之间的逻辑关系用一种称为事故树的树形图表示，通过对事故树的定性与定量分析，找出事故发生的主要原因，为确定安全对策提供可靠依据，以达到预测与预防事故发生的目的。

事故树分析法可以围绕某特定的事故作层层深入的分析，在事故树图形下直观地表达系统内各事件间的内在联系，并指出单元故障与系统事故之间的逻辑关系。事故树分析能对导致灾害或功能事故的各种因素及其逻辑关系作出全面、简洁、形象的描述和分析，便于找出系统的薄弱环节，为改进设计、制定安全技术措施提供依据。

事故树分析的过程，是一个对系统更深入认识的过程，它要求分析人员把握系统内各要素间的内在联系，弄清各种潜在因素对事故发生影响的途径和程度。事故树分析可作为定性评价，也可利用事故树模型定量计算复杂系统发生事故的概率及其可靠性参数，为改善和评价系统的安全性和可靠性提供定量分析的依据。

1. 事故树的分析程序与编制

事故树分析的程序常因评价对象、分析目的、粗细程度的不同而异，但一般可按如下程序进行：

（1）准备阶段。确定所要分析的系统，熟悉系统，全面了解系统的整个情况；调查系统发生的事故，包括系统已发生的事故、未来可能发生的事故、外单位和同类系统发生的事故。

（2）事故树的编制。确定事故树的顶事件（即所要分析的对象事件—系统失效事件），调查与顶事件有关的所有原因事件，编制事故树。

（3）修改、简化事故树。

（4）事故树定性分析。

（5）事故树定量分析。

（6）事故树分析的结果总结与应用。

事故树采用的符号包括事件符号、逻辑门符号和转移符号三大类。在事故树分析中各种非正常状态或不正常情况均称为事故事件，各种完好状态或正常情况称为成功事件，两者均简称为事件。事故树中的每一个节点都表示一个事件。

结果事件是由其他事件或事件组合所导致的事件，它总是位于某个逻辑门的输出端。用矩形符号表示结果事件，如图 4—31a 所示。结果事件分为顶事件和中间事件。

顶事件是事故树分析中所关心的结果事件，位于事故树的顶端，它总是所讨论事故树中逻辑门的输出事件，即系统可能发生的或实际已经发生的事故结果。中间事件是位于事故树顶事件和底事件之间的结果事件。它既是某个逻辑门的输出事件，又是其他逻辑门的输入事件。

底事件是导致其他事件的原因事件，位于事故树的底部，它总是某个逻辑门的输入事件。底事件又分为基本原因事件（圆形符号）和省略事件（菱形符号）。基本原因事件表示导致顶事件发生的最基本的或不能再向下分析的原因或缺陷事件，用图 4—31b 中的圆形符号表示。省略事件表示没有必要进一步向下分析或其原因不明确的原因事件。另外，省略事件还表示二次事件，即不是本系统的原因事件，而是来自系统之外的原因事件，用图 4—31c 中的菱形符号表示。

特殊事件是指在事故树分析中需要表明其特殊性或引起注意的事件。特殊事件又分为开关事件和条件事件。开关事件又称正常事件，是在正常工作条件下必然发生或必然不发生的事件，用图 4—31d 中的屋形符号表示。条件事件是限制逻辑门开启的事件，用图 4—31e 中的椭圆形符号表示。

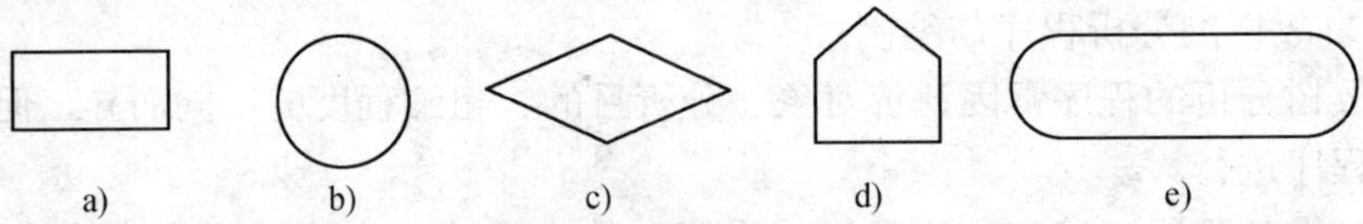

图 4—31　事件符号

a）结果事件　b）基本事件　c）省略事件　d）开关事件　e）条件事件

逻辑门是连接各事件并表示其逻辑关系的符号。逻辑门有与门、或门和特殊门三种。

与门连接数个输入事件 E_1，E_2，…，E_n 和一个输出事件 E，表示仅当所有输入事件都发生时，输出事件 E 才发生的逻辑关系。与门符号如图 4—32a 所示。

或门连接数个输入事件 E_1，E_2，…，E_n 和一个输出事件 E，表示至少一个输入事件发生时，输出事件 E 就发生的逻辑关系。或门符号如图 4—32b 所示。

特殊门分为条件与门和条件或门。条件与门表示输入事件不仅同时发生，而且还必须满足条件 A 才会有输出事件发生。条件与门符号如图 4—32c 所示。条件或门表示输入事件中至少有一个发生，在满足条件 A 的情况下输出事件才发生。条件或门符号如图 4—32d 所示。

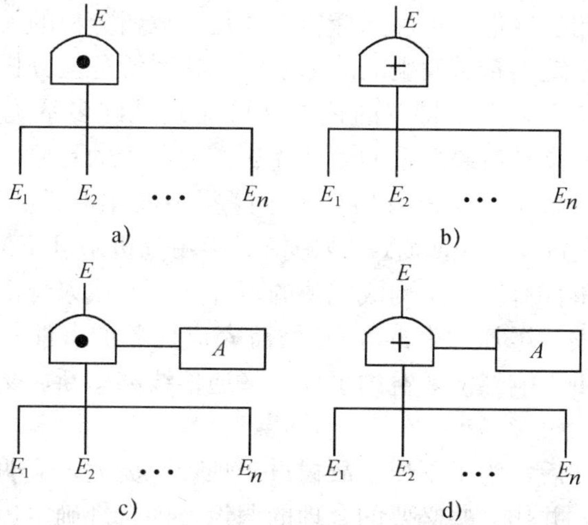

图 4—32　逻辑门符号

a）与门　b）或门　c）条件与门　d）条件或门

当事故树规模很大或整个事故树中多处包含有相同的部分树图时，为了简化整个树图，便可用转出和转入符号，以标出向何处转出和从何处转入。转出符号表示向其他部分转出，△内记入向何处转出的标记，如图 4—33a 所示。转入符号表示从其他部分转入，△内记入从何处转入的标记，如图 4—33b 所示。

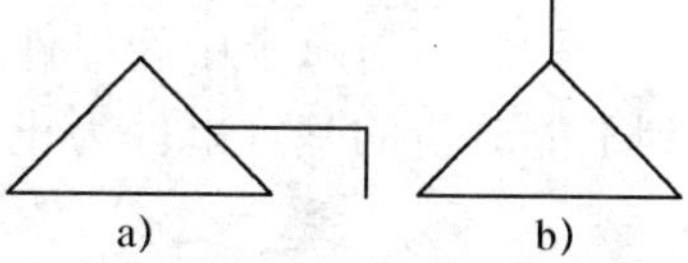

图 4—33　转移符号

a）转出符号　b）转入符号

事故树编制是事故树分析中最基本、最关键的环节。编制工作一般应由系统设计人员、操作人员和可靠性分析人员组成的编制小组来完成。通过编制过程能使小组人员深入了解系统，发现系统中的薄弱环节。

事故树的编制规则是应优先考虑风险大的事故事件确定为顶事件，合理确定边界条件，保持门的完整性，确切描述顶事件，编制过程中及编成后需及时进行合理的简化。编制事故树常用方法为演绎法，即通过人的经验和知识去推理顶事件是怎样发生的。

首先确定系统的顶事件。正确选择顶事件是事故树分析的关键，直接关系到分析结果。顶事件是系统不希望发生的故障事件。在系统危险分析的结果中，不希望发生的事件远不止一个，一个特定的顶事件可能只是许多系统失效事件之一。但是，应当把发生频率高且后果严重的事件优先作为分析的对象，即顶事件；也可以把发生频率不高但后果很严重以及后果虽不严重但发生非常频繁的事件作为顶事件。顶事件在很多情况下是 FMEA（故障模式影响分析）、ETA（事件树）分析得出的。一般考虑的事件有对安全构成威胁的事件——造成人身伤亡，或导致设备财产重大损失（如火灾、爆炸、中毒等）；妨碍完成任务的事件——系统停工，或丧失大部分功能；严重影响经济效益的事件——通信线路中断、交通停顿等妨碍提高直接收益的因素。

在确定了顶事件后，为了不使事故树过于烦琐、庞大，应明确规定被分析系统与其他系统的界面，并作一些必要的合理的假设，即合理确定边界条件。一般边界条件包括确定顶事件、确定初始条件、确定不许可事件三项。

在顶事件与其紧连的中间事件之间，根据其逻辑关系相应地画上逻辑门。要保持门的完整性，不允许门与门直接相连。事故树编制时应逐级进行，不允许跳跃，任何一个逻辑门的输出都必须有一个结果事件，不允许不经过结果事件而将门与门直接相连，否则将很难保证逻辑关系的准确性。

在确定了系统的顶事件并合理确定了边界条件后，找出直接导致顶事件发生的各种可能因素或因素的组合即中间事件。在顶事件与其紧连的中间事件之间，根据其逻辑关系相应地画上逻辑门。然后再对每个中间事件进行类似的分析，找出其直接原因，逐级向下演绎，直到不能分析的基本事件为止，即可得到用基本事件符号表示的事故树。

[**例 4—1**] 下面以列车冒进信号为例编制事故树。

（1）确定顶上事件 T。显然，列车冒进信号即为事故树的顶上事件，写在事故树的顶端，用矩形符号表示。

（2）调查顶上事件 T 发生的直接原因、事件性质和逻辑关系。列车冒进信号取决于机车乘务人员没按信号指示行车、信号突变升级、列车制动装置故障这三个事件。其中只要有一个事件发生就会导致顶上事件发生，故将它们写在第二层，并用“或”门与第一层连接起来，用矩形符号表示作为中间事件，分别记为 A，B，C。

（3）调查“未按信号指示行车”的直接原因、事件性质和逻辑关系。机车乘务人员没按信号指示行车是机车安全防护装置（三大件等）失灵、乘务人员作业失误所致。这两个事件都同时发生后，“未按信号指示行车”才会发生，故它们用“与”

门和第二层中间事件进行连接，分别记为 X_1，D。

（4）调查“乘务人员作业失误”的直接原因、事件性质和逻辑关系。乘务人员作业失误有四种情况：一是间断瞭望（瞌睡、做影响瞭望的其他工作）；二是瞭望条件不良（气候、地形条件影响视线），看不清信号，臆测行车；三是操纵不当（超速、使闸晚）；四是误认信号。这四种事件只要有一个发生，就会导致乘务人员作业失误，因此把它们写在第四层，并用“或”门与第三层“乘务人员作业失误”中间事件连接起来，分别记为 X_2，X_3，X_4，X_5。

（5）调查“信号突变升级”的直接原因、事件性质和逻辑关系。信号突变升级可能是信号机故障，也可能是办理人员给错信号所致。这两个事件只要有一个事件发生就出现信号突变升级，故将其写在第三层，并用“或”门与第二层中间事件连接起来，分别记为 X_6，X_7。

（6）调查“列车制动装置故障”的直接原因、事件性质和逻辑关系。列车制动装置故障有三种情况：一是列车中的折角塞门关闭，造成制动力不足；二是风缸故障；三是风泵故障。这三个事件中只要有一个发生就使制动装置发生故障，故将其写在第三层，并用“或”门与第二层中间事件连接起来，分别记为 X_8，X_9，X_{10}。

以上就是编制列车冒进信号事故树的全过程。编制的事故树图如图 4—34 所示。

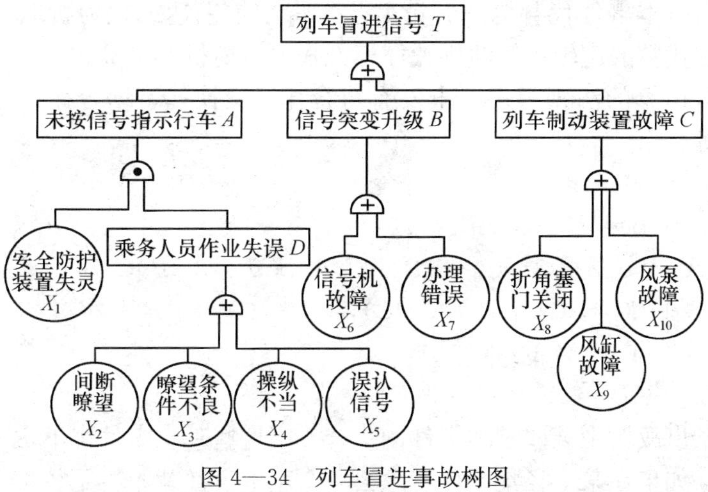

图 4—34　列车冒进事故树图

2. 事故树定性分析

事故树定性分析包括对割集、最小割集、径集等的分析。

割集是指事故树中某些基本事件的集合，当这些基本事件都发生时，顶事件必然发生。如果在某个割集中任意除去一个基本事件就不再是割集了，这样的割集称为最小割集。最小割集是引起顶事件发生的充分必要条件。

最小割集的求法有多种，但常用的有布尔代数化简法、行列法和结构法三种。布尔代数化简法最为简单，应用较为普遍。布尔代数化简法也叫逻辑化简法，其理论依据是任何一个事故树都可以用布尔代数来描述，事故树的结构完全可以用最小割集来表示。

布尔代数最简析取标准式中每个最小项所属变元构成的集合，便是最小割集。若最简析取标准式中含有 m 个最小项，则该事故树有 m 个最小割集。根据布尔代数的性质，可把任何布尔代数化为析取和合取两种标准式。

析取标准形式为：

$$f = A_1 + A_2 + \cdots + A_n = \sum_{i=1}^{n} A_i \qquad (4—1)$$

合取标准式为：

$$f = B_1 \cdot B_2 \cdot \cdots \cdot B_n = \prod_{i=1}^{n} B_i \qquad (4—2)$$

使用布尔代数化简法计算最小割集，通常分三个步骤进行：第一步，建立事故树的布尔表达式，即从事故树的顶事件开始，用下一层事件代替上一层事件，直至顶事件被所有基本事件代替为止；第二步，将布尔表达式化为析取标准式；第三步，利用布尔代数的逻辑运算法则化简标准式为最简析取标准式。

逻辑代数运算的法则很多，主要有对合律、交换律、结合律、分配律、等幂律、吸收律等。

定理 1：$\overline{\overline{A}} = A$ （对合律）

定理 2：$A + B = B + A, AB = BA$ （交换律）

定理 3：$A + (B + C) = (A + B) + C, A(BC) = (AB)C$ （结合律）

定理 4：$A + BC = (A + B)(A + C), A(B + C) = AB + AC$ （分配律）

定理 5：$A + A = A, A \cdot A = A$ （等幂律）

定理 6：$A + AB = A, A \cdot (A + B) = A$ （吸收律）

径集是指事故树中某些基本事件的集合，当这些基本事件都不发生时，顶事件必然不发生。如果在某个径集中任意除去一个基本事件就不再是径集了，这样的径集称为最小径集。所以，最小径集是保证顶事件不发生的充分必要条件。

根据对偶原理，事故树的对偶树是成功树，成功树是顶事件不发生的树。求事故树最小径集的方法是首先将事故树变换成其对偶的成功树，然后求出成功树的最小割集，便是事故树的最小径集。将事故树变为成功树的方法，就是将原来事故树中的逻辑与门改成逻辑或门，将逻辑或门改为逻辑与门，并将全部事件改成它们的补事件，便可得到与原事故树对偶的成功树。

最小割集在事故树分析中表示系统的危险性，最小割集越多，说明系统危险性越大。最小割集还表示顶事件发生的原因组合，顶事件的发生必然是某个最小割集中基本事件同时发生的结果。一旦发生事故，就可以方便地知道所有可能发生事故的途径，并可以逐步排除非本次事故的最小割集，较快地查出本次事故的最小割集，即导致本次事故的基本事件组合。每个最小割集都代表了一种事故模式。由事故树的最小割集可以直观地判断哪种事故模式最危险，哪种次之，哪种可以忽略，以及如何采取措施使事故发生概率下降。因此，最小割集可以为降低系统的危险性提出控制方向和预防措施。利用最小割集可以判定事故树中基本事件的结构重要度和方便地计算顶事件的发生概率。

最小径集在事故树分析中表示系统的安全性。每一个最小径集都是防止顶事件发生的一个方案，可以根据最小径集中所包含的基本事件个数的多少、技术上的难易程度、耗费的时间以及投入的资金数量来选择最经济、最有效地控制事故的方案。在事故树分析中，有时应用最小径集更为方便判定事故树中基本事件的结构重要度和计算顶事件的发生概率。

事故树经布尔代数化简之后，可以得到最小割集和最小径集。根据最小割集和最小径集的性质，就可以对系统安全的薄弱环节进行预测。最小割集与顶事件用或门相连，其个数越少系统越安全，越多越危险。每个最小割集中的基本事件与第二层事件为与门连接，因此最小割集中的基本事件越多越有利，基本事件少的最小割集就是系统的薄弱环节。对于最小径集来说，恰好与最小割集相反，最小径集数越多越安全，基本事件多的最小径集是系统的薄弱环节。

总之，最小割集与最小径集在事故预测中的作用是不同的。最小割集可以预示出系统发生事故的途径。事故树中或门越多，得到的最小割集就越多，最小径集的数量就越少，该系统就越不安全，此时定性分析最好从最小径集入手，找出包含基本事件较多的最小径集，然后设法减少其基本事件数，或者增加最小径集数，以提高系统的安全程度。最小径集还可以提供控制顶事件最经济、最省事的方案。事故树中与门越多，得到的最小割集的个数就越少，该系统的安全性就越高。对于这样的事故树最好从求最小割集着手，找出少事件的最小割集，消除它或者设法增加它的基本事件数，以提高系统安全性。在对某一事故树做薄弱环节预测时，要区别不同情况，采取不同做法。

根据以上分析，改善系统安全性的途径有：①减少最小割集数，首先应消除那些含基本事件最少的割集；②增加割集中的基本事件数，首先应给含基本事件少，又不能清除的割集增加基本事件；③增加新的最小径集，也可以设法将原有含基本事件较多的径集分成两个或多个径集；④减少径集中的基本事件数，首先应着眼于减少含基本事件多的径集。必须强调的是，增减基本事件必须是与实际情况相符合的增减，不能在分析过程中对基本事件使用不详尽，而是应该考虑增加对基本原因事件的控制措施的底事件。

[例 4—2] 图 4—35 是某系统的事故树，求其最小割集，画出成功树，并求出其最小径集。

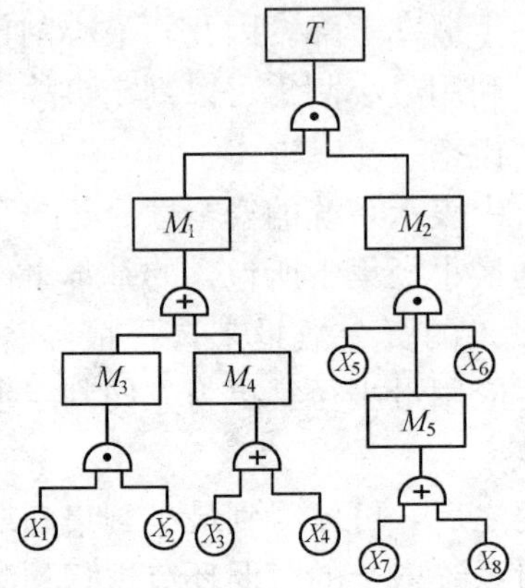

图 4—35　某系统的事故树

解：利用布尔代数化简法求最小割集：

$$T=M_1\cdot M_2=(M_3+M_4)\cdot M_2=(X_1X_2+X_3+X_4)\cdot[X_5X_6(X_7+X_8)]$$
$$=X_1X_2X_5X_6X_7+X_1X_2X_5X_6X_8+X_3X_5X_6X_7$$
$$+X_3X_5X_6X_8+X_4X_5X_6X_7+X_4X_5X_6X_8$$

得到 6 个割集，分别为：

$$G_1=\{x_1,x_2,x_5,x_6,x_7\},G_2=\{x_1,x_2,x_5,x_6,x_8\},G_3=\{x_3,x_5,x_6,x_7\},$$
$$G_4=\{x_3,x_5,x_6,x_8\},G_5=\{x_4,x_5,x_6,x_7\},G_6=\{x_4,x_5,x_6,x_8\}$$

画出成功树，如图 4—36 所示，最后用布尔代数化简法求最小径集。

$$\overline{T}=\overline{M_1}+\overline{M_2}=(\overline{M_3}\cdot\overline{M_4})+\overline{M_2}$$
$$=(\overline{X_1}+\overline{X_2})\cdot\overline{X_3}\,\overline{X_4}+\overline{X_5}+\overline{X_6}+\overline{X_7}\,\overline{X_8}$$
$$=\overline{X_1}\,\overline{X_3}\,\overline{X_4}+\overline{X_2}\,\overline{X_3}\,\overline{X_4}+\overline{X_5}+\overline{X_6}+\overline{X_7}\,\overline{X_8}$$

得到成功树的五个最小割集，根据相互对偶关系，即事故树的五个最小径集，

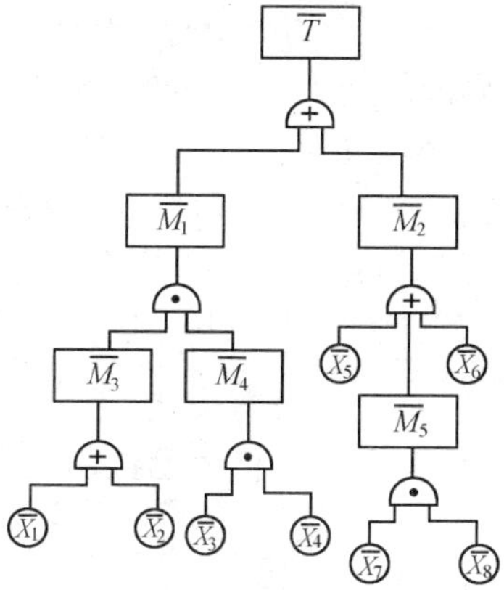

图 4—36　事故树的成功树

分别为：$P_1=\{x_1,x_3,x_4\}$，$P_2=\{x_2,x_3,x_4\}$，$P_3=\{x_5\}$，$P_4=\{x_6\}$，$P_5=\{x_7,x_8\}$。

3. 事故树的定量分析

事故树的定量分析首先是确定基本事件的发生概率，然后求出事故树顶事件的发生概率。求出顶事件的发生概率之后，可与系统安全目标值进行比较和评价。当计算值超过系统安全目标值时，就需要采取防范措施，使其降至系统安全目标值以下。

在对事故树进行定量分析时应满足：各基本事件的故障参数或故障率已知，且数据可靠，否则计算结果误差大；事故树中应完全包括主要故障模式；对全部事件用布尔代数作出正确描述。

进行事故树定量计算时，一般假设：①基本事件之间相互独立；②基本事件和顶事件都只考虑发生和不发生两种状态；③假定故障分布为指数函数分布。

基本事件发生概率包括系统的单元（部件或元件）故障概率及人的失误概率等，在工程上计算时，往往用基本事件发生的频率来代替其概率值。当给定了事故树各基本事件的发生概率，各基本事件又是独立事件时，就可以计算顶事件的发生概率。其常用的计算方法有直接分布算法、最小割集法和最小径集法。最小割集法相对要简单一些。

（1）直接分布算法

对于给定的事故树，若已知其结构函数和基本事件的发生概率，原则上应用容斥原理中的逻辑加与逻辑乘的概率计算公式，就可求得顶上事件发生的概率。

设基本事件 x_1，x_2，…，x_n 的发生概率分别为 q_1，q_2，…，q_n，则这些事件的逻辑加与逻辑乘的故障计算公式如下：

1）逻辑加（或门连接的事件）的概率计算公式：

$$g(x_1 \cup x_2 \cup \cdots \cup x_n) = 1-(1-q_1)(1-q_2)\cdots(1-q_n) = 1-\prod_{i=1}^{n}(1-q_i) = p_0 \tag{4—3}$$

式中　g——顶事件（或门事件）发生的概率函数；

P_0——或门事件的概率；

q_i——第 i 个基本事件的概率；

n——输入事件数。

2）逻辑乘（与门连接的事件）的概率计算公式：

$$g(x_1 \cap x_2 \cap \cdots \cap x_n) = q_1 q_2 \cdots q_n = \prod_{i=1}^{n} q_i = P_A \tag{4—4}$$

式中　P_A——与门事件的概率；其他符号同上。

直接分布算法适用于事故树规模不大，且事故树中无重复事件时使用。它是从底部事件算起，逐次向上推移，一直算到顶事件为止。

［例 4—3］ 如图 4—37 所示为某系统的事故树，求顶事件发生的概率。

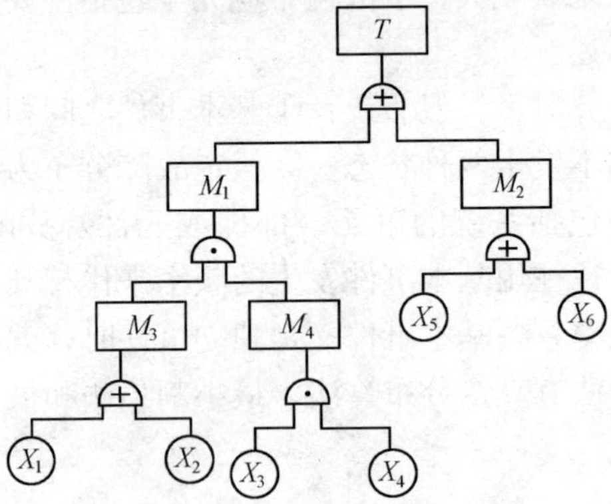

图 4—37　某系统的事故树

已知：

$$q_1 = q_2 = 0.01, q_3 = q_4 = 0.02, q_5 = q_6 = 0.03,$$

解：$P_{M_3} = 1-(1-q_1)(1-q_2) = 0.0199$

$P_{M_4} = q_3 \times q_4 = 0.02 \times 0.02 = 0.0004$

$P_{M_1} = P_{M_3} \cdot P_{M_4} = 0.0199 \times 0.0004 = 0.00000796$

$P_{M_2} = 1-(1-q_5)(1-q_6) = 1-(1-0.03)^2 = 0.0591$

$P_T = 1-(1-P_{M_1}) \cdot (1-P_{M_2}) = 1-(1-0.00000796) \times (1-0.0591) = 0.0592$

计算结果表明，该顶事件的发生概率是 5.92%。

［例 4—4］ 以图 4—38 所示的反应失控器爆炸事故树为例，计算顶事件发生概率。

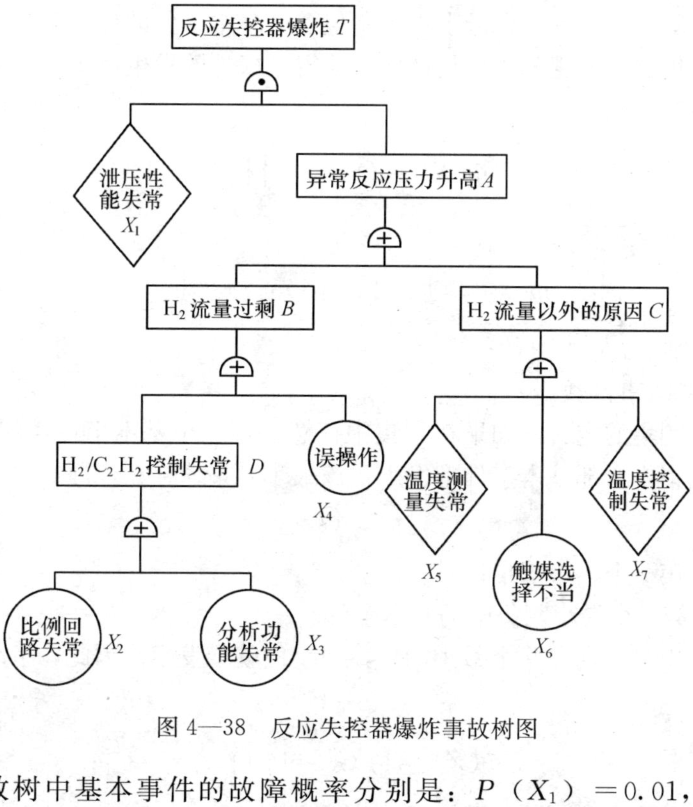

图 4—38　反应失控器爆炸事故树图

假设事故树中基本事件的故障概率分别是：$P(X_1)=0.01$，$P(X_2)=0.02$，$P(X_3)=0.03$，$P(X_4)=0.04$，$P(X_5)=0.05$，$P(X_6)=0.06$，P

(X_7) =0.07。

首先求出中间事件 D 的故障概率，逐层向上推算，最后可计算出顶事件的发生概率。

$$P(D)=P(X_2)+P(X_3)=0.05$$
$$P(B)=P(D)+P(X_4)=0.09$$
$$P(C)=P(X_5)+P(X_6)+P(X_7)=0.18$$
$$P(A)=P(B)+P(C)=0.27$$
$$P(T)=P(X_1)\times P(A)=0.0027$$

（2）最小割集法

顶事件 T 与最小割集 G_i 的逻辑连接是或门，而每个最小割集 G_i 与其包含的基本事件 x_i 的逻辑连接为与门。如果各最小割集中彼此没有重复的基本事件，则可先求各个最小割集的概率，即最小割集所包含的基本事件的交（逻辑与）集，然后求所有最小割集的并（逻辑或）集概率，即得顶事件的发生概率。

与门的结构函数为：

$$\Phi(X)=\bigcap_{i=1}^{n}x_i=\prod_{i=1}^{n}x_i$$

或门的结构函数为：

$$\Phi(X)=1-\prod_{i=1}^{n}(1-x_i)=\bigcup_{i=1}^{n}x_i$$

式中　x_i——第 i 个基本事件；

n——基本事件数。

根据最小割集的定义，如果在割集中任意去掉一个基本事件，就不成为割集，即要求最小割集中全部基本事件都发生，该最小割集才存在，即：

$$G_r=\bigcap_{i\in G_r}x_i \tag{4—5}$$

式中　G_r——第 r 个最小割集；

x_i——第 r 个最小割集中的基本事件。

在事故树中只要存在一个最小割集，顶事件就会发生。因此，事故树的结构函数为：

$$\Phi(X)=\bigcup_{r=1}^{N_G}G_r=\bigcup_{r=1}^{N_G}\bigcap_{i\in G_r}x_i \tag{4—6}$$

式中　N_G——系统中最小割集数；其他符号同前。

因此，若各个最小割集中没有重复的基本事件，可按式（4—7）计算顶事件的发生概率：

$$g=\bigcup_{r=1}^{N_G}\prod_{x_i\in G_r}q_i \tag{4—7}$$

式中　N_G——系统中最小割集数；

r——最小割集序数；

i——基本事件序数；

$x_i\in G_r$——第 i 个基本事件属于第 r 个最小割集；

q_i——第 i 个基本事件的概率。

［**例 4—5**］设某事故树有 3 个最小割集：$\{x_1, x_2, x_3\}$，$\{x_4, x_5, x_6\}$，$\{x_7, x_8\}$。各个基本事件发生概率分别为：q_1，q_2，q_3，q_4，q_5，q_6，q_7，q_8，求顶事件的发生概率。

解：根据事故树的 3 个最小割集，可做出用最小割集表示的等效图，如图 4—39 所示。

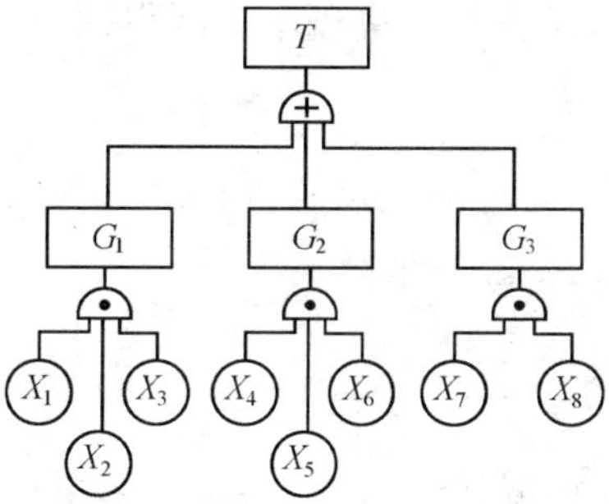

图 4—39　用最小割集表示的等效图

$$q_{G_1}=q_1q_2q_3, q_{G_2}=q_4q_5q_6, q_{G_3}=q_7q_8$$

利用公式（4—7）可得：

$$\begin{aligned}g&=1-(1-q_{G_1})(1-q_{G_2})(1-q_{G_3})\\&=1-(1-q_1q_2q_3)(1-q_4q_5q_6)(1-q_7q_8)\end{aligned}$$

从结果可以看出，顶事件发生概率等于各最小割集的概率积的和。

用式（4—7）计算事故树顶事件的概率，要求各最小割集中没有重复的基本事件，也就是最小割集之间是完全不相交的。若事故树各基本事件中又有重复事件，则上式不成立。若最小割集中有重复事件，必须将式（4—7）展开，用布尔代数消除每个概率积中的重复事件得：

$$g=\sum_{r=1}^{N_G}\coprod_{x_i\in G_r}q_i-\sum_{1\leqslant r<s\leqslant N_G}\coprod_{x_i\in G_r\cup G_s}q_i+\cdots+(-1)^{N_G-1}\prod_{r=1}^{N_G}q_i \tag{4—8}$$

式中 r、s——最小割集序数；

$x_i\in G_r$——属于第 r 个最小割集的第 i 个基本事件；

$\sum\limits_{1\leqslant r<s\leqslant N_G}\prod\limits_{x_i\in G_r\cup G_s}$——属于任意两个不同最小割集的基本事件概率和的代数和；

$x_i\in G_r\cup G_s$——第 i 个基本事件或属于第 r 个最小割集，或属于第 s 个最小割集；

$1\leqslant r<s\leqslant N_G$——任意两个最小割集的组合顺序。

(3) 最小径集法

顶事件 T 与最小径集 P_i 的逻辑连接是与门，而每个最小径集 P_i 与其包含的基本事件 x_i 的逻辑连接为或门。如果各最小径集中彼此没有重复的基本事件，则可先求出各个最小径集的概率，即最小径集所包含的基本事件的并（逻辑或）集，然后求出所有最小径集的交（逻辑与）集概率，即得顶事件的发生概率。因此，可按式（4—9）计算：

$$g=\prod_{r=1}^{N_P}\bigcup_{x_i\in P_r}q_i \tag{4—9}$$

式中 N_P——系统中最小径集数；

r——最小径集序数；

i——基本事件序数；

$x_i\in P_r$——第 i 个基本事件属于第 r 个最小径集；

q_i——第 i 个基本事件的概率。

［例 4—6］ 设某事故树有 3 个最小径集：$P_1=\{x_1, x_2\}$，$P_2=\{x_3, x_4, x_5\}$，$P_3=\{x_6, x_7\}$。各个基本事件发生概率分别为：q_1，q_2，q_3，q_4，q_5，q_6，q_7，求顶事件的发生概率。

解：根据事故树的 3 个最小径集，可作出用最小径集表示的等效图，如图 4—40 所示。

$$q_{p_1}=1-(1-q_1)(1-q_2),q_{p_2}=1-(1-q_3)(1-q_4)(1-q_5),$$
$$q_{p_3}=1-(1-q_6)(1-q_7)$$

利用公式（4—9）可得：

$$g=[1-(1-q_1)(1-q_2)][1-(1-q_3)(1-q_4)(1-q_5)][1-(1-q_6)(1-q_7)]$$

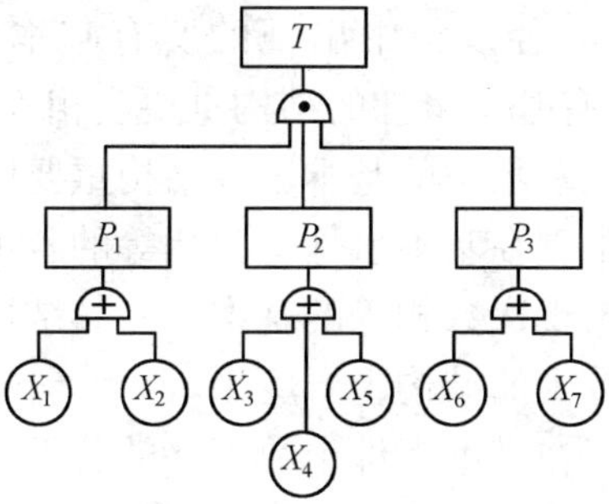

图 4—40　用最小径集表示的等效图

用式（4—9）计算事故树顶事件的概率，要求各最小径集中没有重复的基本事件，也就是最小径集之间是完全不相交的。若事故树各基本事件中又有重复事件，则上式不成立。若最小径集中有重复事件，必须将式（4—9）展开，消去概率积中基本事件 x_i 不发生概率（$1-q_i$）的重复事件，即

$$g=1-\sum_{r=1}^{N_P}\coprod_{x_i\in P_r}(1-q_i)+\sum_{1\leqslant r<s\leqslant N_P}\coprod_{x_i\in P_r\cup P_s}(1-q_i)$$

$$-\cdots-(-1)^{N_P-1}\coprod_{\substack{r=1\\x_i\in P_r}}^{N_G}(1-q_i) \tag{4—10}$$

式中符号同前。

4. 基本事件的重要度分析

事故树中各基本事件的发生对顶事件的发生有着程度不同的影响，这种影响主要取决于两个因素：各基本事件发生概率的大小以及各基本事件在事故树模型结构中所处位置。为了明确最易导致顶事件发生的事件，分轻重缓急采取有效措施控制事故的发生，必须对基本事件进行重要度分析。

基本事件的重要度主要有基本事件的结构重要度、基本事件的概率重要度、基本事件的临界重要度。

如不考虑各基本事件发生的难易程度，或假设各基本事件的发生概率相等，仅从事故树的结构上研究各基本事件对顶事件的影响程度，称为结构重要度。结构重要度的确定方法有很多，如基本事件的结构重要度系数、基本事件的割集重要度系数、用最小割集或最小径集进行结构重要度分析等。相对而言，常用的最简单的方法是用最小割集或最小径集进行结构重要度分析。利用最小割集（径集）进行结构重要度分析时，按以下准则定性判断基本事件的结构重要度：

（1）仅在同一最小割（径）集中出现的所有基本事件，而且在其他最小割（径）集中不再出现，则所有基本事件的结构重要度相等。

（2）单事件最小割（径）集中的基本事件结构重要度最大。

（3）两个基本事件仅出现在基本事件个数相等的若干最小割（径）集中，这时在不同最小割（径）集中出现次数相等的基本事件其结构重要度相等；出现次数多的结构重要度大，出现次数少的结构重要度小。

（4）两个基本事件出现在基本事件个数不等的若干最小割（径）集中。基本事件结构重要度大小依下列不同条件而定：①若它们重复在各最小割（径）集中出现的次数相等，则少事件最小割（径）集中出现的基本事件结构重要度大，在多事件最小割（径）集中出现的基本事件结构重要度小；②若遇到在少事件最小割（径）集中出现次数少的，与多事件最小割（径）集中出现次数多的基本事件，可采用下式近似判断比较：

$$I_{\Phi}(j)=\sum_{x_j\in G_r}\frac{1}{2^{n_j-1}} \tag{4—11}$$

式中　I_{Φ}（j）——基本事件 x_j 结构重要度的近似判别值，I_{Φ}（j）值大者，则 I_{Φ}（j）大；

$x_j\in G_r$——基本事件 x_j 属于最小割集 G_r；

n_j——基本事件 x_j 所在的最小割（径）集中包含的基本事件的数目。

［例 4—7］某事故树有 3 个最小径集，

$$P_1=\{x_1,x_2\},P_2=\{x_1,x_4,x_5\},P_3=\{x_2,x_3,x_4\}$$

利用公式（4—11）可知：

$$I_{\Phi}(1)=\frac{1}{2^{2-1}}+\frac{1}{2^{3-1}}=\frac{3}{4},I_{\Phi}(2)=\frac{1}{2^{2-1}}+\frac{1}{2^{3-1}}=\frac{3}{4},I_{\Phi}(3)=\frac{1}{2^{3-1}}=\frac{1}{4}$$

$$I_{\Phi}(4)=\frac{1}{2^{3-1}}+\frac{1}{2^{3-1}}=\frac{1}{2},I_{\Phi}(5)=\frac{1}{2^{3-1}}=\frac{1}{4}$$

则按照基本事件的结构重要度判断准则，可知：

$$I_{\Phi}(1)=I_{\Phi}(2)>I_{\Phi}(4)>I_{\Phi}(3)=I_{\Phi}(5)$$

用上述原则判断各基本事件的结构重要度大小，必须从第一条到第四条逐个判断，而不能只选用其中一条。

基本事件的结构重要度分析只是按事故树的结构分析各基本事件对顶事件的影响程度。没有考虑基本事件发生概率的变化对顶事件发生概率的影响。基本事件发生概率的变化引起顶事件发生概率的变化程度称为概率重要度。

顶事件的发生概率函数是 n 个基本事件发生概率的多重线性函数，对自变量 q_i 求一次偏导，可得到该基本事件的概率重要度 I_g（i）系数：

$$I_g(i)=\frac{\partial P(T)}{\partial q_i}\qquad(i=1,2,\cdots,n)\tag{4—12}$$

式中　P（T）——顶事件的发生概率；

q_i——第 i 个基本事件 x_i 的发生概率。

利用式（4—12）求出各基本事件的概率重要度系数，可确定降低哪个基本事件的概率能迅速有效地降低顶事件的发生概率。若所有基本事件的发生概率都等于 0.5，则基本事件的概率重要度系数等于其结构重要度系数，可用概率重要度系数的计算公式求取结构重要度系数。

［例 4—8］ 设事故树最小割集为：$G_1=\{x_1,\ x_3\}$，$G_2=\{x_3,\ x_4\}$，$G_3=\{x_1,\ x_5\}$，$G_4=\{x_2,\ x_4,\ x_5\}$。各基本事件概率分别为：$q_1=q_2=0.02$，$q_3=q_4=0.03$，$q_5=0.025$。求各基本事件概率重要度系数。

解：用近似方法式（4—8）计算顶事件发生概率：

$$q_{G_1}=q_1q_3,q_{G_2}=q_3q_4,q_{G_3}=q_1q_5,q_{G_4}=q_2q_4q_5$$

$$\begin{aligned}T=&q_{G_1}+q_{G_2}+q_{G_3}+q_{G_4}-(q_{G_1}q_{G_2}+q_{G_1}q_{G_3}+q_{G_1}q_{G_4}+q_{G_2}q_{G_3}+q_{G_2}q_{G_4}+q_{G_3}q_{G_4})\\&+(q_{G_1}q_{G_2}q_{G_3}+q_{G_1}q_{G_2}q_{G_4}+q_{G_1}q_{G_3}q_{G_4}+q_{G_2}q_{G_3}q_{G_4})-q_{G_1}q_{G_2}q_{G_3}q_{G_4}\\=&q_1q_3+q_3q_4+q_1q_5+q_2q_4q_5-q_1q_3q_4-q_1q_3q_5-q_1q_2q_4q_5\\&-q_2q_3q_4q_5+q_1q_2q_3q_4q_5\\=&0.001\ 981\end{aligned}$$

$$I_g(1)=\frac{\partial T}{\partial q_1}=q_3+q_5-q_3q_4-q_3q_5-q_2q_4q_5+q_2q_3q_4q_5=0.053\ 2,$$

$$I_g(2)=\frac{\partial T}{\partial q_2}=q_4q_5-q_1q_4q_5-q_3q_4q_5+q_1q_3q_4q_5=0.000\ 7,$$

$$I_g(3)=\frac{\partial T}{\partial q_3}=q_1+q_4-q_1q_4-q_1q_5-q_2q_4q_5+q_1q_2q_4q_5=0.048\ 8,$$

$$I_g(4)=\frac{\partial T}{\partial q_4}=q_3+q_2q_5-q_1q_3-q_1q_2q_5-q_2q_3q_5+q_1q_2q_3q_5=0.029\ 9,$$

$$I_g(5)=\frac{\partial T}{\partial q_5}=q_1+q_2q_4-q_1q_3-q_1q_2q_4-q_2q_3q_4+q_1q_2q_3q_4=0.020\ 0,$$

这样，就可以按概率重要度系数的大小排出各基本事件的概率重要度顺序：

$$I_g(1)>I_g(3)>I_g(4)>I_g(5)>I_g(2)$$

这就是说，降低基本事件 x_1 的发生概率能迅速降低顶事件的发生概率，它比按同样数位减小其他任何基本事件的发生概率都有效。其次是基本事件 x_3，x_4，x_5，最不敏感的是基本事件 x_2。

基本事件的概率重要度反映不出减少概率大的基本事件比减少概率小的基本事件容易，是因为基本事件 x_i 的概率重要度并不取决于它本身概率值的大小，而是由基本事件 x_i 之外的其他基本事件的发生概率来决定的。临界重要度是用基本事件发生概率的相对变化率与顶事件发生概率的相对变化率之比表示基本事件的重要度，即从敏感度和自身发生概率双重角度衡量各基本事件的重要度标准。其表达式为：

$$
\begin{aligned}
I_g^c(i) &= \lim_{\Delta q_i \to 0} \frac{\Delta P(T)/P(T)}{\Delta q_i/q_i} \\
&= \frac{q_i}{P(T)} \lim_{\Delta q_i \to 0} \frac{\Delta P(T)}{\Delta q_i} \\
&= \frac{q_i}{P(T)} I_g(i)
\end{aligned}
\tag{4—13}
$$

式中 $I_g^c(i)$ ——第 i 个基本事件 x_i 的临界重要度；

$I_g(i)$ ——第 i 个基本事件 x_i 的概率重要度；

$P(T)$ ——顶事件发生概率；

q_i——第 i 个基本事件 x_i 的发生概率。

[例 4—9] 用［例 4—8］已求得各基本事件概率重要度系数求临界重要度系数。

解：已知：$P(T)=0.001\ 981$，$I_g(1)=0.053\ 2$，$I_g(2)=0.000\ 7$，$I_g(3)=0.048\ 8$，$I_g(4)=0.029\ 9$，$I_g(5)=0.020\ 0$，则

$$I_g^c(1)=\frac{q_1}{P(T)}I_g(1)=\frac{0.02}{0.001\ 981}\times 0.053\ 2=0.537$$

$$I_g^c(2)=\frac{q_2}{P(T)}I_g(2)=\frac{0.02}{0.001\ 981}\times 0.000\ 7=0.007$$

$$I_g^c(3)=\frac{q_3}{P(T)}I_g(3)=\frac{0.03}{0.001\ 981}\times 0.048\ 8=0.741$$

$$I_g^c(4)=\frac{q_4}{P(T)}I_g(4)=\frac{0.03}{0.001\ 981}\times 0.029\ 9=0.453$$

$$I_g^c(5)=\frac{q_5}{P(T)}I_g(5)=\frac{0.025}{0.001\ 981}\times 0.020\ 0=0.252$$

如上计算已知，按概率重要度系数的大小排出各基本事件的概率重要度顺序：

$$I_g(1)>I_g(3)>I_g(4)>I_g(5)>I_g(2)$$

按临界重要度系数的大小排列的各基本事件重要程度的顺序：

$$I_g^c(3) > I_g^c(1) > I_g^c(4) > I_g^c(5) > I_g^c(2)$$

与概率重要度相比，基本事件 x_1 的重要程度降低了，这是因为它的发生概率较低，对它作进一步改善有一定困难。基本事件 x_3 最重要，这不仅是因为它敏感度最大，而且它本身的概率值也较大。

三种重要度系数中，结构重要度系数从事故树结构上反映基本事件的重要程度，反映了某一基本事件在事故树结构中所占的地位；概率重要度系数反映基本事件发生概率的增减对顶事件发生概率影响的敏感度，起着一种过渡作用，是计算另两种重要度系数的基础；临界重要度系数从敏感度和自身发生概率大小双重角度反映基本事件的重要程度，反映了改善某一基本事件的难易程度。一般可以按这三种重要度系数安排采取措施的先后顺序，也可按三种重要度顺序分别编制相应的安全检查表，以保证既有重点又能达到全面检查的目的。在这三种检查表中，临界重要度分析产生的检查表，更具有实际意义。

[**例 4—10**] 以图 4—41 列车冒进信号事故树为例。

求：(1) 最小割集和最小径集。

(2) 设 X_1，…，X_{10} 各个基本事件发生概率分别为：q_1，q_2，q_3，q_4，q_5，q_6，q_7，q_8，q_9，q_{10}，求顶事件发生概率。

(3) 计算结构重要度。

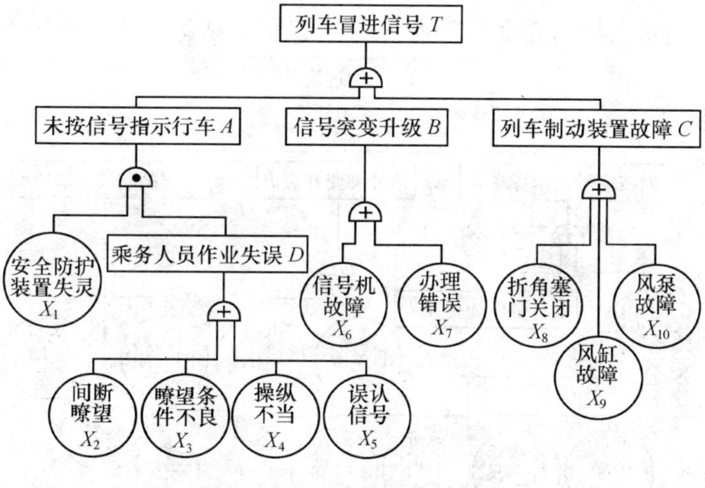

图 4—41　列车冒进事故树图

解：(1) 先用布尔代数求解最小割集。根据图 4—41 可得顶事件：

$$
\begin{aligned}
T &= A+B+C \\
&= X_1\cdot D+B+C \\
&= X_1(X_2+X_3+X_4+X_5)+(X_6+X_7)+(X_8+X_9+X_{10}) \\
&= X_1X_2+X_1X_3+X_1X_4+X_1X_5+X_6+X_7+X_8+X_9+X_{10}
\end{aligned}
$$

从而得出 9 个最小割集为：$G_1=\{X_1,X_2\}$，$G_2=\{X_1,X_3\}$$G_3=\{X_1,X_4\}$，$G_4=\{X_1,X_5\}$，$G_5=\{X_6\}$，$G_6=\{X_7\}$，$G_7=\{X_8\}$，$G_8=\{X_9\}$，$G_9=\{X_{10}\}$。

最小割集与顶事件用或门相连，其个数越多系统越危险。经分析后，列车冒进信号事故有 9 个最小割集，系统存在很大的危险性。对此采取的安全措施为：①减少最小割集数，首先应消除那些含基本事件最少的割集，尽量消除 G_5，G_6，G_7，G_8，G_9；②增加割集中的基本事件数，首先应给含基本事件少，又不能清除的割集增加基本事件，增加 G_5，G_6，G_7，G_8，G_9中的基本事件数。

画出成功树（见图 4—42），最后用布尔代数化简求最小径集。

$$
\begin{aligned}
\overline{T} &= \overline{A}\cdot\overline{B}\cdot\overline{C}=(\overline{X_1}+\overline{D})\cdot\overline{B}\cdot\overline{C} \\
&= (\overline{X_1}+\overline{X_2}\cdot\overline{X_3}\cdot\overline{X_4}\cdot\overline{X_5})\cdot\overline{X_6}\cdot\overline{X_7}\cdot\overline{X_8}\cdot\overline{X_9}\cdot\overline{X_{10}} \\
&= \overline{X_1}\cdot\overline{X_6}\cdot\overline{X_7}\cdot\overline{X_8}\cdot\overline{X_9}\cdot\overline{X_{10}}+\overline{X_2}\cdot\overline{X_3}\cdot\overline{X_4}\cdot\overline{X_5}\cdot\overline{X_6}\cdot\overline{X_7}\cdot\overline{X_8}\cdot\overline{X_9}\cdot\overline{X_{10}}
\end{aligned}
$$

得到成功树的 2 个最小割集，根据相互对偶关系，即事故树的 2 个最小径集，分别为：$P_1=\{X_1, X_6, X_7, X_8, X_9, X_{10}\}$，$P_2=\{X_2, X_3, X_4, X_5, X_6, X_7, X_8, X_9, X_{10}\}$。

最小径集表示系统的安全性，径集越多系统越安全。对于列车冒进信号事故，

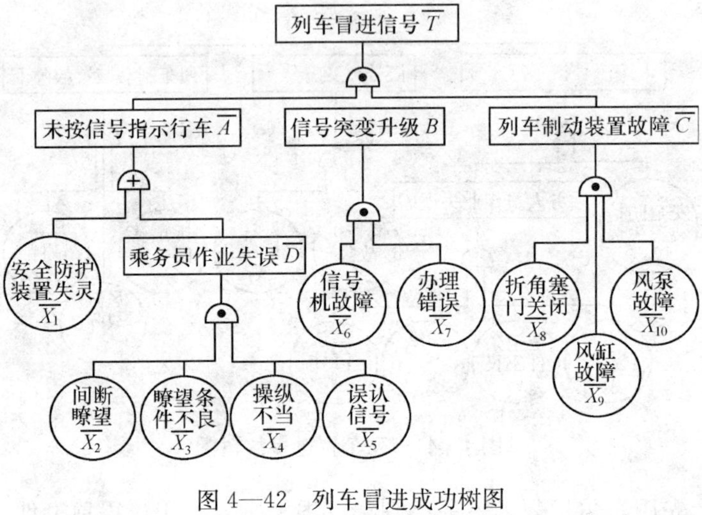

图 4—42　列车冒进成功树图

经分析后只有两个径集，系统存在很大的危险性。对此采取的措施为：增加新的最小径集，也可以设法将含基本事件较多的径集 P_1，P_2分成两个或多个径集；减少径集中的基本事件数，首先应着眼于减少含基本事件多的径集 P_1，P_2。

（2）求顶事件发生概率

1）最小割集法。最小割集中有重复的基本事件，即最小割集之间不是完全不相交的。用式（4—8）计算顶事件概率：

$$g=\sum_{r=1}^{N_G}\coprod_{x_i\in G_r}q_i-\sum_{1\leqslant r<s\leqslant N_G}\coprod_{x_i\in G_r\cup G_s}q_i+\cdots+(-1)^{N_G-1}\prod_{r=1}^{N_G}q_i$$

$$q_{G_1}=q_1q_2,q_{G_2}=q_1q_3,q_{G_3}=q_1q_4,q_{G_4}=q_1q_5,q_{G_5}=q_6,$$

$$q_{G_6}=q_7,q_{G_7}=q_8,q_{G_8}=q_9,q_{G_9}=q_{10}$$

$$\sum_{r=1}^{N_G}\coprod_{x_i\in G_r}q_i=q_{G_1}+q_{G_2}+q_{G_3}+q_{G_4}+q_{G_5}+q_{G_6}+q_{G_7}+q_{G_8}+q_{G_9}$$

$$\begin{aligned}\sum_{1\leqslant r<s\leqslant N_G}\coprod_{x_i\in G_r\cup G_s}q_i=&q_{G_1}q_{G_2}+q_{G_1}q_{G_3}+q_{G_1}q_{G_4}+q_{G_1}q_{G_5}+q_{G_1}q_{G_6}\\&+q_{G_1}q_{G_7}+q_{G_1}q_{G_8}+q_{G_1}q_{G_9}+q_{G_2}q_{G_3}+q_{G_2}q_{G_4}+q_{G_2}q_{G_5}\\&+q_{G_2}q_{G_6}+q_{G_2}q_{G_7}+q_{G_2}q_{G_8}+q_{G_2}q_{G_9}+q_{G_3}q_{G_4}\\&+q_{G_3}q_{G_5}+q_{G_3}q_{G_6}+q_{G_3}q_{G_7}+q_{G_3}q_{G_8}+q_{G_3}q_{G_9}\\&+q_{G_4}q_{G_5}+q_{G_4}q_{G_6}+q_{G_4}q_{G_7}+q_{G_4}q_{G_8}+q_{G_4}q_{G_9}\\&+q_{G_5}q_{G_6}+q_{G_5}q_{G_7}+q_{G_5}q_{G_8}+q_{G_5}q_{G_9}\\&+q_{G_6}q_{G_7}+q_{G_6}q_{G_8}+q_{G_6}q_{G_9}\\&+q_{G_7}q_{G_8}+q_{G_7}q_{G_9}+q_{G_8}q_{G_9}\end{aligned}$$

$$(-1)^{N_G-1}\prod_{r=1}^{N_G}q_i=q_{G_1}\cdot q_{G_2}\cdot q_{G_3}\cdot q_{G_4}\cdot q_{G_5}\cdot q_{G_6}\cdot q_{G_7}\cdot q_{G_8}\cdot q_{G_9}$$

$$\begin{aligned}g=1-&[(1-q_6)(1-q_7)(1-q_8)(1-q_9)(1-q_{10})]\\&[(1-q_1)+(1-q_2)(1-q_3)(1-q_4)(1-q_5)\\&+(1-q_1)(1-q_2)(1-q_3)(1-q_4)(1-q_5)]\end{aligned}$$

2）最小径集法

$$P_1=\{X_1,X_6,X_7,X_8,X_9,X_{10}\},P_2=\{X_2,X_3,X_4,X_5,X_6,X_7,X_8,X_9,X_{10}\}$$

最小径集中有重复的基本事件，用下式计算顶事件概率：

$$g=1-\sum_{r=1}^{N_P}\coprod_{x_i\in P_r}(1-q_i)+\sum_{1\leqslant r<s\leqslant N_P}\coprod_{x_i\in P_r\cup P_s}(1-q_i)$$

$$-\cdots-(-1)^{N_P-1}\prod_{\substack{r=1\\x_i\in P_r}}^{N_G}(1-q_i)$$

$$\sum_{r=1}^{N_P}\coprod_{x_i\in P_r}(1-q_i)=(1-q_1)(1-q_6)(1-q_7)(1-q_8)(1-q_9)(1-q_{10})$$

$$+(1-q_2)(1-q_3)(1-q_4)(1-q_5)(1-q_6)(1-q_7)(1-q_8)(1-q_9)(1-q_{10})$$

$$\sum_{1\leqslant r<s\leqslant N_P}\coprod_{x_i\in P_r\cup P_s}(1-q_i)=(1-q_1)(1-q_2)(1-q_3)(1-q_4)$$

$$(1-q_5)(1-q_6)(1-q_7)(1-q_8)(1-q_9)(1-q_{10})$$

$$g=1-\sum_{r=1}^{N_P}\coprod_{x_i\in P_r}(1-q_i)+\sum_{1\leqslant r<s\leqslant N_P}\coprod_{x_i\in P_r\cup P_s}(1-q_i)$$

$$-\cdots-(-1)^{N_P-1}\prod_{\substack{r=1\\x_i\in P_r}}^{N_G}(1-q_i)$$

$$=1-[(1-q_6)(1-q_7)(1-q_8)(1-q_9)(1-q_{10})]$$

$$[(1-q_1)+(1-q_2)(1-q_3)(1-q_4)(1-q_5)$$

$$+(1-q_1)(1-q_2)(1-q_3)(1-q_4)(1-q_5)]$$

(3) 求结构重要度

$G_1=\{X_1,X_2\},G_2=\{X_1,X_3\}G_3=\{X_1,X_4\},G_4=\{X_1,X_5\},G_5=\{X_6\},G_6=\{X_7\},G_7=\{X_8\},G_8=\{X_9\},G_9=\{X_{10}\}$。

根据结构重要度的判断准则：

1）单事件最小割（径）集中的基本事件结构重要度最大。因为 X_6，X_7，X_8，X_9，X_{10}是一阶最小割集中的事件，依据判断准则知基本事件 X_6，X_7，X_8，X_9，X_{10}的结构重要度最大。

2）仅在同一最小割（径）集中出现的所有基本事件，而且在其他最小割（径）集中不再出现，则所有基本事件结构重要度相等。可知 X_2，X_3，X_4，X_5的结构重要度相等。

由 $I_\Phi(j)=\sum_{x_j\in G_r}\frac{1}{2^{n_j-1}}$计算 X_1的重要度：

$$I_\Phi(1)=\frac{1}{2^{2-1}}+\frac{1}{2^{2-1}}+\frac{1}{2^{2-1}}+\frac{1}{2^{2-1}}=2,I_\Phi(2)=\frac{1}{2^{2-1}}=\frac{1}{2}$$

各基本事件结构重要顺序为：

$$I_\Phi(6)=I_\Phi(7)=I_\Phi(8)=I_\Phi(9)=I_\Phi(10)>I_\Phi(1)>I_\Phi(2)$$

$$= I_{\Phi}(3) = I_{\Phi}(4) = I_{\Phi}(5)$$

说明基本事件 X_6，X_7，X_8，X_9 在事故树中的结构对顶事件有相同的影响程度，基本事件 X_1 次之，基本事件 X_2，X_3，X_4，X_5 在事故树中的结构对顶事件的影响最小。

第三节　交通安全分析实例

重庆市某城郊一级公路总长 31 km，设计车速 60 km/h，双向四车道，路面宽 15 m，路基宽 16 m，路肩宽 0.5 m，K0～K2 有中央分隔带，其余路段无中央分隔带，无长大下坡，途经三个城镇以及多个村庄，2006 年折算后日交通量为 6 200 辆。沿线出入口平均 14.7 个/km，无非机动车车道和人行道，无行人过街通道。

2003 年 1 月至 2006 年 12 月的四年共发生交通事故 493 起，死亡 90 人，受伤 755 人。其中一般事故 403 起，受伤 712 人；重大事故 90 起，死亡 90 人，受伤 43 人。对事故性质和形态进行单因素分析，得到如图 4—43 和图 4—44 所示。

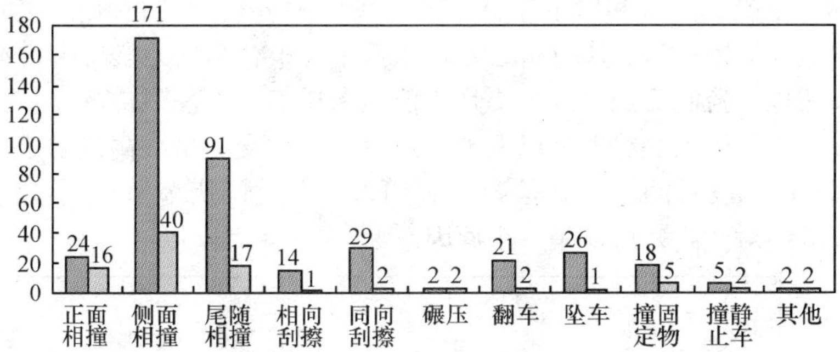

图 4—43　郊区公路事故形态统计图

从事故形态统计图可见，该段公路的交通事故主要是车辆侧面相撞，其次是尾随相撞，第三是同向刮擦和正面相撞。该段一级公路前后左右都能发生刮擦，这说明无中央隔离带形成的混合交通状况管理非常混乱。侧面相撞事故数远大于相向刮擦事故数，说明沿线设置的频繁出入口和没有车道驶入过渡段，使得路旁交通车辆高速驶入公路，是造成事故的主要原因。无非机动车车道造成行驶车辆车速差异大，无行人横路使得前面车辆急速刹车，是造成尾随相撞事故多的重要原因。设置中央隔离带，有可能改变混合交通成分向分道行驶；减少出入口和设置车辆驶入加速过渡段是强化管理的首要措施。通向车道划分快车道、行车道和非机动车道也会

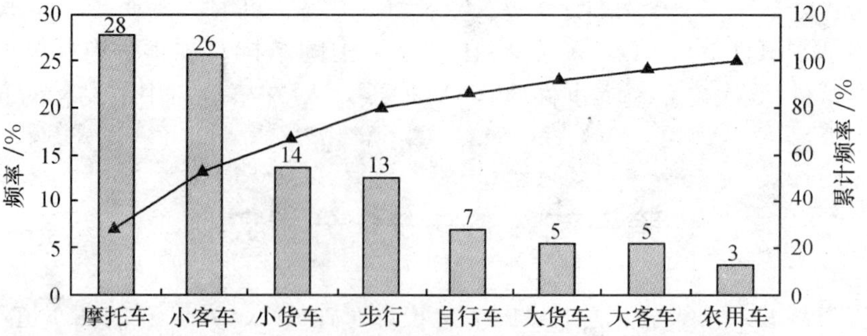

图 4—44　城郊公路交通事故车型频率分布图

收到较好的效果。

从事故车型分析可见，主要事故车型是摩托车（占事故总数的 28%）和小客车（占事故总数的 26%），其次是小货车和步行人员。前两种车型的事故累计频率占到总数的 54%，这四种车型的事故数占到总数的 81%。这说明容易加速和车速较高的车辆是主要受害者和肇事车辆，证明了前图分析的“行驶车辆的车速差异大”是肇事重要原因。进一步分析会发现摩托车、小客车的突然高速驶入是肇事的主要原因。所以，控制交通事故主要是要控制摩托车、小客车。

从图 4—45 的序列趋势图可以发现，该段公路的交通事故高发期是 1 月、2 月和 10 月、11 月两段时间。前者是春节假期，后者是国庆节黄金周，出行人多车多，造成事故绝对数高，可能是一个原因。

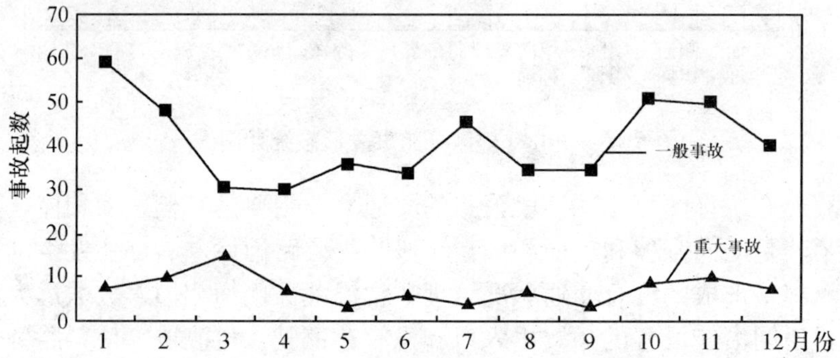

图 4—45　城郊公路交通事故时间序列图

从图 4—46 可见发生事故地点主要在起点路段和 K14～K18、K23～K24、K31 路段。查阅路线平面图可知，起点路段事故高发的主要原因是城郊车多人多，车辆从县城驶出后路线线形好，车辆加速容易造成交通事故；其次是 K0＋000～K2＋000 路段有中央分隔带，其他路段没有中央分隔带，线形突变使驾驶员预防不及，尤其在晚上更为突出；其三是 K2＋300 路段和 K2＋700 路段有两所中学，共有学生约 5 000 人，在上学和放学高峰时易与车辆发生碰撞。K14～K18、K23～K24、K31 路段事故高发原因是它们是三个城镇路段，交通环境复杂，有多个出城交叉口而没有安装信号灯，且受树木、居民商业摊点、停放车辆等的影响，普遍存在视距不良的问题。继续分析发现该公路交叉口的事故数占总事故数的 31%，其他路段的事故数占总事故数的 69%。所以得到整改依据是该公路交叉路口车辆上路造成横向干扰大，必须进行整改。

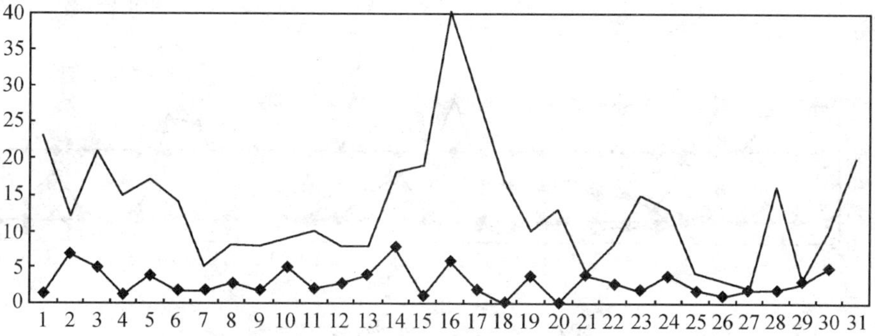

图 4—46　城郊公路交通事故地点分布图

为了全面整治这条一级公路的交通秩序，对全线的交通黑点进行排查。把事故黑点定义为集中了较大比例的交通事故，具有较大的危害性的路段。采用当量事故数的平均值作为黑点标志。

步骤一，以 1 km 长度为标准，分别计算该公路 4 年的每公里路段上当量事故数。通过取死亡事故权值 K_1 为 3.0，受伤事故权值 K_2 为 1.5，根据计算可得表 4—8，4 年的当量事故总数为 1 895.5 起。

$$
\begin{aligned}
ER_i &= K_1 F_i + K_2 J_i + R_i \\
&= 3.0 \times 90 + 1.5 \times 755 + 493 \\
&= 1\,895.5(\text{起})
\end{aligned}
$$

步骤二，由第一步求出每公里当量事故数的平均值：

$$ER_m = 1\,895.5/31 = 61.1(\text{起})$$

利用 95%置信水平，可以求出每公里当量事故置信区间上限为：

$$\overline{ER}_{\mathrm{m}} = ER_{\mathrm{m}} + \frac{s}{\sqrt{n}} \times t_{\alpha/2}(n-1)$$

$$= 61.1 + \frac{39.6}{\sqrt{31}} \times 2.042 = 75.62$$

步骤三，采用图上作业法，以表示 1 km 路段长度的线段作为标尺 S，记录所经过的每一段的当量事故数，以横坐标为里程桩号，在路段上相应位置标出当量事故数。然后与区间上限比较，从而较精确地判断出事故多发段（点）的位置。如图 4—47 所示。

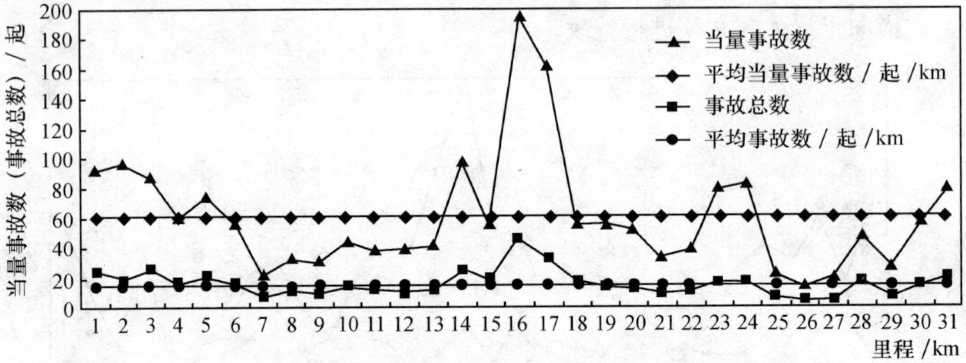

图 4—47　事故多发路段标示图

表 4—8　　按事故数和按当量事故数排出的前 10 位事故数较高路段

按事故数排列				按事故数排列			
地点	事故数	地点	事故数	地点	当量事故数	地点	当量事故数
K16	46	K5	21	K16	196	K3	87.5
K17	32	K15	20	K17	161	K24	83
K14	26	K31	20	K14	98	K23	80
K3	26	K2	19	K2	97	K31	80
K1	24	K28	18	K1	91.5	K5	75.5

从图 4—47 和表 4—8 可见事故多发路段（点）按照当量事故数和按照事故总数划分，只有 K15，K28 和 K31，K23 之间因为死亡事故重要度而产生差别，有 80%是相同的。鉴别出 K1.0～K3.0、K5、K14、K16～K17、K23～K24、K31 六处事故黑点（段）。这些事故黑点（段）如前所述，就是城镇与该公路的交叉路口。在这些事故黑点的事故消除后，可以减少全路段的事故数 50.3%（事故数）～

55.36%（当量事故数）。

一、交通运输安全分析方法分类

交通运输安全分析方法按逻辑方法可分为归纳分析和演绎分析。按数理方法可分为定性分析和定量分析。归纳法就是从个别情况出发推出一般结论。如果要查明某一故障或初始条件对一个系统运行的影响，就可以采用归纳法调查某些特定元件失效是如何影响系统正常运行的。归纳法有预先危险性分析、安全检查表、因果分析法、事件树分析、故障模式及影响分析、致命度分析、可操作性研究、共同原因分析等方法。演绎法是从一般到个别的推理。假定系统本身已经以一定的方式失效，要找出哪些系统（或元件）行为模式失效造成了这种失效就采用演绎法。演绎法有事故树分析、可靠性工程、原因—后果分析等方法。

在系统安全分析中，一般应先进行定性分析，确定系统安全的所有影响因素的模式及相互关系，然后再根据需要进行定量分析。有的方法可以做定性分析，如预先危险性分析、安全检查表、因果分析法、事件树分析、事故树分析、故障模式及影响分析、原因—后果分析、可靠性工程、可操作性研究、共同原因分析等方法。其中有的方法又可做定量分析，如事故树、事件树、原因—后果分析、可靠性工程、致命度分析等。

二、分析方法选择的注意事项

在进行交通运输安全分析方法选择时应根据实际情况，并考虑分析的目的、资料的影响、系统的特点、系统的危险性。交通运输安全分析的最终目的是辨识危险源，在实际分析工作中要明确具体目的。资料收集的多少、详细程度、内容的新旧等都会对选择系统安全分析方法有着至关重要的影响。

要针对被分析系统的特点选择安全分析方法。分析复杂和规模大的系统需要的工作量和时间较多，应先用较简捷的方法筛选事件，然后根据分析的详细程度选择相应的分析方法。若事故的发生是由单一故障（或失误）引起的，则可以选择预先危险性分析法研究；若事故的发生是由许多危险因素共同引起的，或者当系统的危险性较高时，通常采用系统、严格、预测性的方法，如事件树分析、事故树分析等方法；当危险性较低时，一般采用经验的、不太详细的分析方法，如安全检查表法等。

由于每种方法都有其自身的特点和局限性，并非处处通用，使用中有时要综合应用多种方法，以取长补短或相互比较，验证分析结果的正确性。使用现有分析方法不能生搬硬套，必要时应进行改造或简化；不能局限于已有分析方法的应用，而应从系统原理出发，开发新的交通运输安全分析方法。

习　题

1. 交通运输安全有哪些影响因素？试从人—机器—道路—环境—管理系统的角度分析交通运输安全影响因素间的相互关系。

2. 统计图表分析法有哪些表现方式是动态地反映了事故发展趋势，哪些表现方式是反映事故的静态状态？

3. 叙述因果分析图法的作图步骤及优点，并用因果分析图法对城市道路汽车闯红灯现象进行分析，并提出相关措施与建议。

4. 阐述事件树分析法的定义与分析程序。假设一辆汽车在道路上未与前面车辆保持足够的安全距离导致追尾事故发生，试用事件树分析法对此事故进行分析。

5. 如何进行事故树的定性与定量分析？两种方法之间有何内在联系？

6. 已知某系统的事故树图，如图 4—48 所示，求：

（1）最小割集与最小径集；

（2）设各基本事件概率分别为：$q_1=q_2=0.1$，$q_3=q_4=0.2$，$q_5=q_6=0.25$，$q_7=0.3$，求顶事件的发生概率；

（3）求各基本事件的结构重要度、概率重要度与临界重要度。

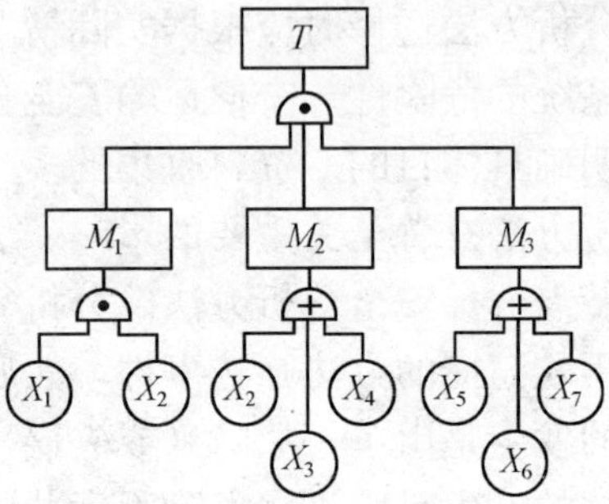

图 4—48　某系统的事故树图

第五章　交通运输安全评价

交通运输安全评价是应用安全系统工程的原理和方法，对交通工程项目建设的全过程，即规划、设计、施工和营运期进行全方位安全评价，确定项目潜在的安全隐患，判断工程、系统发生事故的可能性及其严重程度，并为提出防范措施和管理决策提供科学依据。交通运输安全评价的效益体现在通过事故防治和减缓事故严重程度，提高新建工程的安全性，降低交通系统事故率，提高工程设计者和交通工程师的安全意识，减少后续治理措施费用，减少公众的事故、伤残及死亡损失的代价。

第一节　交通运输安全评价的内容与程序

理想的安全评价包括危险性辨识和危险性评价两部分，如图 5—1 所示。危险性辨识是指利用安全系统工程的理论和方法，分析系统及其各要素所固有的安全隐患，揭示系统的各种危险性，亦即通过一定的手段测定、分析和判明危险，包括固有的和潜在的危险，可能出现的新危险以及在一定条件下转化生成的危险，并且对系统中已查明的危险进行定量化处理，从而为评价提供数量依据。危险性评价又称安全评价，它以实际系统安全为目的，应用安全系统工程原理和工程技术方法，对系统中固有的或潜在的危险性进行定性和定量分析，掌握系统发生危险的可能性及其危害程度，从而为制定防灾措施和管理决策提供科学依据。

从危险源的角度，安全评价包括对第一类危险源危险性的评价和对第二类危险源危险性的评价两个方面。

安全评价一般经过以下程序：

1. 明确评价对象和范围，收集相关资料。收集国内外相关法规和标准，了解和研究同类评价对象的运作和事故发生情况，以及评价对象的地理、气候条件及社

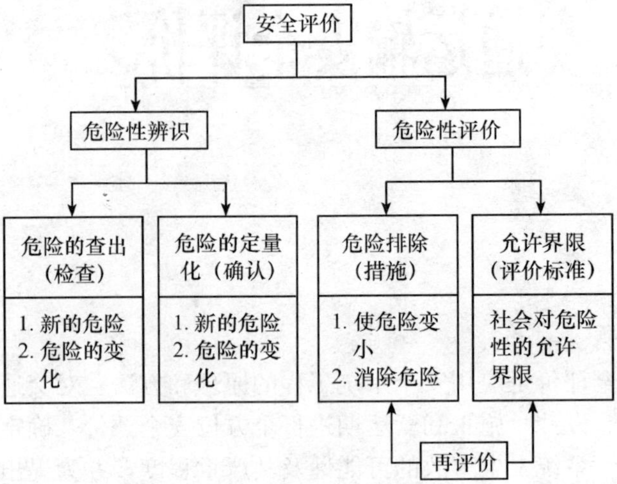

图 5—1　安全评价内容

会环境情况等。

2. 危险因素辨识与分析。根据评价对象的特点，辨识和分析系统可能发生的事故类型、事故发生的时间和机制。

3. 实施安全评价。在上述危险分析的基础上，划分评价单元，根据评价目的和评价对象的复杂程度选择一种或多种评价方法，对事故发生的可能性和严重程度进行定性或定量分析，在此基础上进行危险分级，以确定安全管理的重点。

4. 提出降低或控制危险的安全对策措施。根据安全评价和危险分级结果，高于标准值的危险必须采取工程技术或组织管理措施，降低或控制危险程度；低于标准值的危险属于可接受或允许的危险，应建立检测措施，防止生产条件变化导致危险值增加；对不可排除的危险要采取防范措施。

第二节　交通运输安全评价方法

我国通常使用的交通运输安全评价方法有安全检查表评价法、作业条件危险性评价法、概率安全评价法和安全综合评价法。安全检查表评价法用于危险源的辨识。作业条件危险性评价法是一种确认危险源的危险风险程度的半定量评价方法。概率安全评价法是对危险源的危险风险程度的定量评价。安全综合评价法具有多指标、多层次特性，能较好地处理大型复杂系统的安全评价问题，因而得到了广泛的应用。

一、安全检查表评价法

安全检查表评价法是根据经验或系统分析的结果，把评价项目自身及周围环境的潜在危险列成项目清单，依照清单逐项检查和评定。该方法操作简单，效果很好，各国都颇为重视。美国保险公司的安全检查表、美国杜邦公司的过程危险检查表、美国道化学公司的过程安全指南、日本劳动省的安全检查表以及我国的交通安全评价表、民用航空安全检查表等都是采用该评价法的成功事例。

为了使用安全检查表进行安全评价时能得到系统安全程度的量的概念，开发了许多评价计值方法。根据评价计值方法的不同，安全检查表评价法又分为逐项赋值法、加权平均法、单项定性加权计分法以及单项否定计分法。

1. 逐项赋值法

逐项赋值法是针对安全检查表的每一项检查内容，由专家按其重要程度赋予一定的分值，然后逐项逐条检查评分，累计所有各项得分而得到系统评价总分，最后根据实际评价得分值，按标准规定评价系统总体安全等级高低的一种评价法。逐项赋值法由式（5—1）表示：

$$m = \sum_{i=1}^{n} m_i \tag{5—1}$$

式中　m——企业安全评价的结果值；

m_i——第 i 个评价项目的结果值；

n——评价项目个数。

例如，某铁路分局制定的快速列车安全动态检查评价表共计 93 项评价项目，包括车务、电务、机务、车辆、客运、工务、装载、治安和道口、信息处理等内容，针对每个项目都规定了具体的评价办法和计分标准。轨检车动态检查无Ⅲ级分得 10 分，出现一个Ⅲ级分就为 0 分；在快速列车上用便携式动态检测仪对线路质量进行测试，无Ⅲ级分得 20 分，出现Ⅲ级分，每一处扣 1 分；登乘快速列车如无严重晃动得 10 分，有严重晃动为 0 分。通过对该分局管内 16 个站段每月逐项逐条定量检查、评分，并累计所有各项得分，最终得出该分局月度快速列车的安全动态评价结论。

2. 加权平均法

加权平均法是把企业的安全评价按专业分成若干评价表，所有评价表不管评价条款多少，均按统一计分体系（如 10 分制或 100 分制）分别评价计分。由于各专业对系统的安全影响程度是有差别的，故按照各专业安全评价总分分别赋予权重系数汇总企业总得分，按照标准规定的分数界限，就可确定企业在安全评价中取得的安全等级。即：

$$m=\sum_{i=1}^{n}k_i m_i \qquad 且\sum_{i=1}^{n}k_i=1 \tag{5—2}$$

式中 m——企业安全评价的结果值；

m_i——某一评价表评价的实际测量值；

k_i——某一评价表实际测量值的相应权重系数；

n——评价表个数。

加权平均法中权重系数 k_i 可由统计均值法、二项系数法、两两比较法、环比评分法、层次分析法等方法确定。

例如，某地铁车站劳动安全检查表按评价范围给出 5 个检查表，分别是车间安全生产管理检查表、安全教育与宣传检查表、安全工作应知应会检查表、作业场所情况检查表、安全生产检查和推广新技术检查表。5 个检查表均采用 100 分制计分。各检查表得分及其权重系数见表 5—1。

表 5—1　　某地铁车站检查表得分及其权重系数

检查表	车间安全生产管理检查表	安全教育与宣传检查表	安全工作应知应会检查表	作业场所情况检查表	安全生产检查和推广新技术检查表
权重系数 k_i	0.25	0.15	0.35	0.15	0.1
实际得分 m_i	85	90	75	65	80

则该地铁车站劳动安全评价值为：

$$m=\sum_{i=1}^{n}k_i m_i=0.25\times85+0.15\times90+0.35\times75+0.15\times65+0.1\times80$$

$$=78.75(分)$$

若标准规定 80 分以上为安全级，则该地铁车站的安全状况不令人满意，需要进行整改。

3. 单项定性加权计分法

单项定性加权计分法是指把安全检查表的所有检查评价项目都视为同等重要。评价时，对检查表中的几个检查项目分别给以“优”“良”“可”“差”，或“可靠”“基本可靠”“基本不可靠”“不可靠”等定性等级的评价，同时赋予不同定性等级

以相应的权重系数，累计求和得实际评价值。即

$$S=\sum_{i=1}^{n}k_iw_i \tag{5—3}$$

式中　S——实际评价值；

n——评价等级数；

k_i——评价等级的权重系数；

w_i——取得某一评价等级的项数和。

例如，评价某运输企业安全状况所用的安全检查表共120项，按“优”“良”“可”“差”四个等级评价各项。四种等级的权重系数分别为$k_1=4$，$k_2=3$，$k_3=2$，$k_4=1$；评价结果为：56项为“优”，30项为“良”，24项为“可”，10项为“差”。该企业的评价结果及四种等级的权重系数见表5—2。

表5—2　某运输企业安全评价结果及对应权重系数

评价等级	优	良	可	差
评价结果 w_i	56	30	24	10
权重系数 k_i	4	3	2	1

因此，该运输企业的安全评价值为：

$$S=\sum_{i=1}^{n}k_iw_i=4\times56+3\times30+2\times24+1\times10=372$$

这种评价的最高目标值是120项评价结果均为“优”，其评价值为：

$$S_{\max}=4\times120=480$$

这种评价的最低目标值，即120项评价结果均为“差”时的评价值为：

$$S_{\min}=1\times120=120$$

该运输企业的安全评价值界于120～480之间，可将120～480分成若干档次以明确该运输企业经安全评价所得到的安全等级。将实际评价值除以评价项数和，便可知道该单位的安全状况的安全等级。即

$$372/120=3.1\quad 或者\ 372\times4/480=3.1$$

因$3<3.1<4$，可知该企业安全评价结果界于“良”～“优”之间，接近于“良”等级。

4. 单项否定计分法

单项否定计分法一般不单独使用，仅适用于企业系统中某些具有特殊危险而又非常敏感的具体系统，如煤气站、锅炉房、起重设备等。这类系统往往有若干

危险因素，其中只要有一处处于不安全状态，就有可能导致严重事故的发生。因此，把这类系统的安全评价表中的某些评价项目确定为对该系统安全状况具有否决权的项目。这些项目中只要有一项被判为不合格，则视该系统总体安全状况不合格。这种方法已在机械工厂、核工业设施以及铁路运输企业的安全评价中采用。

二、作业条件危险性评价法

作业条件危险性评价法是一种简便易行的用于衡量人们在某种具有潜在危险的环境中作业的危险性的半定量评价方法。该方法采用与系统风险率有关的三种因素指标值之积来评价系统人员伤亡风险的大小，并将所得作业条件危险性数值与规定的作业条件危险性等级相比较，从而确定作业条件的危险程度。

作业条件的危险性大小取决于三个因素：发生事故的可能性大小 L，人体暴露在这种危险环境中的频繁程度 E，一旦发生事故可能会造成的损失后果 C。给三种因素的不同等级分别赋予不同的分值。按照实际情况选取三种因素的分数值，以三个分值的乘积 D 来评价作业条件危险性的大小，即

$$D = L \times E \times C \tag{5—4}$$

须注意：D 值大，说明该系统危险性大，需要增加安全措施，减少发生事故的可能性。三种因素的不同等级取值标准和危险性大小的范围划分可参照表 5—3 至表 5—5。

表 5—3　　发生事故可能会造成的损失后果 C

分数值	发生事故可能会造成的损失后果
100	大灾难，许多人死亡
40	灾难，数人死亡
15	非常严重，一人死亡
7	严重，躯干致残
6	重大，手足伤残
3	较大，受伤较重
1	较小，轻伤

表 5—4 人体暴露于危险环境的频繁程度 E

分数值	人体暴露于危险环境的频繁程度
10	连续暴露
6	每天工作时间内暴露
3	每周一次，或偶尔暴露
2	每月一次暴露
1	每年几次暴露
0.5	非常罕见地暴露

表 5—5 作业条件危险等级划分 D

分数值	作业条件危险程度
>320	极其危险，停产整改
160～320	高度危险，立即整改
70～160	显著危险，及时整改
20～70	一般危险，需要观察
<20	稍有危险，注意防止

例如，某平交道口工作人员接车时，有时会被列车、汽车撞伤，或被列车坠落物件打伤。从以前 10 年的事故统计资料看，无一人死亡，轻伤仅发生两件。作业时间为每天 8 h。为了评价该道口岗位作业条件的危险性，首先要确定每种因素的分数值：

①事故发生的可能性 L：属于“可能性小，完全意外”，$L=1$。

②人体暴露于危险环境的频繁程度 E：道口工每天都在工作条件下操作，$E=6$。

③发生事故可能会造成的损失后果 C：轻伤，$C=1$。

于是可得：

$$D=L\times E\times C=6<20$$

由此可知，该道口岗位作业条件的危险性等级为“稍有危险，注意防止”。

这种评价方法的特点是简便，可操作性强，有利于掌握企业内部危险点的危险情况，有利于促进整改措施的实施。但存在的问题是三种因素中事故发生的可能性只有定性概念，没有定量标准。实施评价时很可能在分值的取值上因人而异，影响评价结果的准确性。对此，可在评价开始之前确定定量的取值标准。如“完全可以预料”是平均多长时间发生一次，“相当可能”为平均多长时间发生一次等。这样，就可以按统一标准评价系统内各子系统的危险程度。

三、概率安全评价法

概率安全评价（Probability Safety Assessment，PSA）也称概率风险评价（Probability Risk Assessment，PRA），它是一种定量安全评价方法。此法先求出系统发生事故的概率。在求出事故发生概率的基础上，结合事故后果严重度的估计进一步计算风险，以风险大小确定系统的安全程度，以此衡量系统的危险程度是否超过可接受的安全标准，以便决定是否需要采取相应的安全措施，使其达到社会所公认的安全水平。

概率安全评价的标准是风险，即单位时间系统可能承受损失的大小，它综合了事故发生的概率和造成后果的损失严重度两个方面因素。事故发生概率是指单位时间内事故发生的可能性；损失严重度是指发生一次事故损失的大小。如果事故发生的概率很小，即使后果严重，风险也不会很大；如果事故发生的概率很大，而每次事故的后果却不严重，那么风险同样不会很大。因此，风险可以定义为：

$$R = S \times P \tag{5—5}$$

式中　R——风险；

S——损失严重度；

P——事故发生概率（频率）。

因受系统复杂程度及数据源的限制，计算事故发生概率较困难，故用事故发生频率（一定时间内事故发生的次数）作为概率 P 近似值。

损失严重度表示发生一起事故所造成的损失数值，包括直接损失和间接损失两部分。直接损失包括清理事故所发生的工资，设备修复、报废的费用，以及支付旅客和货主的赔偿费等；间接损失包括停工、减产、工作损失、资源损失、环境污染处理等损失。事故可能承受的损失可以是人员伤亡、经济损失或工作日的损失。因此，损失严重度可以表示为：死亡人数/事故次数，损失工作日数/事故次数，经济损失价值/事故次数等。于是：

$$R = S \times P = \begin{cases} \dfrac{\text{死亡人数}}{\text{事故次数}} \times \dfrac{\text{事故次数}}{\text{单位时间}} = \dfrac{\text{死亡人数}}{\text{单位时间}} \\ \dfrac{\text{损失工作日数}}{\text{事故次数}} \times \dfrac{\text{事故次数}}{\text{单位时间}} = \dfrac{\text{损失工作日数}}{\text{单位时间}} \\ \dfrac{\text{经济损失价值}}{\text{事故次数}} \times \dfrac{\text{事故次数}}{\text{单位时间}} = \dfrac{\text{经济损失价值}}{\text{单位时间}} \end{cases} \tag{5—6}$$

可见，风险 R 可用单位时间的死亡人数、单位时间的损失工作日数以及单位时间的经济损失价值来表示。

事故发生概率评价按照评价对象不同，分为各种不同的评价方法，如单位时间死亡率、单位时间损失工作日数、单位时间经济损失价值等。目前，国际上经常采用单位时间死亡率来进行系统安全性的评价。因为“人命”是安全的最根本课题；“死亡”的统计数据非常可靠；根据海因里希理论，系统发生事故的比例基本遵循死亡或重伤∶轻伤∶无伤害＝1∶29∶300 的规律。因此，根据死亡率数据可方便地推知死亡、重伤、轻伤以及无伤害的事故发生情况。

例如，根据《2001 年中国交通年鉴》，我国 2000 年道路交通事故死亡人数为 93 853 人，受伤人数为 418 721 人，而根据人口普查结果，中国大陆地区 2000 年人口为 12.65 亿人，则每人风险为

$$\frac{938\ 53\text{死亡}/\text{年}}{12.65\times 10^{8}}=7.42\times 10^{-5}\text{死亡}/\text{人年}$$

$$\frac{418\ 721\text{受伤}/\text{年}}{12.65\times 10^{8}}=33.1\times 10^{-5}\text{受伤}/\text{人年}$$

这个数值表明，每 10 万人口中每年有 7～8 人可能会死于道路交通事故，有 33 人可能在道路交通事故中受伤（不含轻伤）。

事故除了可能造成人员死亡外，多数是负伤。为了对负伤（包括死亡）风险进行评价，也可根据统计规律求出各行业负伤风险期望值，一般按照负伤类型折算损失工作日数计算。负伤有轻重之分，如果经过治疗、休养后能够完全恢复劳动能力，则损失工作日数按实际休工天数计算。但有的重伤后造成残废，或身体失去某种功能，不能完全恢复劳动能力，甚至发生死亡事故。为便于计算，应将受伤、致残、死亡折合成相应损失工作日数。我国工伤事故分类标准（GB 6441—86）中附件 B 给出了各种伤害损失工作日数换算值，其常用部分见表 5—6。

表 5—6　　损失工作日数换算标准

人体伤害部件	折算损失工作日数		人体伤害部件	折算损失工作日数	
眼	双目失明	6 000	耳	双耳失听	3 000
	单目失明	800		单耳失听	600
手及上肢	手臂（肘以上）	4 500	脚及下肢	腿（膝以上）	4 500
	手臂（肘以下）	3 600		腿（膝以下）	3 000
	单只腕残废	3 000		单只脚残废	2 400
死亡或终生残废		6 000			

在各种伤害损失工作日数换算值中规定，职工因工受伤严重程度分为轻伤、重伤、死亡三个等级，按损失工作日数具体分类如下：1 天≤轻伤<105 天，105 天≤重伤<6 000 天，死亡=6 000 天。

以单位时间经济损失价值进行安全评价，是一种能够较为全面地评价系统安全性的方法，它既考虑事故发生可能造成的经济损失，同时又把人员伤亡损失折合成经济价值，统一计算事故造成的总损失，在计算出系统发生事故的概率或频率的情况下，就可取得单位时间内的经济损失金额作为风险值，以此来衡量系统的安全性并考察安全投资的合理性。

一般情况下，事故的经济损失越大，其允许发生的概率越小；事故的经济损失越小，其允许发生的概率越大。这个允许的范围就是安全范围。两者的关系及安全范围如图 5—2 所示。

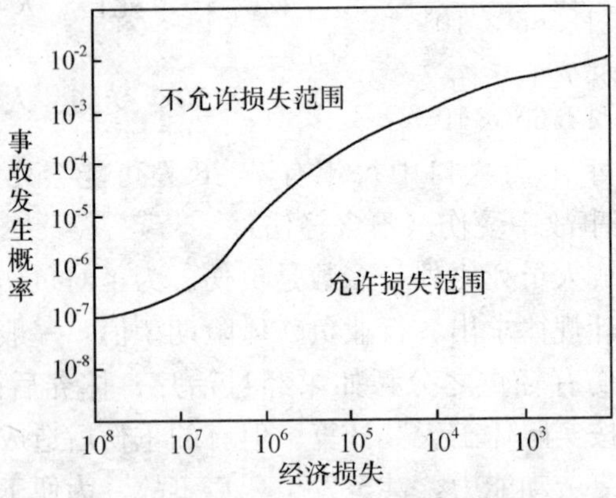

图 5—2　事故发生概率与经济损失的关系

图 5—2 中，事故经济损失与其发生概率的关系并非呈直线关系，这主要是人们对损失严重的事故的恐慌心理所致。如对核电站事故就是如此，所以对核设施要求格外严格，对其允许的事故发生概率往往在 10^{-6} 次/年以下。

在交通运输安全评价中，常使用事故强度和事故致死率表述事故严重性。事故强度的折算公式见式（5—7）。事故强度 P 值越小，道路交通安全度越高。

$$P=\frac{D_s}{\sqrt{D_c L}}\times 10^4 \tag{5—7}$$

式中　D_s——当量事故数，$D_s=3D_1+1.5D_2+1.2D_3+R$，D_1 为事故中死亡人数，D_2 为事故中重伤人数，D_3 为事故中轻伤人数，R 为事故次数；

D_c——当量车辆数，即某路或区域内日交通量折算成标准车型，单位为辆/日，

$D_c = \sum_{j=1}^{13} K_j B_j$ ，K_j为折算系数，B_j为各种车型，具体取值见表 5—7；

L——道路长度，单位为 km。

事故造成死亡或者重伤、轻伤是随机的。使用事故致死率反映事故严重程度，可用式（5—8）计算。

$$s = \frac{D}{D+I} \times 100\% \tag{5—8}$$

式中　s——致死率；

D——死亡人数；

I——受伤人数。

表 5—7　　车辆折算系数表

车型			折算系数	荷载及功率
机动车	汽车	小客车 B_1	1.0	额定座位≤19 座
		大客车 B_2	1.5	额定座位>19
		小型货车 B_3	1.0	载重量≤2 t
		吊车、中型货车 B_4	1.5	2 t<载重量≤7 t
		大型货车 B_5	2.0	7 t<载重量≤14 t
		特大型货车 B_6	3.0	载重量>14 t
		拖挂车 B_7	3.0	含平板拖车、半挂车
		集装箱车 B_8	3.0	
	摩托车 B_9		1.0	含轻骑、载货摩托、三轮摩托
	拖拉机 B_{10}		4.0	
非机动车	畜力车 B_{11}		4.0	
	人力车 B_{12}		1.0	含人力三轮车、手推车
	自行车 B_{13}		0.2	含助动车

四、安全综合评价

对交通系统的某一个对象，如铁路系统、公路系统、航空运输系统、水运系统，也可以是某种运输方式的子系统，如铁路运输站（段）、航空公司、民用机场、城市交通等进行全面评价，求得一个综合评价值，称为安全综合评价。这种全面评价法不仅需要一个多指标体系支撑，还需要把评价对象不同方面描述且量纲不同的定性或定量指标，转化为无量纲的评价值，并综合这些评价值以得出对该评价对象的一个整体评价。因此，多指标安全综合评价法具有多指标、多层次特性，能较好地处理大型复杂系统的安全评价问题，因而得到了广泛的应用。

构成安全综合评价问题的主要要素有被评价对象、评价指标、权重系数、综合评价模型。

交通运输安全综合评价的对象可以是同一类被评价对象，也可以是不同类的被评价对象。各系统的安全状况可用一系列评价指标表示，每个评价指标都从不同的侧面反映系统的安全状况。

公路安全的评价指标有绝对指标和相对指标。绝对指标是反映交通事故总体规模和水平的绝对数量，是认识事故总体的起点。常用的绝对指标有事故次数、死亡人数、受伤人数、直接经济损失等，习惯上称之为四大指标。绝对指标简单、清晰，是其他评价指标的基础。但它是静态的、孤立的，无法反映实际道路、交通条件的差异对事故的影响。特别是用于网级道路事故多发位置的鉴别时，由于路网内各条路的交通量和道路长度不同，就会失去可比性。因此，除绝对指标外，常用相对指标作为事故的评价指标。

相对指标可深入地认识交通事故的发展程度、内部构成、对比情况、事故强度等。在相对指标中，人们引入了一些与事故有着直接或内在联系的关联因素，使事故指标有较好的可比性。常用的关联因素有车辆保有量、交通量、人口、道路长度等。因此，常用的公路安全相对指标就有公里事故率、车辆事故率、人口事故率、综合事故率、车公里事故率等。公里事故率即平均每公里的事故数，也称事故频数。车辆事故率表示在一定区域内按单位机动车保有量所平均的交通事故数，最常用的是万车事故率、万车死亡率、万车受伤率、万车损失率等。人口事故率表示在一定区域内按人口所平均的交通事故数（死亡人数、受伤人数、直接经济损失）。综合事故率是万车事故率与万人事故率的几何平均值，考虑了人与车两个方面的因素。如果考虑车辆行驶里程就要使用车公里事故率。车公里事故率是指在一定区域内，按所有机动车行驶一年的公里数总和所平均的交通事故数（或死亡人数、受伤人数、直接经济损失），通常以百万车公里事故率或亿车公里事故率来表示。

对于某种安全评价目的，评价指标之间的相对重要性是不同的。可用权重系数来反映指标之间的相对重要程度。若 w_j 是评价指标 x_j（$j=1, 2, L, m$）的权重系数。一般应有 $w_j \geqslant 0$（$j=1, 2, L, m$）。

$$\sum_{j=1}^{m} w_j = 1 \tag{5—9}$$

在交通事故中，事故次数对事故严重性的描述不够。同样的事故次数，严重程度不同，其损失及对社会的危害程度也不同。不能将不同严重性的事故简单地累加，而应根据死亡、受伤及经济损失等对社会危害性的大小赋予不同的权值，合成为当量事故次数、当量死亡人数和当量事故率等，从而更综合地反映事故水平。如式（5—9）把死亡的权重系数定为 3，重伤的权重系数定位 1.5，轻伤的权重系数定为 1.2，事故次数定位 1.0，把各种事故的损失合成为一个“当量事故数”与“当量事故率”。显然，当被评价对象及评价指标（值）都给定时，综合评价的结果就依赖于权重系数了。权重系数确定得合理与否，关系到综合评价结果的可信程度。因此，对权重系数的确定应特别谨慎。

多指标（或多属性）安全综合评价，就是指通过一定的数学模型将多个评价指标值“合成”为一个整体性的安全综合评价值。可用于“合成”的数学方法较多。问题在于如何根据评价目的（或准则）及被评价系统的特点选择较为合适的合成方法。即在获得 n 个系统的安全评价指标值 $\{x_{ij}\}$（$i=1$，2，L，n；$j=1$，2，…，L，m）的基础上，需选用或构造综合评价函数

$$y = f(w,x) \tag{5—10}$$

式中：$w=(w_1, w_2, L, w_m)^T$ 为指标权重向量，$x=(x_1, x_2, L, x_m)^T$ 为被评价对象（系统）的状态向量（评价指标值）。

由式（5—10）可求出各评价对象（系统）的安全综合评价值

$$y_i = f(w_i, x_i) \tag{5—11}$$

式中：$x_i=(x_{i1}, x_{i2}, L, x_{im})^T$ 为第 i（$i=1$，2，L，n）个系统的状态向量。

可根据 y_i 值与既定的安全目标值进行判断比较，确定被评价对象（系统）的危险程度，以便采取相应的安全措施。

综上所述，指标体系的建立、指标评价值和权重系数以及评价模型的确定是安全综合评价的关键。只有解决好上述问题，才能得到较为切合实际的安全评价结果。

安全综合评价的一般步骤是：①明确评价目的和被评价对象；②建立评价指标体系；③确定基础指标评价值；④确立与各项评价指标相对应的权重系数；⑤选择或构造综合评价模型；⑥计算各系统的综合评价值并进行排序、分类或比较；⑦根据评价结果，进行系统分析和决策。

1. 评价指标体系

安全评价的核心问题是确定评价指标体系。指标体系必须科学地、客观地、合理地、尽可能全面地反映影响系统安全的所有因素。制定安全评价体系必须遵循目

的性、科学性、系统性、可操作性、时效可比性、定性与定量相结合的原则。

(1) 目的性原则

指标体系设计要围绕改进系统安全的目标，并由代表系统安全各组成部分的典型指标构成，多方位、多角度地反映系统的安全水平。指标的选择既要全面，更要有主次轻重，要突出当前带有全局性而又极为关键的安全问题，以保证重点和集中力量控制发生频率高、后果严重的事件。

(2) 科学性原则

指标体系结构的拟定、指标的取舍、公式的推导等都要有科学的依据。只有获取的信息具有可靠性和客观性，评价的结果才具有可信性和可操作性。

(3) 系统性原则

指标体系要包括系统安全所涉及的众多方面，使其成为一个系统。各指标之间要具有相关性和层次性，指标系统要具有整体性和综合性。要运用系统论的相关性原理先分析、后组合设计安全评价指标体系。指标体系层次之间要具有与之相适应的导向作用，即每项上层指标都要有相应的下层指标相适应。整体性是指指标之间不仅有内在联系，而且都指向整体功能和目标。综合性主要是指指标体系不仅要有反映事故状况的指标，更要有反映隐患的指标，在时间上能反映事前与事后、不同时期（历史、现状、将来）的情况，而不是制定的临时性指标。

(4) 可操作性原则

指标的设计要概念明确、定义清楚，要考虑现行科技水平，能方便地采集数据与收集情况，并且有利于系统安全的改进。指标内容不应太繁太细，过于庞杂和冗长会给评价工作增加不必要的工作量。

(5) 时效可比性原则

指标体系不仅要反映一定时期系统安全的实际情况，而且还要跟踪其变化情况，以便及时发现问题，防患于未然。指标体系中同一层次的指标应该满足可比性，即具有相同的计量范围、计量口径和计量方法，指标取值宜采用相对值，尽可能不采用绝对值。这样才能使得指标既能反映实际情况，又便于比较优劣，查明安全薄弱环节。

(6) 定性与定量相结合的原则

指标体系的设计应当满足定性与定量相结合的原则，即在定性分析的基础上进行量化处理。只有通过量化，才能较为准确地揭示事物的本来面目。对于缺乏统计数据的定性指标可采用评分法，利用专家意见近似实现其量化。

(7) 安全与事故是对立的

单纯的事故指标并不足以表征系统的全部安全状况。事故指标与隐患指标相结合，既考察了系统在一定时期内的实际安全绩效，又考察了系统要素及其组合的安全隐患，可以避免单用一类指标评价的片面性，能够较为全面正确地反映系统的安全状况。隐患指标是从系统的整体出发，对系统的人员、设备、环境、管理等的安全综合评价。隐患指标充分体现了事前安全的思想，即预防事故在其发生之前。隐患指标由于综合考虑了影响系统安全的所有因素，可以较为全面地反映系统的潜在危险性。但是，由于人们在安全问题认识上的局限性与滞后性，在指标的设置、指标的计量以及对指标重要性的认识等方面难以完全做到科学和客观。换言之，隐患指标虽然在理论上可以较为全面地反映系统的安全性，但在实际应用过程中难免存在偏差，因而必须要以表征系统运行特性的事故指标作为基础。

根据上述分析，可建立人—机—环境系统安全综合评价指标体系，如图 5—3 所示。

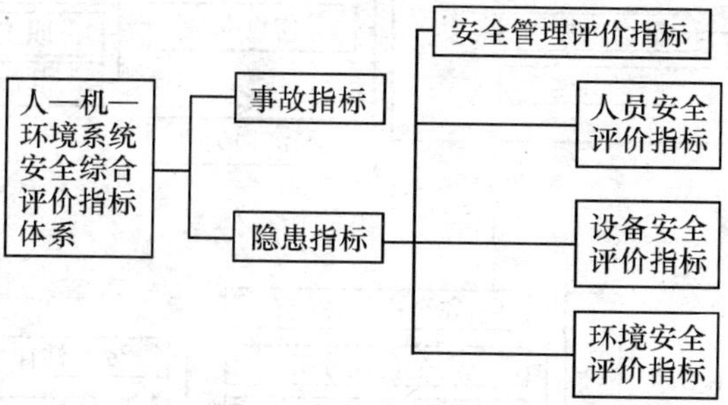

图 5—3　人—机—环境系统安全综合评价指标体系

例如，根据上述建立指标体系的九条原则，可以建立事故与隐患指标相结合的铁路运输安全保障系统安全评价指标体系，如图 5—4 至图 5—9 所示。

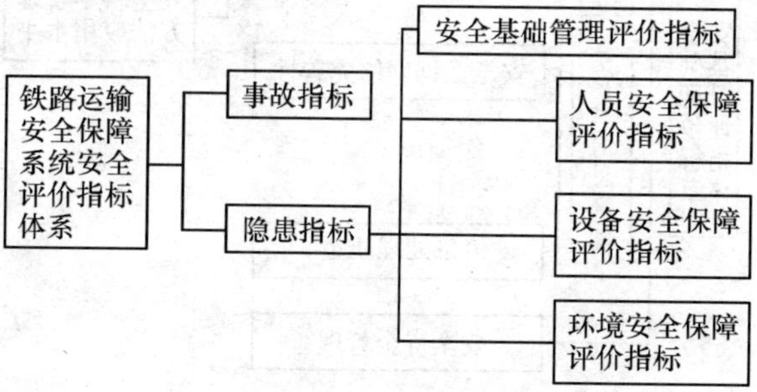

图 5—4　铁路运输安全保障系统安全评价指标体系

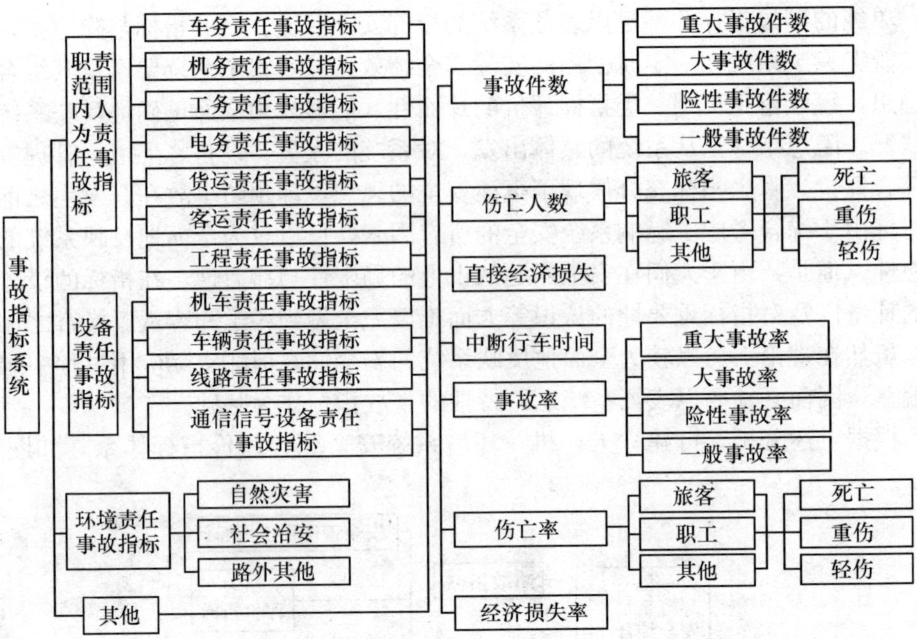

图 5—5 事故指标体系

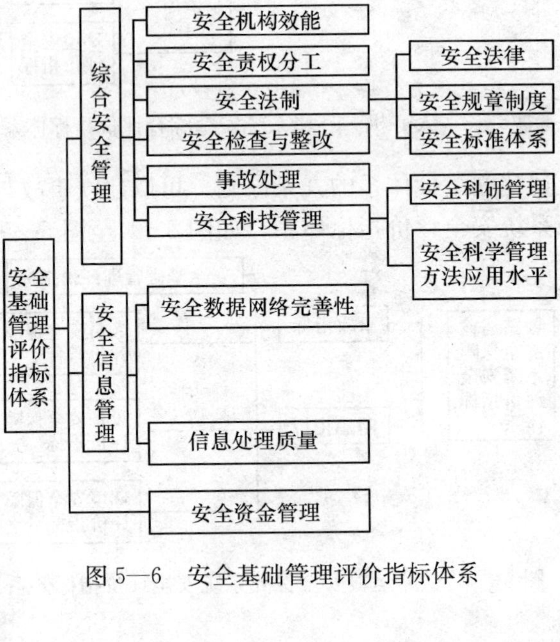

图 5—6 安全基础管理评价指标体系

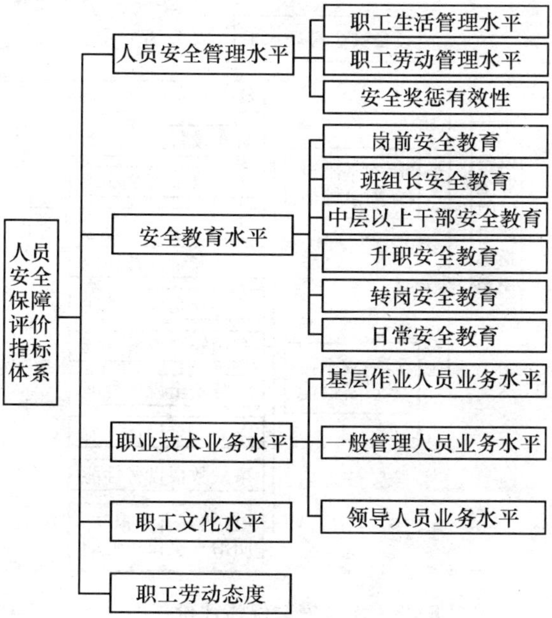

图 5—7　人员安全保障评价指标体系

在实际的安全综合评价活动中，以尽可能少的“主要”评价指标用于实际评价。但在初步建立的评价指标系中也可能存在着一些“次要”的评价指标。筛选评价指标要分清主次，合理组成评价指标系的方法有专家调研法、最小均方差法、极小极大离差法。

（1）专家调研法（Delphi）

这是一种向专家发函、征求意见的调研方法。评价者可根据评价目标及评价对象的特征，在所设计的调查表中列出一系列的评价指标，分别征询专家对评价指标的意见，然后进行统计处理，并反馈咨询结果。经过几轮咨询后，专家意见趋于集中，则最后一次的咨询确定出具体的评价指标体系。

（2）最小均方差法

对于 n 个取定的被评价对象（或系统）S_1，S_2，L，S_n，每个被评价对象都可用 m 个指标的观测值 X_{ij}（$i=1$，2，L，n；$j=1$，2，$\cdots$，L，m）来表示。如果 n 个被评价对象关于某项评价指标的取值差不多，尽管该评价指标是非常重要的，但对于这 n 个被评价对象的相对评价结果来说，它并不起什么作用。因此，为了减少计算量就可以删除掉这个评价指标。最小均方差的筛选原则如下：

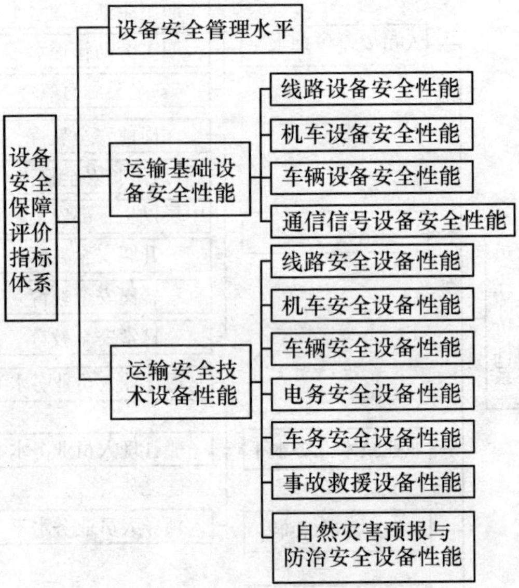

图 5—8　设备安全保障评价指标体系

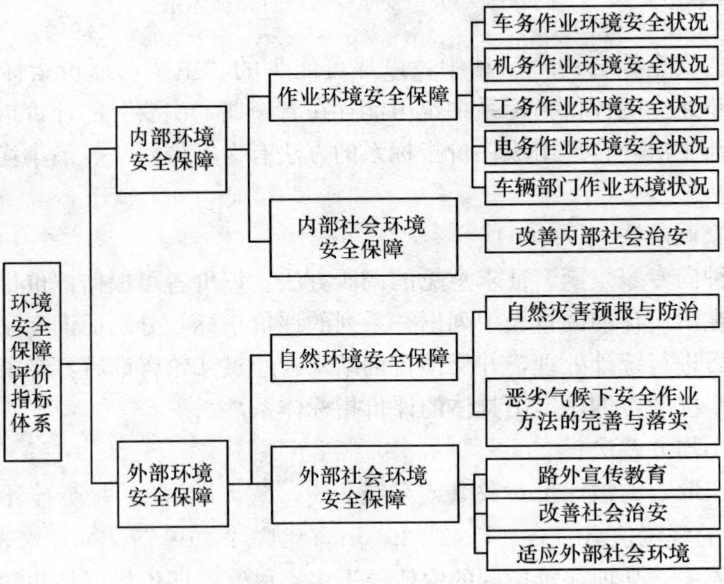

图 5—9　环境安全保障评价指标体系

$$s_j = \sqrt{\frac{1}{n}\sum_{i=1}^{m}(x_{ij} - \overline{x_j})^2} \qquad (j = 1,2,L,m) \tag{5—12}$$

评价指标 x_j 的按 n 个被评价对象取值构成的样本均方差。其中

$$\overline{x_j} = \frac{1}{n}\sum_{i-1}^{m} x_{ij} \qquad (j = 1,2,L,m) \tag{5—13}$$

为评价指标 x_j 按 n 个被评价对象取值构成的样本均值。若存在 k_0（$1 \leqslant k_0 \leqslant m$），使得：

$$s_{k_0} = \min_{1 \leqslant j \leqslant m}\{s_j\}, \text{且}\ s_{k_0} \approx 0 \tag{5—14}$$

则可删除掉与 S_{k_0} 相应的评价指标 x_{k_0}。

（3）极小极大离差法

该法先求出各评价指标 x_j 的最大离差 r_j，即：

$$r_j = \max_{1 \leqslant i \leqslant n}\{|x_{ij} - x_{xj}|\} \tag{5—15}$$

再求出 r_j 的最小值，即：

$$r_0 = \min_{1 \leqslant j \leqslant m}\{r_j\} \tag{5—16}$$

当 r_0 接近于 0 时，则可删除掉与 r_0 相应的评价指标。

2. 安全综合评价方法

根据多指标转化成一个无量纲评价值的方法不同，目前比较常用的综合评价方法主要有层次分析法、灰色评估法、模糊综合评价法、主成分分析法等。

（1）层次分析法

层次分析法（Analytical Hierarchy Process，AHP），是由美国运筹学专家 T. L. Saaty 于 20 世纪 70 年代中期提出的决策方法，其基本过程是首先将复杂问题分解成递阶层次结构，然后将下一层次的各因素相对于上一层次的各因素进行两两比较判断，构造判断矩阵，通过对判断矩阵的计算，进行层次排序和一致性检验，最后进行层次总排序，得到各因素的组合权重，并通过排序结果分析和解决问题。这种方法具有需求的信息量很少、决策过程花费的时间短等特点。

层次分析法将评价元素分解成目标、准则、方案等层次进行定量和定性分析，在对问题的本质、影响因素以及内在关系深入分析的基础上，利用较少的定量信息使评价过程数学化，把多目标、多准则或无结构特性的复杂问题变得简便，把定量和定性的指标较好地结合。它把人的思维过程层次化、数量化，并用数学为分析、决策、预报或控制提供定量的依据。该方法适合于人的定性判断起重要作用、对决策结果难以完全用定量指标进行分析的复杂问题。

应用层次分析法分析问题时，首先把问题层次化。根据问题的性质和要达到的总目标，将问题分解为不同组成因素，并按照因素间的相关关联影响以及隶属关系将因素按不同层次聚集组合，形成一个多层次的分析结构模型。最终把系统分析归结为最底层（包括供决策的方案、措施等）相对于最高层（总目标）的相对重要性权值的确定或相对优劣次序的排序问题。层次分析法在操作过程中虽然使用线性代数的方法，数学原理严密。但在各指标权重的确定上存在主观依赖性，因此调查表格的设计和调查对象的选择需要足够的理论而且经验丰富。

（2）灰色评估法

灰色评估法是基于灰色系统理论，对系统或因子在某一时段所处状态进行半定性、半定量的评价与描述，以对系统的综合效果与整体水平进行识别和分类的方法。灰色评估法是先按样点计算出各指标的类别权系数，再将各指标同类别的权系数按样点加权综合，得到样点的类别权系数向量。利用归一化综合权系数计算样点综合得分，将评估样点排队，以便提高决策的正确性。

灰色评估法不仅像层次分析法一样涉及各样点指标权重的确定，而且具体排名时，各样点的综合评分又要确定一次权系数。这就使指标间权重与评分两次受到评价者主观因素干扰，而且排名分别能力不强。

（3）模糊综合评价法

模糊综合评价法以模糊数学为基础，应用模糊关系合成的原理，将一些边界不清、不易定量的因素定量化，从多个因素对决策活动所涉及的人、物、事、方案等隶属等级状况进行综合性评价的一种方法。其基本原理是首先确定被评判对象的因素（指标）集和评价（等级）集；再分别确定各个因素的权重及它们的隶属度向量，获得模糊评判矩阵；最后把模糊评判矩阵与因素的权向量进行模糊运算并进行归一化，得到模糊评价综合结果。该方法利用模糊集合理论，借助于隶属函数，可以合理地解决“安全”与“不安全”概念之间的过渡，不像经典数学硬性地规定一个绝对的界限；语言变量的引进使评价结果以口语化形式的词汇表达成为可能，不同的模糊算子反映不同的思维方式，若采用多个模糊算子，便能综合考虑多种不同的评价观点。

该方法的特点是考虑了客观事物内部错综复杂的关系，考虑了价值系统的模糊性；优点是数学模型简单，容易掌握，对多因素、多层次的复杂问题评判效果比较好。但模糊隶属函数的确定及指标参数的模糊化会掺杂人为因素并丢失有用的信息，而且各指标权重的确定也存在着过多的主观依赖性。该方法与灰色评估法较类似，不仅有权重的问题，还有分类标准的问题。

（4）主成分分析法

主成分分析法在多目标评价领域中有非常广泛的应用。利用降维的思想，把多指标转化为少数几个主成分的多元统计分析方法。当问题涉及的众多变量之间有一定的相关性，就会存在起支配作用的共同因素。通过对原始变量相关矩阵内部结构关系的研究，找出影响问题的几个主成分，使主成分为原来变量的线性组合。主成分不仅保留了原始变量的主要信息，彼此之间又不相关，又比原始变量容易抓住主要矛盾。以这些主成分的贡献率为权系数构造一个综合指标，据此作出评价。主成分分析法依赖于评价指标的实际数据得出权系数，其结果不受任何人为因素的影响，缺陷是没有考虑指标间相互重要度差异。

根据以上方法的分析，我们知道安全综合评价的最困难问题是指标值的确认和指标间重要度确认，即合成过程中转化权系数的确定问题。这个方法论问题是目前学术界讨论和研究的热门问题。

3. 基础指标评价值的确定

基础评价指标即评价指标体系中不能再进一步分解的指标，可分为定性基础评价指标和定量基础评价指标。因此，基础指标评价值的确定可分为两部分，即定性指标评价值和定量指标评价值的确定。

（1）定性指标评价值的确定

对于定性指标，指标值具有模糊和非定量化的特点，很难用精确数字来表示，只能采用模糊数学的方法对模糊信息进行量化处理。处理的方法有等级比重法、专家评分法、集值统计法。这里主要介绍等级比重法。

等级比重法又叫实验统计法。即请一组专家进行试验，每一位专家都要在表格中打钩，且对每个指标仅打一个钩（即每行打一个钩），见表 5—8。最后统计出各个格子中打钩的频率，得到专家组对每个指标的评判结果。

表 5—8　　　　等级比较统计表

指标	很好	较好	一般	较差	很差
指标 1		√			
指标 2				√	
⋮					
指标 n	√				

例如，请 100 位专家对“安全管理”进行评判，评判为“很好”“较好”“一般”“较差”“很差”的人数分别为 50，30，10，5，5，即对“安全管理”这一指

标不同等级的评判比重为（0.5，0.3，0.1，0.05，0.05）。

将各个定性指标评判结果综合成评判矩阵：

$$R = (r_{ij})_{m \times n} \tag{5—17}$$

式中 m——评语等级数；

n——定性评价指标个数。

同时对不同定性等级赋予相应的权重系数：

$$A = (a_1, a_2, L, a_m) \tag{5—18}$$

运用矩阵计算方法得到 n 个定性指标的评价值：

$$B = A \cdot R = (b_1, b_2, L, b_n) \tag{5—19}$$

等级比重法的最大特点是简单、方便、实用，但精确度不高。

（2）定量指标评价值的确定

定量指标即可量化指标，可以通过一定的技术测量手段确定其量值。由于定量指标的计量单位各不相同，故不具有可比性。因此，在确定指标实际值之后，还必须解决指标间的可综合性问题，即进行评价指标类型的一致化和评价指标的无量纲化处理。

1）评价指标类型的一致化。一般来说，指标 x_1，x_2，L，x_n 中，可能含有“极大型”指标、“极小型”指标、“居中型”指标和“区间型”指标。对于某些定量指标（如客运量、货运量、安全天数等），我们自然期望它们的取值越大越好，这类指标被称为极大型指标；而对于诸如事故件数、伤亡人数、经济损失、事故率等一类指标，我们自然期望它们的取值越小越好，这类指标被称为极小型指标；诸如机动车保有量、道路里程等指标，我们既不期望它们的取值越大越好，也不期望它们的取值越小越好，而是期望它们的取值越居中越好，我们称这类指标为居中型指标；而区间型指标是指期望其取值以落在某个区间内为最佳的指标。根据指标的不同类型，对指标集 $X = \{x_1, x_2, L, x_n\}$ 可作如下划分，令

$$X = \bigcup_{i=1}^{4} X_i \quad 且 \quad X_i \cap X_j = \Omega \quad (i \neq j 且 i, j = 1,2,3,4) \tag{5—20}$$

式中：X_i（i=1，2，3，4）分别为极大型指标集、极小型指标集、居中型指标集和区间型指标集；Ω 为空集。

若指标 x_1，x_2，L，x_n 中既有极大型指标、极小型指标，又有居中型指标或区间型指标，则在对系统进行综合评价之前，需对评价指标的类型作一致化处理。否则，就无法根据综合评价值的大小来评价系统安全状况的优劣，也就无法比较各评价对象的优劣。

对于极小型指标 x，令

$$x^* = M - x \quad 或 \quad x^* = 1/x(x > 0) \tag{5—21}$$

式中　M——指标 x 的一个允许上界。

对于居中型指标 x，令

$$x^* = \begin{cases} \dfrac{2(x-m)}{M-m}, (m \leqslant x \leqslant \dfrac{M+m}{2}) \\ \dfrac{2(M-x)}{M-m}, (\dfrac{M+m}{2} \leqslant x \leqslant M) \end{cases} \tag{5—22}$$

式中　m——指标 x 的一个允许下界；

M——指标 x 的一个允许上界。

对于区间型指标 x，令

$$x^* = \begin{cases} 1.0 - \dfrac{q_1 - x}{\max\{q_1 - m, M - q_2\}}, (x < q_1) \\ 1.0 \\ 1.0 - \dfrac{x_1 - q_2}{\max\{q_1 - m, M - q_2\}}, (x > q_2) \end{cases} \tag{5—23}$$

式中：$[q_1, q_2]$为指标 x 的最佳稳定区间；M，m 分别为指标 x 的允许上、下界。

这样，非极大型评价指标 x 便可转变为极大型指标了。同理，也可将所有指标均转化为极小型指标或区间型指标。

2）评价指标的无量纲化。为了尽可能地反映实际情况，排除由于各项指标的单位不同以及其数值数量级间的悬殊差别所带来的影响，避免不合理现象的发生，需要对评价指标作无量纲化处理。

无量纲化也叫做指标数据的标准化、规范化，它是通过数学变换来消除原始指标单位影响的方法。从本质上讲，指标无量纲化过程也就是求解隶属函数的过程，各种无量纲化公式也就是指标的隶属函数。求定量指标隶属度的无量纲化方法多种多样，应根据各个指标本身的性质确定其隶属函数公式，但依次确定每个指标隶属函数关系式非常困难。为简单起见，可选择直线型无量纲化方法来解决定量指标间的可综合性问题。常用的方法有标准化法、极值法和功效系数法。

①标准化法

取

$$x_{ij}^* = \frac{x_{ij} - \overline{x_j}}{s_j} \tag{5—24}$$

式中　$\overline{x}_j$，s_j（$j=1$，2，L，n）——第 j 项指标观测值的平均值和均方差；

x_{ij}——有量纲指标实际值；

x_{ij}^*——无量纲指标评价值。

显然，x_{ij}^* 的平均值和均方差分别为 0 和 1，x_{ij}^* 称为标准观测值。

②极值法

如果令 $M_j=\max\limits_i\{x_{ij}\}$，$m_j=\min\limits_i\{x_{ij}\}$，则

$$x_{ij}^* = \frac{x_{ij}-m_j}{M_j-m_j} \tag{5—25}$$

是无量纲的，且 $x_{ij}^* \in [0, 1]$。

特别地，当 $m_j=0$（$j=1, 2, L, n$）时，有

$$x_{ij}^* = \frac{x_{ij}}{M_j} \quad (x_{ij}^* \in [0,1]) \tag{5—26}$$

不失一般性，当评价值取值属于[0，100]时，对于极大型、极小型和居中型指标，其无量纲化公式分别为

极大型指标：

$$x_{ij}^* = \begin{cases} 100, (x_{ij} \geqslant M_j) \\ 100 \times \dfrac{x_{ij}-m_j}{M_j-m_j}, (m_j < x_{ij} < M_j) \\ 0, (x_{ij} \leqslant m_j) \end{cases} \tag{5—27}$$

极小型指标：

$$x_{ij}^* = \begin{cases} 100, (x_{ij} \leqslant m_j) \\ 100 \times \dfrac{M_j-x_{ij}}{M_j-m_j}, (m_j < x_{ij} < M_j) \\ 0, (x_{ij} \geqslant M_j) \end{cases} \tag{5—28}$$

适中型指标：

$$x_{ij}^* = \begin{cases} 100 \times \dfrac{x_{ij}-m_j}{x_{m_1}-m_j}, (m_j < x_{xj} \leqslant x_{m_1}) \\ 100 \times \dfrac{M_j-x_{ij}}{M_j-x_{m_1}}, (x_{m_j} \leqslant x_{ij} < M_j) \\ 0, (x_{ij} \leqslant m_j, x_{ij} \geqslant M_j) \end{cases} \tag{5—29}$$

式中　x_{m_j}——适中型指标的固定值，$m_j \leqslant x_{m_1} \leqslant M_j$。

③功效系数法

分别令

$$x_{ij}^* = c + \frac{x_{ij}-m_j}{M_j-m_j} \times d \tag{5—30}$$

式中：M_j，m_j分别为指标x_j的满意值和不允许值；c，d均为已知正常数，c的作用是对变换后的值进行“平移”，d的作用是对变换后的值进行“放大”或“缩小”。通常取$c=60$，$d=40$，即

$$x_{ij}^{*}=60+\frac{x_{ij}-m_j}{M_j,m_j}\times 40,(x_{ij}^{*}\in[60,100]) \tag{5—31}$$

上述公式中，x_{ij}（$i=1$，2，L，m；$j=1$，2，L，n）均假定为极大型指标的观测值。

在评价模型、评价指标和权重系数、指标类型的一致化方法都已取定的情况下，应选择能尽量体现被评价对象之间差异的无量纲化方法，即选择使综合评价值的离差平方和最大的无量纲化方法。

4. 指标体系的赋权处理

指标体系中各评价指标对系统安全的贡献大小和重要程度不同，如何确定权重系数，是综合评价的核心问题。权重系数的确定方法有很多，主要包括集值迭代法、特征值法（层次分析法）、G_1法和G_2法等。其中，层次分析法较为常用。

运用层次分析法（AHP）确定权重，大体可分为以下四个步骤：

（1）建立递阶层次结构

首先把问题条理化、层次化，构造出一个层次分析的结构模型。在这个结构模型中，复杂问题被分解为若干元素，这些元素又按其属性分成若干组，形成不同层次。同一层次的元素对下一层次的某些元素起支配作用，同时它又受到上一层次元素的支配。

递阶层次结构中的层次数与问题的复杂程度及需要分析的详尽程度有关，一般可以不受限制。每一层次中各元素所支配的下一层元素一般不要超过9个，这是因为支配的元素过多会给两两比较判断带来困难。一个好的层次结构对于解决问题是极为重要的，因而层次结构必须建立在深入分析的基础上。

（2）构造判断矩阵

对于递阶层次结构中各层上的元素可以依次相对于与之有关的上一层元素进行两两比较，从而建立一系列的判断矩阵。判断矩阵$A=(a_{ij})_{n\times n}$具有下述性质：

$$a_{ij}>0,a_{ij}=\frac{1}{a_{ji}},a_{ii}=1 \qquad (i,j=1,2,L,n) \tag{5—32}$$

式中：a_{ij}（i，$j=1$，2，L，n）代表元素U_i与U_j相对于其上一层元素重要性的比例标度。判断矩阵的值反映了人们对各因素相对重要性的认识，一般采用1～9比例标度对重要性程度赋值。判断矩阵标度及其含义见表5—9。

表 5—9　　判断矩阵标度及其含义

标度	含义
1	表示两个元素相比，具有同等重要性
3	表示两个元素相比，前者比后者稍微重要
5	表示两个元素相比，前者比后者明显重要
7	表示两个元素相比，前者比后者强烈重要
9	表示两个元素相比，前者比后者极端重要
2，4，6，8	表示上述相邻判断的中间值
倒数	若元素 i 与元素 j 的重要性之比为 a_{ij}，那么元素 j 与元素 i 的重要性之比为 $a_{ji}=1/a_{ij}$

（3）计算单一准则下元素的相对权重系数并进行一致性检验

设判断矩阵 A 的最大特征根为 $\lambda_{\max}$，其相应的特征向量为 W，解判断矩阵 A 的特征根问题

$$AW=\lambda_{\max}w \tag{5—33}$$

所得 W 经归一化后，即为同一层次相应元素对于上一层次某一因素相对重要性的权重向量。

由于客观事物的复杂性以及人们对事物认识的模糊性和多样性，所给出的判断矩阵不可能完全保持一致，有必要进行一致性检验，计算一致性指标 CI：

$$CI=\frac{\lambda_{\max}-n}{n-1} \tag{5—34}$$

式中：n 为判断矩阵阶数。

若随机一致性比率 $CR=CI/RI<0.10$，则判断矩阵具有满意的一致性，否则需要调整判断矩阵的元素取值。平均随机一致性指标 RI 取值见表 5—10。

表 5—10　　平均随机一致性指标 RI 取值

n	1	2	3	4	5	6	7	8	9	10
RI	0.00	0.00	0.58	0.90	1.12	1.24	1.32	1.41	1.45	1.49

（4）计算组合权重及一致性检验

计算组合权重是指计算同一层次所有因素对于最高层因素相对重要性的权重。若上一层次 A 含有 m 个因素 A_1，A_1，A_L，A_m，其组合权值为 a_1，a_2，a_L，a_m，下一层次 B 包含 n 个因素 B_1，B_2，B_L，B_n，它们对于因素 A_j 的相对权值分别为 b_{1j},b_{2j}，b_L，b_{nj}（当 B_i 与 A_i 无关时，$b_{ij}=0$），此时 B 层因素的组合权重由表 5—11 给出。

表 5—11　　组合权重计算表

层次 A ＼ 层次 B	A_1	A_2	…	A_m	B 层组合权重
	a_1	a_2	…	a_m	
B_1	b_{11}	b_{12}	…	b_{1m}	$\sum_{j=1}^{m} a_j b_{1j}$
B_2	B_{21}	b_{22}	…	b_{2m}	$\sum_{j=1}^{m} a_j b_{2j}$
⋮	⋮	⋮	⋮	⋮	⋮
B_n	b_{n1}	b_{n2}	…	b_{nm}	$\sum_{j=1}^{m} a_j b_{nj}$

此外，还需要进行递阶层次组合判断的一致性检验，也是从上到下逐层进行的。若 B 层某些因素相对于 A_j 的层次单排序一致性指标为 CI_j，相应的平均随机一致性指标为 RI_j，则 B 层随机一致性比率为

$$CR = \frac{\sum_{j=1}^{m} a_j CI_j}{\sum_{j=1}^{m} a_j RI_j} \tag{5—35}$$

当 $CR<0.10$ 时，认为 B 层组合判断具有满意的一致性。否则，需要重新调整判断矩阵的元素取值。

然而，由于安全问题的复杂性，以及人们认识上的局限性，使得各位专家对指标体系中各指标重要性的认识带有一定程度的不确定性和模糊性，从而无法给出一个确定的值来表示对两两比较中重要程度的判断。鉴于专家判断的不确定性，两两比较中的判断不宜采用确定数，建议采用区间标度表示两两比较的判断，相应的判断矩阵以区间数判断矩阵的形式给出。模糊标度及其含义见表 5—12。

在表 5—12 所示的模糊标度中，将 Safty 的 1～9 标度仅仅划分为 5 个档次而非 9 个档次，目的是为了方便专家的比较判断。由于各个指标的意义和量纲都不一样，专家很难用 9 个档次表示出各元素的相对重要性程度。而且，即使专家可以给出，也往往容易凭想当然给出两可性的判断，从而使判断结果的可信度下降。此外，当同一层次上的元素较多时，还容易使专家作出矛盾和含混的判断，使判断矩阵出现严重的不一致现象。

表 5—12　　　　模糊标度及其含义

标度	符号	含　义
1	=	表示两个元素相比，具有同等重要性
[1，3]	>	表示两个元素相比，前者比后者稍微重要
[3，5]	>>	表示两个元素相比，前者比后者明显重要
[5，7]	>>>	表示两个元素相比，前者比后者强烈重要
[7，9]	>>>>	表示两个元素相比，前者比后者极端重要
倒数	<，<<，<<<，<<<<	若因素 i 与 j 比较得 a_{ij}，则 j 与 i 比较得 $1/a_{ij}$，且 $1/a_{ij}$ 为区间标度：[1/3，1]，[1/5，1/3]，[1/7，1/5]，[1/9，1/7]

此外，在用 AHP 法进行专家咨询时，对同一问题将获得多个判断矩阵，因而产生多个判断矩阵的合理综合问题。为了较好地兼顾不同专家的意见，可选用加权算术平均综合向量法来处理多个专家判断矩阵的合理综合问题。方法介绍如下：

设 s 个专家的判断矩阵为

$$A=(a_{ijk})(i,j=1,2,L,n;k=1,2,L,s) \tag{5—36}$$

分别求出它们的权重向量

$$w_k=(w_{1k},w_{2k},L,w_{sk})(k=1,2,L,s) \tag{5—37}$$

然后求出它们的加权算术平均综合权重向量

$$w_k=(w_1,w_2,L,w_s) \tag{5—38}$$

其中：

$$\begin{cases} w_j=\sum_{k=1}^{s}\lambda_k w_{jk},(j=1,2,L,n) \\ \sum_{k=1}^{s}\lambda_k=1 \text{ 且 } \lambda_k\geqslant 0,(k=1,2,L,s) \end{cases} \tag{5—39}$$

这里 λ_1，λ_2，L，λ_n，是各个专家的权重系数，它是对专家能力水平的一个综合的数量表示，当对专家的能力水平高低难以获得检验信息或不易作出判断时，可取 $\lambda_k=1/s$，$k=1$，2，L，s，此时

$$w_j=\frac{1}{s}\sum_{k=1}^{s}w_{jk}\qquad(j=1,2,L,n) \tag{5—40}$$

可计算 w_j 的标准差 σ_j

$$\sigma_j = \sqrt{\frac{1}{s-1}\sum_{k=1}^{s}(w_{jk} - w_j)^2} \qquad (j = 1,2,L,n) \tag{5—41}$$

以及相应于新的综合判断矩阵 $A = (a_{ij}) = (w_i/w_j)$ 元素的标准差 σ_{ij}

$$\sigma_{ij} = \sqrt{\frac{1}{s-1}\sum_{k=1}^{s}(a_{ijk} - a_{ij})^2} \qquad (i,j = 1,2,L,n) \tag{5—42}$$

再将信息反馈给专家，供进一步修改参考。

5. 安全综合评价的数学模型

在确定了指标体系基础指标评价值及指标体系权重系数之后，还要根据指标体系特点确定各级指标的合成方法，也即将各级下层指标值复合成上层指标值的计算方法。可用于安全综合评价的合成方法有很多，主要有线性加权综合法（或称加法合成、加权线性和法）、非线性加权综合法（或称乘法合成法）、加乘混合法、代换法、理想点法等。

（1）线性加权综合法

基本公式为

$$\begin{cases} y = \sum_{j=1}^{n} w_j x_j \\ \sum_{j=1}^{n} w_j = 1 \end{cases} \qquad (0 \leqslant w_j \leqslant 1, j = 1,2,L,n) \tag{5—43}$$

式中　y——安全综合评价值；

W_j——指标 x_j 相应的权重系数；

n——指标个数。

加法合成具有下述特点：

1）在加法合成中，由于综合运算采用“和”的方式，其现实关系应是“部分之和等于总体”，因而加权线性和法比较适合于各评价指标值对综合评价值的贡献彼此独立的场合。

2）加法合成的各评价指标间具有线性补偿作用，即某些指标评价值的下降，可以由另一些指标评价值的提高来补偿，因而这种方法对指标评价值变动反映不太敏感。

3）加法合成突出了评价值较大且权系数较大的指标的作用。因此，加法合成比较接近于主因素突出型的评价合成方法。

4）加法合成计算简单，便于推广普及。正因为如此，该方法得到了广泛应用。但任何方法均有其适用范围，如果只从简易性考虑，不加选择地随意使用加法合成，则必然会导致综合评价结果失真。

由于加法合成具有很强的“互补性”和“一俊遮百丑”的突出特征，会诱导被评价对象“走捷径”“想奇招”，设法提高综合评价值，从而导致系统畸形发展。

(2) 非线性加权综合法

计算公式为

$$\begin{cases} y = \prod_{j=1}^{n} x_j^{\ w_j} & (x_j > 0) \\ \sum_{j=1}^{n} w_j = 1 & (0 \leqslant w_j \leqslant 1, j = 1, 2, L, n) \end{cases} \tag{5—44}$$

乘法合成适用于各评价指标间强烈相关的场合。在乘法合成中，指标权系数的作用不如加法合成明显。对乘法合成公式作对数变换，得

$$\lg y = \sum_{j=1}^{n} w_j \lg x_j \tag{5—45}$$

可见，乘法合成中，权系数是指标评价值对数的倍数。乘法合成强调被评价对象各指标评价值的一致性，要求被评价对象的各个指标间彼此差异较小，任何一方也不能偏废，只有当各指标评价值保持接近相等的水平时，其整体功能才取得最大值。乘法合成的结果突出了指标评价值中较小数的作用，这是由积式运算的性质所决定的。乘法合成对指标值变动的反应比加法合成更敏感。因此，乘法合成更有助于体现各评价对象间的差异。

(3) 加乘混合法

加乘混合法即将加法和乘法两种方法混合在一起，可以得到一种兼顾的方法。加乘混合法兼有加法合成和乘法合成两种方法的特点，适用范围比加法合成和乘法合成更广一些。

(4) 代换法

计算公式为

$$y = 1 - \prod_{j=1}^{n} (1 - x_j) \qquad (0 \leqslant x_j \leqslant 1) \tag{5—46}$$

在代换法中，指标间的补偿作用远比加法合成充分。不管其他评价指标取值如何，只要有一个评价指标值达到最高水平，整个综合评价值便达到最高水平，这是一种类似于主因素决定型的评价合成方法。由于多指标综合评价不仅要求评价的整体性，而且要求评价的全面性，因此代换法在实质上有悖于综合评价的本质，除非较特殊的场合，否则不宜选用。

将上述四种合成方法的主要特点归结起来，可以得到表 5—13。

表 5—13　　合成方法性质对比表

方法特点	代换法	加法合成	加乘混合	乘法合成
指标间关系	相关	独立	部分相关	相关
补偿作用	完全补偿	线性补偿	部分补偿	甚弱
权数作用	无	较重要	一般	不太重要
合成结果	决定于评价值中最高水平	突出评价值较大且权数较大者的作用	介于加法和乘法之间	突出较小评价值的作用
方法原则	主因素决定型	主因素突出型		因素并列型

从表 5—13 可以看出，四种合成方法以代换法和乘法为两端，加法与加乘混合法在二者之间，从代换法到乘法，补偿作用和主因素作用依次降低，权数作用从不重要到较重要再到不重要，指标间关系从相关到独立再到相关。

(5) 理想点法

设定一个理想的系统或样本点为 x_1^*，x_2^*，L，x_n^*，如果被评价对象 x_{i1}^*，x_{i2}^*，L，x_{in}^* 与理想系统在某种意义上非常接近，则称系统（x_{i1}，x^{i2}，L，x^{in}）是最优的。基于这种思想所得出的综合评价方法，称为逼近样本点或理想点的排序方法，简称为理想点法。

被评价对象（x_{i1}，x^{i2}，L，x^{in}）与理想系统 x_{i1}^*，x_{i2}^*，L，x_{in}^* 之间的加权距离定义为

$$y_i = \sum_{j=1}^{n} w_j f(x_{ij}, x_j^*) \qquad (i = 1,2,L,m) \tag{5—47}$$

式中　w_j——权重系数；

f（x_{ij}，x_j^*）——分量 x_{ij} 与 x_j^* 之间的某种距离。

通常取欧式（加权）距离，即取

$$y_i = \sum_{j=1}^{n} w_j \ (x_{ij} - x_j^*)^2 \qquad (i = 1,2,L,m) \tag{5—48}$$

作为评价函数。

显然，y_i 值越小越好，特别当 $y_i=0$ 时，s_i 即达到或成为理想点 s_i^*。这时，即可按 y_i 值的大小对各被评价对象进行比较分析。

6. 指标体系的安全综合评价

上述就多指标安全综合评价的几种主要合成方法进行分析，多指标安全综合评价究竟选用哪种合成方法更为恰当，要根据问题的性质和特点而定。

事故树分析是按照事故发生的逆过程，以演绎的方法自上而下逐层探讨事故的原因，研究原因事件与结果事件之间的逻辑关系，把结果编制成逻辑图的分析方法。其逻辑关系主要包括：与门表示所有输入事件同时发生时，输出事件就会发生，类似乘法合成；或门表示只要有一个输入事件发生，输出事件就会发生，类似加法合成；条件与门表示所有输入事件同时发生，且满足给定条件时，输出事件就会发生，类似乘法合成；条件或门表示只要有一个输入事件发生，且满足给定条件时，输出事件才会发生，类似加乘混合法；限制门表示输入事件发生，且满足给定条件时，输出事件发生，类似乘法合成。显然，事故树的逻辑门与安全综合评价的合成方法是相互对应的，因此，只要得到指标体系内各级下层指标与其相对应的上层指标之间的逻辑关系，亦即原因事件对结果事件的作用形式，就可方便地确定指标体系内各级指标的合成方法。

根据前述对指标体系结构的分析，安全综合评价指标体系包括事故指标和隐患指标两大部分。由于隐患是事故发生的必要条件，隐患越多，发生事故的可能性越大。但事故的发生除了与隐患有关外，在很大程度上还受到偶然性的影响。基于这种认识，隐患指标与事故指标间存在着一定程度的相关关系，但隐患指标与事故指标是从不同侧面反映系统总体安全水平的，从它们对系统安全综合评价值的贡献来看，二者是互为补充的，从这个意义上讲，事故指标与隐患指标又是相互独立的，因此可以采用加法合成。

隐患指标包括四部分，即人员安全评价指标、设备安全评价指标、环境安全评价指标，以及安全管理评价指标。它们在指标体系中居于不同的层次。其中，安全管理评价指标的层次较高，而人员、设备、环境安全评价指标的层次则较低。因此，在安全综合评价中必须体现出指标体系的层次性。由于安全工作的关键是管理，亦即管理是保障系统安全的前提条件。此外，人员、设备和环境分别从不同侧面对系统安全施加影响，对保障系统安全同样起作用，但三者可相互补偿。例如，操作者安全素质的不足可由本质安全的设备得以补偿。因此，人员、设备、环境与安全管理评价指标之间具有条件或门的关系。

人—机—环境系统安全综合评价指标体系的合成关系如图 5—10 所示。在此特别需要指出的是，多指标安全综合评价合成方法是一种针对不确定性问题的评价，不同的系统可以有不同的合成方法。

根据图 5—10 所示的合成关系，将基础指标评价值及指标体系的权重系数代入，便可方便地得到人—机—环境系统安全综合评价值的体系，并据此找出系统的安全薄弱环节。

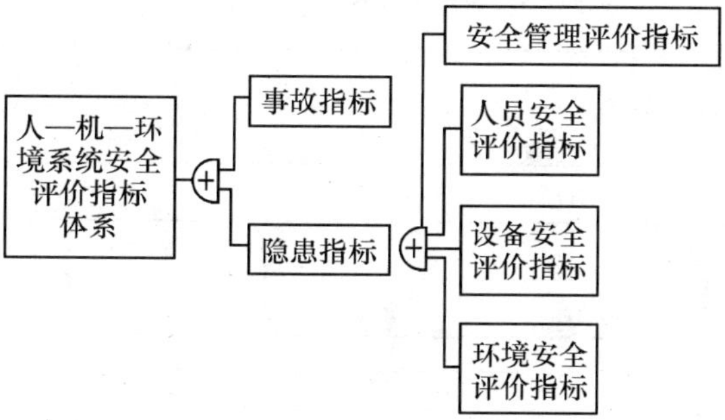

图 5—10 人—机—环境系统安全评价指标体系合成关系

第三节 道路交通安全评价事例

我国湘西某高速公路是国家实施西部开发战略重点规划建设的八条公路通道中的一段山区高速公路，主线里程 223.75 km，连接线 13.7 km，对促进湖南与贵州、云南等省的经济技术交流，推动国家西部大开发，增进民族团结等均具有十分重要的意义。

一、湘西某高速公路定量评价

AHP—模糊综合评价法就是指将层次分析法（AHP）和模糊综合评价法相结合的一种评价方法。它首先利用层次分析法来确定评价指标体系的权重，然后在此基础之上进行模糊综合评价。

1. 确定评价指标体系的权重

根据我国湘西某高速公路评价要素与内容，结合层次分析法，得出层次结构图，如图 5—11 所示。

湘西某高速公路评价指标分为 A、B、C、D 四层，通过专家咨询采用表 5—9 判断矩阵标度法，分别考查 B、C 和 D 层因素的相对重要性，可以得出 $A—B$，$B—C$，$C—D$ 判断矩阵，结果见表 5—14 至表 5—22。

表 5—14　　$A—B$ 判断矩阵

A	B_1	B_2	B_3	B_4	B_5	B_6
B_1	1	2	3	3	4	2
B_2	1/2	1	2	2	2	1

续表

A	B_1	B_2	B_3	B_4	B_5	B_6
B_3	1/3	1/2	1	1	1/3	1/2
B_4	1/3	1/2	1	1	1/3	1/2
B_5	1/4	1/2	3	3	1	1
B_6	1/2	1	2	2	1	1

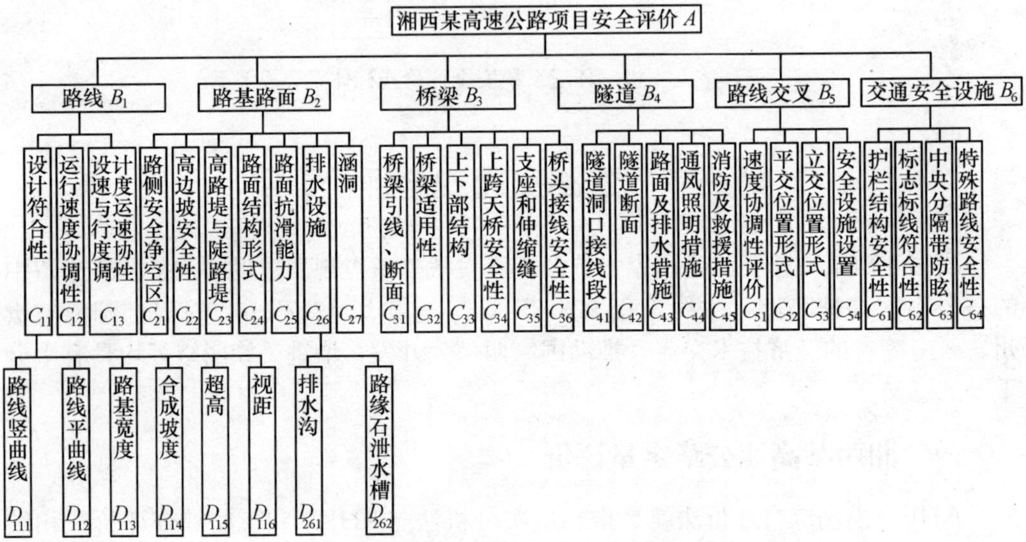

图 5—11 湘西某高速公路层次结构模型

表 5—15 B_2—C 判断矩阵

B_2	C_{21}	C_{22}	C_{23}	C_{24}	C_{25}	C_{26}	C_{27}
C_{21}	1	3	3	1/4	1/3	2	2
C_{22}	1/3	1	1	1/5	1/4	1/2	1/2
C_{23}	1/3	1	1	1/5	1/4	1/2	1/2
C_{24}	4	5	5	1	4	3	5
C_{25}	3	4	4	1/4	1	5	4
C_{26}	1/2	2	2	1/3	1/5	1	1
C_{27}	1/2	2	2	1/5	1/4	1	1

表 5—16　　B_3—C 判断矩阵

B_3	C_{31}	C_{32}	C_{33}	C_{34}	C_{35}	C_{36}
C_{31}	1	2	3	4	7	5
C_{32}	1/2	1	3	4	6	5
C_{33}	1/3	1/3	1	2	4	3
C_{34}	1/4	1/4	1/2	1	3	2
C_{35}	1/7	1/6	1/4	1/3	1	2
C_{36}	1/5	1/5	1/3	1/2	1/2	1

表 5—17　　C_{11}—D 判断矩阵

C_{11}	D_{111}	D_{112}	D_{113}	D_{114}	D_{115}	D_{116}
D_{111}	1	1	1	2	3	4
D_{112}	1	1	1	2	3	4
D_{113}	1	1	1	2	3	4
D_{114}	1/2	1/2	1/2	1	2	3
D_{115}	1/3	1/3	1/3	1/2	1	2
D_{116}	1/4	1/4	1/4	1/3	1/2	1

表 5—18　　B_5—C 判断矩阵

B_5	C_{51}	C_{52}	C_{53}	C_{54}
C_{51}	1	4	4	5
C_{52}	1/4	1	1	2
C_{53}	1/4	1	1	2
C_{54}	1/5	1/2	1/2	1

表 5—19　　B_6—C 判断矩阵

B_6	C_{61}	C_{62}	C_{63}	C_{64}
C_{61}	1	3	3	4
C_{62}	1/3	1	1	2
C_{63}	1/3	1	1	2
C_{64}	1/4	1/2	1/2	1

表 5—20　　B_4—C 判断矩阵

B_4	C_{41}	C_{42}	C_{43}	C_{44}	C_{45}
C_{41}	1	2	3	3	3
C_{42}	1/2	1	2	2	2
C_{43}	1/3	1/2	1	1	1
C_{44}	1/3	1/2	1	1	1
C_{45}	1/3	1/2	1	1	1

表 5—21　　B_1—C 判断矩阵

B_1	C_{11}	C_{12}	C_{13}
C_{11}	1	3	4
C_{12}	1/3	1	2
C_{13}	1/4	1/2	1

表 5—22　　C_{26}—D 判断矩阵

C_{26}	D_{261}	D_{262}
D_{261}	1	2
D_{262}	1/2	1

计算出判断矩阵的最大特征根，并解特征方程，得到对应最大特征根的特征向量，最后将特征向量归一化，就得到各指标的权重向量。

2. 求解判断矩阵

以 B 层相关指标相对于 A 层权重的计算过程为例，用方根法进行求解，具体如下：

（1）计算判断矩阵每一行元素的乘积 M_i。$M_i=\prod_{j=1}^{n}a_{ij}$（$j=1, 2, L, n$）得 $M_1=144$，$M_2=2$，$M_3=0.03$，$M_4=0.04$，$M_5=1.5$，$M_6=3$。

（2）计算 M_i 的 n 次方根 $\overline{W_i}$。$\overline{W_i}=\sqrt[n]{M_i}$ 得 $\overline{W_1}=2.29$，$\overline{W_2}=1.12$，$\overline{W_3}=0.56$，$\overline{W_4}=0.59$，$\overline{W_5}=1.07$，$\overline{W_6}=1.2$。

（3）对向量 $\overline{W}=[\overline{W_1}, \overline{W_2}, L, \overline{W_n}]^T$ 正规划（归一化处理），$W_i=\dfrac{\overline{W_i}}{\sum_{j=1}^{n}\overline{W_j}}$，

$W_1=0.34$，$W_2=0.16$，$W_3=0.08$，$W_4=0.09$，$W_5=0.16$，$W_6=0.18$，则 $W=[0.34, 0.16, 0.08, 0.09, 0.16, 0.18]^T$ 即为所求的特征向量。

（4）计算判断矩阵的最大特征根 λ_{max}

$$\lambda_{max} = \sum_{i=1}^{n} \frac{(AW)_i}{nW_i} = 6$$

式中　$(A_W)_i$——向量 A_W 的第 i 个元素。

（5）层次单排序和一致性检验。计算判断矩阵的一致性指标，检验其一致性：$CI=(\lambda_{max}-n)/(n-1)=(6-6)/5=0$。

由于维数为 $n=6$，查表 5—23 可知 $RI=1.25$，则有 $CR=CI/RI=0<0.1$。

因此，通过一致性检验，即 B 层相关元素相对于 A 层的权重为

$$W=[0.34,0.16,0.08,0.09,0.16,0.18]^T$$

表 5—23　　平均随机一致性指标 *RI* 取值

n	1	2	3	4	5	6	7	8	9	10
RI	0.00	0.00	0.58	0.90	1.12	1.24	1.32	1.41	1.45	1.49

（6）按照上述步骤依次计算其余判断矩阵，进行一致性检验后，将结果汇总于表 5—24。

表 5—24　　各指标权重及其一致性检验

矩阵	归一化后结果	λ_{max}	n	CI	RI	CR	一致性检验
A—B	$W=[0.34,0.16,0.08,0.09,0.16,0.17]^T$	6	6	0	1.24	0	通过
B_1—C	$W=[0.63,0.24,0.13]^T$	3	3	0	0.58	0	通过
B_2—C	$W=[0.14,0.06,0.06,0.41,0.25,0.09,0.09]^T$	7.1	7	0.02	1.32	0.02	通过
B_3—C	$W=[0.38,0.29,0.14,0.09,0.05,0.05]^T$	6.1	6	0.02	1.24	0.01	通过
B_4—C	$W=[0.39,0.23,0.12,012,0.12]^T$	5	5	0	1.12	0	通过
B_5—C	$W=[0.59,0.17,0.17,0.07]^T$	4	4	0	0.9	0	通过
B_6—C	$W=[0.51,0.19,0.19,0.11]^T$	4	4	0	0.9	0	通过
C_{11}—D	$W=[0.24,0.24,0.24,0.14,0.08,0.06]^T$	6	6	0	1.24	0	通过
C_{26}—D	$W=[0.67,0.33]^T$	2	2	0	0	0	通过

（7）根据表 5—24 可以得出湘西某高速公路评价指标体系的权重分配，见表 5—25。

表 5—25　　湘西某高速公路评价指标体系的权重分配

准则层 B	指标权重	指标层 C	指标权重	指标层 D	指标权重
路线 B_1	0.34	设计符合性 C_{11}	0.63	路线竖曲线 D_{111}	0.24
		运行速度协调性 C_{12}	0.24	路线平曲线 D_{112}	0.24
		设计速度与运行速度协调性 C_{13}	0.13	路基宽度 D_{113}	0.24
				合成坡度 D_{114}	0.14
				超高 D_{115}	0.08
				视距 D_{116}	0.06
路基路面 B_2	0.16	路侧安全净空区 C_{21}	0.14	排水沟 D_{261}	0.67
		高边坡安全性 C_{22}	0.06	路缘石泄水槽 D_{262}	0.33
		高路堤与陡路堤 C_{23}	0.06		
		路面结构形式 C_{24}	0.41		
		路面抗滑能力 C_{25}	0.25		
		排水设施 C_{26}	0.09		
		涵洞 C_{27}	0.09		
桥梁 B_3	0.08	桥梁引线、断面 C_{31}	0.38		
		桥梁适用性 C_{32}	0.29		
		上下部结构 C_{33}	0.14		
		上跨天桥安全性 C_{34}	0.09		
		支座和伸缩缝 C_{35}	0.05		
		桥头接线安全性 C_{36}	0.05		
隧道 B_4	0.09	隧道洞口接线段 C_{41}	0.39		
		隧道断面 C_{42}	0.23		
		路面及排水措施 C_{43}	0.12		
		通风照明措施 C_{44}	0.12		
		消防及救援措施 C_{45}	0.12		
路线交叉 B_5	0.16	速度协调性评价 C_{51}	0.59		
		平交位置形式 C_{52}	0.17		
		立交位置形式 C_{53}	0.17		
		安全设施设置 C_{54}	0.07		
交通工程设施 B_6	0.17	护栏结构设置 C_{61}	0.51		
		标志标线符合性 C_{62}	0.19		
		中央分隔带防眩 C_{63}	0.19		
		特殊路线安全性 C_{64}	0.11		

3. 模糊综合评价

(1) 一级模糊综合评价

1) 确定定性指标评语集。湘西某高速公路评价指标标准根据各个指标是否符合有关规范的安全性检验采用三级制定，即 V（符合、基本符合、不符合）三级。

2) 进行一级综合评价。根据公式 $B_i = W_i \cdot R_i$，湘西某高速公路层次模型中 C 层模糊综合评价矩阵见表 5—26。

表 5—26　　C 层模糊综合评价矩阵

指标层 C	指标层 D	模糊综合评价矩阵		
		符合	基本符合	不符合
设计符合性 C_{11}	路线竖曲线 D_{111}	1	0	0
	路线平曲线 D_{112}	1	0	0
	路基宽度 D_{113}	1	0	0
	合成坡度 D_{114}	1	0	0
	超高 D_{115}	1	0	0
	视距 D_{116}	0.8	0.2	0
排水设施 C_{26}	排水沟 D_{261}	0.9	0.1	0
	路缘石泄水槽 D_{262}	1	0	0

根据表 5—25 可知，C_{11} 层下级各个指标（即 D_{111}、D_{112}、D_{113}、D_{114}、D_{115}、D_{116}）相对于 C_{11} 层的权重分别为 $W_1 = [0.24, 0.24, 0.24, 0.14, 0.08, 0.06]$。根据表 5—26 可知，由指标 D_{111}、D_{112}、D_{113}、D_{114}、D_{115}、D_{116} 评语集组成的模糊综合评价矩阵 R_1 为：

$$R_1 = \begin{bmatrix} 1 & 0 & 0 \\ 1 & 0 & 0 \\ 1 & 0 & 0 \\ 1 & 0 & 0 \\ 1 & 0 & 0 \\ 0.8 & 0.2 & 0 \end{bmatrix}$$

建立评判模型，进行综合评判：

$$C_{11} = W_1 \cdot R_1 = [0.24 \quad 0.24 \quad 0.24 \quad 0.14 \quad 0.08 \quad 0.06] \cdot \begin{bmatrix} 1 & 0 & 0 \\ 1 & 0 & 0 \\ 1 & 0 & 0 \\ 1 & 0 & 0 \\ 1 & 0 & 0 \\ 0.8 & 0.2 & 0 \end{bmatrix}$$

$$= (0.24, 0.06, 0)$$

因为 0.24+0.06=0.3，不容易按百分数计算，可进行归一化。

$$C_{11}^{*} = (\frac{0.24}{0.3}, \frac{0.06}{0.3}, \frac{0}{0.3}) = (0.8, 0.2, 0)$$

在此分析过程中，需要注意的是矩阵 W 和 R 的运算规则。两个模糊子集的合成与矩阵的乘法类似，但需要把计算式中的普通乘法换为取最小值运算，把普通加法换为取最大值运算即可。

按照上述步骤，计算 C_{26} 层下级指标的模糊综合评价矩阵 R，将计算结果汇总于表 5—27。

表 5—27　　C_{26} 层模糊综合评价结果

W	R	C	
W_{11}	[0.24，0.24，0.24，0.14，0.08，0.06]	$\begin{bmatrix} 1 & 0 & 0 \\ 1 & 0 & 0 \\ 1 & 0 & 0 \\ 1 & 0 & 0 \\ 0.8 & 0.2 & 0 \end{bmatrix}$	(0.8，0.2，0)
W_{26}	[0.67，0.33]	$\begin{bmatrix} 0.9 & 0.1 & 0 \\ 1.0 & 0 & 0 \end{bmatrix}$	(0.87，0.13，0)

(2) 二级模糊综合评价

在一级模糊运算结果的基础上，可以得出湘西某高速公路模糊综合评价矩阵，见表 5—28。

表 5—28　　湘西某高速公路模糊综合评价矩阵

准则层 B	指标层 C	模糊综合评价矩阵		
		符合	基本符合	不符合
路线 B_1	设计符合性 C_{11}	0.8	0.2	0

续表

准则层 B	指标层 C	模糊综合评价矩阵		
		符合	基本符合	不符合
路线 B_1	运行速度协调性 C_{12}	0.6	0.3	0.1
	设计速度与运行速度协调性 C_{13}	0.9	0.1	0
	路侧安全净空区 C_{21}	1	0	0
	高边坡安全性 C_{22}	1	0	0
	高路堤与陡路堤 C_{23}	1	0	0
路基路面 B_2	路面结构形式 C_{24}	0.9	0.1	0
	路面抗滑能力 C_{25}	0.9	0.1	0
	排水设施 C_{26}	0.87	0.13	0
	涵洞 C_{27}	0.9	0.1	0
桥梁 B_3	桥梁引线、断面 C_{31}	1	0	0
	桥梁适用性 C_{32}	1	0	0
	上下部结构 C_{33}	1	0	0
	上跨天桥安全性 C_{34}	1	0	0
	支座和伸缩缝 C_{35}	1	0	0
	桥头接线 C_{36}	1	0	0
隧道 B_4	隧道洞口接线段 C_{41}	1	0	0
	隧道断面 C_{42}	1	0	0
	路面及排水措施 C_{43}	1	0	0
	通风照明措施 C_{44}	1	0	0
	消防及救援措施 C_{45}	0.8	0.2	0
路线交叉 B_5	速度协调性评价 C_{51}	0.8	0.2	0
	平交位置形式 C_{52}	0.7	0.2	0.1
	立交位置形式 C_{53}	0.9	0.1	0
	安全实施设置 C_{54}	0.9	0.1	0
交通工程设施 B_6	护栏结构 C_{61}	0.7	0.2	0.1
	标志标线符合性 C_{62}	1	0	0
	中央分隔带防眩 C_{63}	1	0	0
	特殊路线安全性 C_{64}	1	0	0

按照一级模糊综合评价步骤，分别计算 B 层下级指标的模糊综合评价矩阵 R，将计算结果汇总于表 5—29。

表 5—29　　B 层各个指标模糊运算结果

W		R	B
W_1	[0.63, 0.24, 0.13]	$\begin{bmatrix}0.8 & 0.2 & 0\\0.6 & 0.3 & 0.1\\0.9 & 0.1 & 0\end{bmatrix}$	B_1= (0.66, 0.24, 0.1)
W_2	[0.14, 0.06, 0.06, 0.41, 0.25, 0.09, 0.09]	$\begin{bmatrix}1 & 0 & 0\\1 & 0 & 0\\1 & 0 & 0\\0.9 & 0.10 & 0\\0.9 & 0.10 & 0\\0.87 & 0.13 & 0\\0.9 & 0.10 & 0\end{bmatrix}$	B_2= (0.8, 0.2, 0)
W_3	[0.38, 0.29, 0.14, 0.09, 0.05, 0.05]	$\begin{bmatrix}1 & 0 & 0\\1 & 0 & 0\\1 & 0 & 0\\1 & 0 & 0\\1 & 0 & 0\\1 & 0 & 0\end{bmatrix}$	B_3= (1, 0, 0)
W_4	[0.39, 0.23, 0.12, 012, 0.12]	$\begin{bmatrix}1 & 0 & 0\\1 & 0 & 0\\1 & 0 & 0\\1 & 0 & 0\\0.8 & 0.2 & 0\end{bmatrix}$	B_4= (0.76, 0.24, 0)
W_5	[0.59, 0.17, 0.17, 0.07]	$\begin{bmatrix}0.8 & 0.2 & 0\\0.7 & 0.2 & 0.1\\0.9 & 0.1 & 0\\0.9 & 0.1 & 0\end{bmatrix}$	B_5= (0.66, 0.22, 0.12)
W_6	[0.51, 0.19, 0.19, 0.11]	$\begin{bmatrix}0.7 & 0.2 & 0.1\\1.0 & 0 & 0\\1.0 & 0 & 0\\1.0 & 0 & 0\end{bmatrix}$	B_6= (0.63, 0.25, 0.12)

由表 5—28 可得到二级模糊综合评价结果，见表 5—30。

表 5—30　　湘西某高速公路二级模糊综合评价结果

B 层因素集	评价结果		
	符合	基本符合	不符合
路　　线 B_1	0.66	0.24	0.1
路基路面 B_2	0.8	0.2	0
桥　　梁 B_3	1	0	0
隧　　道 B_4	0.76	0.24	0
路线交叉 B_5	0.66	0.22	0.12
交通工程 B_6	0.63	0.25	0.12

（3）三级模糊综合评价

对目标层 A 的综合评判为：$B_i = W_i \cdot R_i$。其中，B 为目标层 A 包含的各下级因素相对于 A 的综合模糊运算结果；W 为 A 层下级各因素（即 B_1、B_2、B_3、B_4、B_5、B_6）相对于 A 层的权重，由表 5—24 可知 $W=[0.34, 0.16, 0.08, 0.09, 0.16, 0.17]$，$R$ 为模糊评价矩阵，表示目标层 A 下级各因素相对于综合评判结果的关系，由表 5—30 所示二级模糊综合评价结果可知：

$$R=\begin{bmatrix} 0.66 & 0.24 & 0.10 \\ 0.80 & 0.20 & 0.00 \\ 1.00 & 0.00 & 0.00 \\ 0.76 & 0.24 & 0.00 \\ 0.66 & 0.22 & 0.12 \\ 0.63 & 0.25 & 0.12 \end{bmatrix}$$

建立评判模型，进行综合评判

$$B=W\cdot R=(0.34,0.16,0.08,0.09,0.16,0.17)\cdot\begin{bmatrix} 0.66 & 0.24 & 0.10 \\ 0.80 & 0.20 & 0.00 \\ 1.00 & 0.00 & 0.00 \\ 0.76 & 0.24 & 0.00 \\ 0.66 & 0.22 & 0.12 \\ 0.63 & 0.25 & 0.12 \end{bmatrix}$$

$$=(0.34,0.24,0.12)$$

因为 $0.34+0.24+0.12=0.7$，不容易按百分数计算，可进行归一化。

$$B^{*} = (\frac{0.34}{0.7}, \frac{0.24}{0.7}, \frac{0.12}{0.7}) = (0.49, 0.34, 0.17)$$

湘西某高速公路综合评价结果见表5—31。

表5—31　　湘西某高速公路综合评价结果

	符合	基本符合	不符合
湘西某高速公路综合评价	0.49	0.34	0.17

二、评价结论

根据评价结果可知，湘西某高速公路评价结果有17%的可能不符合相关规范要求，在一些设计方面存在不足，需要参照有关标准作进一步改进或采取相应的措施，以提高高速公路行车安全性；有34%的可能在一定程度上符合相关规范要求，不会对行车造成危险，基本能满足设计合理性，能满足行车安全性；有49%的均满足相关规范要求，设计合理，可以满足行车安全性要求。根据最大隶属度原则，在三个等级的隶属度中“49%”的数值最大，因此湘西某高速公路评价结果为“符合”现行相关技术规范要求，是安全的，可以满足行车安全性要求。

安全评价包括危险性辨识和危险性评价两个主要方面的内容。由于辨识、评价对象不同，工艺、设备设施不同以及事故类型、事故模式等不同，因而所采用的评价方法是不同的。安全评价可以分成两类：一类是按评价指标的量化程度分为定性方法、定量方法，以及定性与定量相结合的方法；另一类是按评价对象进行整合，如设备安全评价法、安全管理评价法、系统安全综合评价法等。

安全评价方法有较强的针对性。在选用评价方法之前，应考虑下述几个因素：①评价结果是否能达到评价的目的；②需要的评价结果表现形式，如危险性一览表、潜在事故情景一览表、危险控制措施一览表、危险分级、定量危险分析数值等；③评价可用的信息资料，如生产活动的技术水平、各种资料的数量和质量、评价对象的复杂程度和规模大小、生产方式、操作方法、固有危险的性质、可能发生的事故类型等；④评价对象已经显现的危险，如事故历史情况、设备新旧情况、运行状况、使用年限、易损件的更换情况、管理的现状等；⑤可投入评价的技术人员及其素质、评价费用、完成期限、评价专家和管理人员的知识结构及水平等。

实践表明，不同的评价方法适用于对系统寿命周期内的不同阶段进行危险性评价。表5—32和表5—33分别给出了几种常用评价方法可以提供的评价结果及其适应的阶段。

表 5—32 典型安全评价方法使用情况

评价方法	方案设计	详细设计	工程施工	日常运营	改建扩建	事故调查	拆除退役
安全检查表	√	√	√	√	√		√
危险指数法	√			√	√		
预先危险性分析	√	√	√	√	√	√	
危险性和可操作性研究			√	√	√	√	
故障模式及影响分析			√	√	√	√	
事故树分析	√	√		√	√	√	
事件树分析			√	√	√	√	
概率评价法	√	√	√	√	√	√	
作业条件危险性评价法				√			
安全综合评价法			√	√	√		

表 5—33 典型安全评价方法提供的评价结果

评价方法	事故情况	事故频率	事故后果	危险分级
安全检查表	不能	不能	不能	不能
危险指数法	提供	不能	提供	事故后果分级
预先危险性分析	不能	不能	提供	提供
危险性和可操作性分析	提供	提供	提供	事故后果分级
故障模式及影响分析	提供	提供	提供	事故后果分级
事故树分析	提供	提供	不能	事故频率分级
事件树分析	提供	提供	提供	提供
概率评价法	提供	提供	提供	提供
作业条件危险性评价法	提供	提供	提供	提供
安全综合评价法	不能	不能	不能	提供

习 题

1. 安全评价的基本步骤有哪些?
2. 简述四种安全检查表评价方法的特点及其适用范围。
3. 安全综合评价一般包括哪些步骤?

4. 公路交通安全四大评价指标与哪些相对指标有关系？
5. 将定性指标有哪些方法可以转化成定量指标？
6. 如何建立指标体系？试结合交通运输系统实例进行说明。
7. 如何选择合理的交通运输安全评价方法？

第六章　道路交通安全技术

近年来，我国道路交通发展迅速，道路建设无论在数量还是质量上都实现了重大突破，取得了举世瞩目的成就。但我国道路发展仍然难以适应车辆增长的要求。交通拥堵、人车混行等问题依然存在，导致道路交通事故频发。道路交通安全技术是从人、车、环境、法规等诸多方面着手，结合道路交通实际情况，对道路交通事故的原因进行分析整理，提出控制道路交通安全事故的技术措施，对于预防和遏制道路交通事故具有现实意义。

第一节　道路交通事故定义与统计

一、道路交通事故的定义

根据《中华人民共和国道路交通安全法》，道路交通事故是指车辆在道路上因过错或者意外造成人身伤亡或者财产损失的事件。

美国国家安全委员会对道路交通事故所下的定义是：道路交通事故是在道路上所发生的意料不到的有害的或危险的事件。这些有害的或危险的事件妨碍着交通行动的完成，其原因常常是由于不安全的行动（指精神方面——不注意交通安全）或不安全的因素（指客观物质基础条件），或者是两者的结合，或者一系列不安全行动或一系列不安全因素。

日本对道路交通事故下的定义是：交通事故是由于道路车辆在交通中所引起的人的死亡或物的损失。由于交通事故的急剧增加，日本警察部门在统计交通事故中不考虑物损事故，只考虑人身事故。

二、道路交通事故的构成条件

道路交通事故是指车辆在道路上因过错或意外造成的人身伤亡或者财产损失的事件。构成道路交通事故必须具备以下几个条件：

1. 车辆条件

车辆条件是指交通事故必须是车辆造成的，这是交通事故的前提条件，即当事各方中，至少有一方使用车辆。没有车辆参与的道路事故，不算交通事故。车辆包括机动车和非机动车。机动车是指以动力装置驱动或者牵引，上道路行驶的供人员乘用或者用于运送物品以及进行工程专项作业的轮式车辆。非机动车是指以人力或者畜力驱动，上道路行驶的交通工具，以及虽有动力装置驱动但设计最高时速、空车质量、外形尺寸符合有关国家标准的残疾人机动轮椅车、电动自行车等交通工具。

2. 道路条件

道路条件是指交通事故是在规定的道路上（即特定道路上）发生的。这是道路交通事故的特征，是指事故发生的空间。根据《中华人民共和国道路交通安全法》，道路是指公路、城市道路和虽在单位管辖范围但允许社会机动车通行的地方，包括广场、公共停车场等用于公众通行的场所。其中供车通行的地方为车行道，供人通行的地方为人行道。在非道路上行车发生的事故不属于交通事故。判断是否在道路上应以事故发生时车辆所在的位置，而不是事故发生后的最后停止位置。

交通事故只要发生在上述特定的道路上，即应认为是道路交通事故。发生在厂矿、企业、机关、学校、住宅区、施工现场、田野等不具有公共使用性质的道路上的事故不在此列。

3. 人员条件

人是发生交通事故的主体，是指与交通有关的、从事交通活动的自然人。包括驾驶人员、行人、乘车人及其他人员。其中驾驶人员包括没有驾驶证而驾驶机动车辆或驾驶与驾驶执照不相符车辆的人员。

4. 损害后果条件

损害后果条件是指事故的发生必然会造成人身伤亡或财产损失的后果。如果没有损害后果或损害后果是轻微的，并在规定的尺度以下，则不能构成交通事故。

5. 过错或者意外条件

当事人主观心理状态可以是过错，也可以是没有任何过错，但不能是故意。在道路上发生的危害后果，如果是当事人故意造成的，则适用《刑法》或《治安管理处罚法》去解决。这里须指出，当事人的交通违法行为可能是故意，但是交通事故一定是过错或者意外。

道路交通事故是偶然发生的，是出于人意料之外的事件，当事人的心理状态是过错。这些事故包括碰撞、碾轧、刮擦、翻车、坠车、爆炸、失火等。如果事故发生时，当事人的心理状态处于故意，则不属于交通事故。凡利用交通工具自杀或故意制造车辆事故的，不属于交通事故。所谓故意，是指行为人明知自己的行为会发生危害的结果，并且希望或者有意识地放任这种结果发生。交通事故既可以是由于特定的人员违反交通管理法规造成的，也可以是由于地震、台风、山洪、雷击等不可抗拒的自然灾害造成的。

以上的几种要素，可以作为鉴别道路交通事故的必要条件和依据，在实际工作中应加以利用，对确定事故的管辖权和保护当事人的合法权益具有十分重要的意义。

三、道路交通事故的分类

对道路交通事故进行分类，目的在于对交通事故进行分析研究和处理，便于确定交通事故处理标准、进行档案管理和事故统计、找出交通事故的发生规律和原因，以便制定具有针对性的预防措施。因分析的角度、方法不同，分类方法也不相同。主要分类方法如下：

1. 根据损害后果的程度分类

《生产安全事故报告和调查处理条例》（国务院令第 493 号）第三条规定：根据生产安全事故（以下简称事故）造成的人员伤亡或者直接经济损失，事故一般分为以下等级：

（1）特别重大事故，是指造成 30 人以上死亡，或者 100 人以上重伤（包括急性工业中毒，下同），或者 1 亿元以上直接经济损失的事故。

（2）重大事故，是指造成 10 人以上 30 人以下死亡，或者 50 人以上 100 人以下重伤，或者 5 000 万元以上 1 亿元以下直接经济损失的事故。

（3）较大事故，是指造成 3 人以上 10 人以下死亡，或者 10 人以上 50 人以下重伤，或者 1 000 万元以上 5 000 万元以下直接经济损失的事故。

（4）一般事故，是指造成 3 人以下死亡，或者 10 人以下重伤，或者 1 000 万元以下直接经济损失的事故。

2. 根据交通事故的责任分类

（1）机动车事故，是指在事故当事方中机动车负主要以上责任的事故。但在机动车与非机动车或行人发生的事故中，机动车负同等责任的，也应视为机动车事故，因为在道路上行驶，机动车相对为强者。

（2）非机动车事故，是指畜力车、三轮车、自行车等非机动车负主要以上责任的事故。在非机动车与行人发生的事故中，非机动车负同等责任的应视为非机动车事故，因为在道路上行驶，两者比较，非机动车为强者。

（3）行人事故，是指行人一方负主要以上责任的事故。

3. 按发生交通事故的原因分类

任何交通事故的发生都有其必然的原因。因此可以把交通事故分为两大类，即主观原因和客观原因引起的交通事故。

（1）主观原因引起的交通事故

主观原因是指造成道路交通事故的当事人本身内在的因素，即主观故意或过失。主要包括：违反规定、疏忽大意、操作不当等方面的错误行为。在很多交通事故中，绝大多数都是当事人的主观原因造成的。

1）违反规定，指当事人由于思想方面的原因，不遵守交通法规和其他交通安全规定，导致交通秩序紊乱，发生事故。如酒后开车、非驾驶员开车、超速行驶、争道抢行、故意不让车、违章超车、违章超载、非机动车走机动车道、行人走车行道等原因造成的交通事故。

2）疏忽大意，指当事人由于心理或生理方面的原因，没有正确地观察和判断外界事物而造成的失误。如心理烦恼、情绪急躁、疲劳驾驶等都可能引起精力分散、反应迟钝、采取措施不当或不及时；也有因当事人凭主观想象判断事物，或过高地估计自己的技术，引起行为不当而造成事故。

3）操作不当，指驾驶车辆的人员技术生疏，经验不足，对车辆、道路情况不熟悉，遇到突然情况惊慌失措，发生操作错误。

（2）客观原因引起的交通事故

客观原因是指由于道路条件（包括气候环境、自然灾害）等不利因素导致的交通事故。这类事故虽然没有因驾驶人员主观原因发生的事故所占的比例高，但在某种情况下，都是导致交通事故的诱因。

4. 按交通事故第一当事者或主要责任者的内在原因分类

可分为三类，即由于交通事故第一当事者和主要责任人的观察错误、判断错误以及操作错误所引起的交通事故。

（1）观察错误

由于心理方面的原因对外界环境的客观信息没有正确地观察，或者由于心理方面的原因比如家庭或事务纠纷引起的烦恼，或急于赶时间而产生急躁情绪等原因影响思想集中而常常产生观察错误。生理（或身体）方面的原因包括过度疲劳、睡眠不足和身体有病（如心脏病）等，因而对道路交通环境及其他交通动向的观察失误。除此之外，由于道路条件不好，交通标志和路面交通标志不清楚以及由于交叉路口冲突区域太大等，也常常引起观察错误。根据国内外经验，在交通事故中由于观察错误所引起的占大多数，据统计，这类事故约占全部事故的60%。

（2）判断错误

判断错误包括对对方车辆的行动、道路的形状和线形、对方车辆的速度以及自己车辆与对方车辆的距离、过分相信自己的技术以致对自己车辆的性能和速度以及车身安全空间的大小等的判断有误。这个判断过程往往发生在极短的时间内，一般只有一秒的几分之一。因此，驾驶人员要有相当熟练的驾驶技术，以减少判断错误。根据国内外经验，由于判断错误所引起的交通事故仅次于由于观察错误所引起的交通事故。据统计，在日本，这类事故约占交通事故总数的35%。在我国经常用“思想麻痹”或“疏忽大意”来替代观察错误或判断错误所引起的交通事故，没有分出到底是观察错误还是判断错误。

（3）操作错误

操作错误主要是技术不熟练，特别是初学驾驶的人员，由于对车辆和道路都还不十分熟悉，遇到紧急情况时不能应付自如，发生操作错误而引起交通事故。除此之外，由于车辆本身制动系统和转向系统不灵，驾驶人员的训练不够正规和车辆检验制度不严等原因造成的事故也不少。但总的来说，由操作错误所引起的交通事故比观察错误和判断错误所引起的事故要少得多。

5. 按交通事故的对象来分类

（1）车辆间事故

即车辆与车辆碰撞的事故。又可分为正面碰撞、追尾碰撞、大转弯时侧面碰撞、超车时的接触性碰撞以及右转弯时的侧面碰撞等。这类事故在发达的工业化国家（如美国、日本和西欧国家）特别多，占事故总数的70%以上，这是由于在这些国家机动车多，行人与自行车较少的缘故。这类事故在我国和其他发展中国家所占比例不是太大，如在我国约占交通事故的20%，这是因为在我国，与自行车和行人比较，机动车还是比较少的。

（2）车辆对行人的交通事故

这类交通事故主要是由于机动车冲上人行道所发生的压死、压伤行人的交通事故以及行人在人行横道内横过马路时被机动车辆压死、压伤的交通事故，还有个别行人不遵守交通法规而乱穿马路被机动车辆压死、压伤的交通事故。这类事故在我国约占事故总数的25%，而在发达的工业化国家，这类事故约占事故总数的10%～20%。研究这类事故可以为制定有关行人的交通政策以及保护行人的措施提供依据。

(3) 汽车对摩托车、自行车的事故

这类事故在我国特别多，占事故总数的30%以上，甚至有的城市高达50%。在有些摩托车比较多的国家，特别是当摩托车与汽车在同一车道上行驶时，常常发生汽车与摩托车的碰撞事故。在工业发达国家里，将自行车用做交通工具的不多，因此，相对其他类型的事故来说，汽车对自行车的事故少。但像自行车比较多的荷兰、丹麦等国家却是例外。

(4) 汽车单独事故

汽车单独事故包括汽车在下坡时由于行驶速度太快、汽车左右转弯或调头时所发生的翻车事故以及在桥上因大雾天气或因机械失灵而产生的汽车坠入江河的事故等。这类事故一般来说比较少，但大都是恶性交通事故。

(5) 汽车与固定物碰撞事故

这里所指的固定物包括道路上的作用结构物、路肩上的水泥杆（灯杆、交通标志以及广告牌杆、建筑物以及路旁的树木等）。

(6) 铁路公路平交道口事故

由于铁路公路平交道口多数分布在农村地区，缺乏自动控制设备或专人管理，加上农用车辆驾驶人员思想麻痹，技术上不够熟练等，致使这类事故在我国较为严重。

6. 其他分类

根据不同的需要，可对交通事故以不同的角度分类，主要有以下几种：

(1) 按事故现象分为：碰撞事故、碾轧事故、剐擦事故以及翻车、坠车事故等。

(2) 按事故发生地点分为：平直路事故、交叉口事故、坡路事故等。

(3) 按车辆所属单位分为：专业运输车辆事故、公共交通车辆事故、军车事故、个体车辆事故等。

(4) 按人员伤害程度分为：死亡事故、重伤事故、轻伤事故等。

此外，为了对交通事故进行分析和研究，还可以按当事人的年龄、性别、职业、人员类型、驾驶证种类、驾龄等标准分类。

四、道路交通事故统计指标

道路交通事故统计指标包括绝对指标和相对指标。绝对指标包括事故件数、死亡人数、受伤人数、经济损失四项指标。相对指标主要指交通事故率，一般按人口事故率、车辆事故率和运行事故率三种方法计算。

1. 人口事故率

人口事故率是表示在所研究区域内，每 10 万人口中因交通事故而死亡的人数，即

$$R_{P}=\frac{D}{P}\times 10^{5} \quad (6—1)$$

式中　D——交通事故死亡人数；

P——人口总数；

R_{P}——每 10 万人口的交通事故死亡率。

2. 车辆事故率

车辆事故率是表示在所研究的区域内，用该区域的机动车拥有量来平均的交通事故次、伤、亡数字。一般指每 1 万辆车的交通事故死亡（伤人）率，即

$$R_{N}=\frac{D}{N}\times 10^{4} \quad (6—2)$$

式中　D——交通事故死亡（伤人）人数；

N——机动车拥有量；

R_{N}——每 1 万辆机动车的交通事故死亡（伤人）率。

3. 运行事故率

运行事故率是表示在所研究的区域内，用该区域内交通事故次、伤、亡数和所有运行车辆与其运行距离的乘积之比。即

$$R_{T}=\frac{D}{T}\times 10^{8} \quad (6—3)$$

式中　D——交通事故死亡人数；

T——在所研究区域一年内的总运行车辆公里数；

R_{T}——每亿运行车辆公里的交通事故死亡率。

五、道路交通事故统计有关规定

公安部交通管理局《交通事故统计暂行规定》（2004 年 5 月 20 日），对我国道路交通事故统计规定如下：

（1）交通事故受伤人员于事故发生 7 天以后死亡的，不列入死亡人数统计范围。因抢救治疗过程中发生医疗事故导致交通事故受伤人员死亡的；以及载运易燃、易爆、剧毒、放射性等危险化学品的车辆发生交通事故后，因燃烧、爆炸以及

危险化学品泄漏导致人员伤亡的，不列入交通事故伤亡人数统计范围。

（2）各级公安机关交通管理部门应当对下列在道路上发生的交通事故进行信息采集，并录入信息系统进行统计和分析：

1）造成人员死亡的事故。

2）造成人员重伤或者轻伤的事故。

3）适用一般程序处理的财产损失事故。

（3）各级公安机关交通管理部门应当对适用简易程序处理的交通事故起数，以及接到报案并处理的路外交通事故起数、死伤人数和直接财产损失数额进行统计。

（4）下列情形不属于交通事故统计范围：

1）渡口内发生的事故以及铁道路口内车辆或行人与火车发生的事故。

2）军事演习、体育竞赛时车辆发生的事故。

3）利用交通工具故意伤害他人或者伤害自身的事件。

世界上大多数国家对于交通事故的统计大致分为两种情况：一是由交通警察部门或交通运输部门统计，二是由卫生部门统计。前者是有严格的时间限制的，一般国际标准为 30 天，即发生交通事故后在 30 天内死亡的就算交通事故死亡。世界上大约 80%的国家采用该标准，但也有部分国家采用自己的时间标准，如比利时、葡萄牙和巴西是事故现场死亡即计为交通事故死亡；西班牙、日本和我国的台湾省为 1 天；希腊和奥地利为 3 天；法国为 6 天；中国和意大利为 7 天。

由各国卫生部门统计的交通事故死亡人数一般大于由公安交通或运输部门统计的数字，因为卫生部门在统计交通事故死亡时是在一年内。而且，所有人员死亡原因中只要有交通事故在内都计入交通事故死亡。原则上卫生部门统计的交通事故死亡数字要比公安交通部门或运输部门的统计数字高出 30%左右。

六、道路交通事故处理原则

1. 行为责任原则

如果当事人对某一起交通事故负有责任，则必定因其行为引起，未实施行为的当事人不负事故责任。

交通事故认定是确定当事人行为在事故中所起作用程度的技术认定，在认定交通事故责任时，应实事求是地表述当事人行为在事故中所起作用的程度，不需考虑法律责任问题。

2. 因果关系原则

根据《交通事故处理程序规定》（2009）第四十六条的规定，认定交通事故责任时，公安机关交通管理部门应当根据当事人的行为对发生道路交通事故所起的作用以及过错的严重程度，确定当事人的责任。

（1）因一方当事人的过错导致道路交通事故的，承担全部责任。

（2）因两方或者两方以上当事人的过错发生道路交通事故的，根据其行为对事故发生的作用以及过错的严重程度，分别承担主要责任、同等责任和次要责任。

（3）各方均无导致道路交通事故的过错，属于交通意外事故的，各方均无责任。

（4）一方当事人故意造成道路交通事故的，他方无责任。

3. 路权原则

路权原则即各行其道原则。《道路交通安全法》第三十八条规定："车辆、行人应当按照交通信号通行；遇有交通警察现场指挥时，应当按照交通警察的指挥通行；在没有交通信号的道路上，应当在确保安全、畅通的原则下通行。"

七、道路交通事故处理程序

交通事故处理工作是公安交通管理机关依据有关法律规定和方针、政策，在自己的管辖和职权范围内对交通事故现场勘察取证、情况调查、责任鉴定、调查当事人之间的损害赔偿，对负有法律责任的当事人进行处罚以及事故档案管理、事故分析等专门业务工作的总称。

1. 道路交通事故处理工作程序

工作程序分为简易程序和普通程序。《道路交通事故处理程序规定》就管辖、回避、时限等作出了明确具体的规定。

（1）管辖、回避和时限

1）管辖。管辖是指公安交通管理机关管理、处理交通事故案件的权限分工。可以分为职能管辖、地域管辖、移送管辖、指定管辖、委托管辖和专属管辖。

①职能管辖亦称部门管辖，是指公安机关按职能对刑事案件和治安案件的分工。

②地域管辖亦称区域管辖，是指公安交通管理机关按行政区域划分交通事故案件的管辖权限。

③移送管辖是指将交通事故案件移送到有管辖权的公安交通管理机关处理。

④指定管辖是指上级公安交通管理机关对某一交通事故案件以行政命令方式确定由某一下级公安交通管理机关负责处理。

⑤委托管辖是指上级公安交通管理机关将自己处理的部分交通事故案件交给下

级公安交通管理机关处理。

⑥专属管辖是一种特殊管辖，是指某些交通事故必须由指定的机关管辖，其他机关无权处理。

2）回避。回避是指事故处理人员不参加处理与自己有利害关系或其他关系的交通事故案件。其目的是为了防止利用职权徇私舞弊，也可以避开嫌疑，有利于交通事故处理工作的正常进行。

应回避的情形主要有是本案当事人的近亲属的；办案人员或者其近亲属与本案有利害关系的；担任过本案鉴定人的；与本案当事人有其他关系，可能影响公正处理案件的。

3）时限。公安机关交通管理部门应当自现场调查之日起 10 d 内制作道路交通事故认定书。交通肇事逃逸案件在查获交通肇事车辆和驾驶人后 10 d 内制作道路交通事故认定书。对需要进行检验、鉴定的，应当在检验、鉴定结论确定之日起 5 d 内制作道路交通事故认定书。逃逸交通事故尚未侦破，受害一方当事人要求出具道路交通事故认定书的，公安机关交通管理部门应当在接到当事人书面申请后 10 d 内制作道路交通事故认定书，并送达受害一方当事人。对于时限作出具体规定的目的：一是有利于保护当事人的正当权益，二是有利于提高公安交通管理机关的办案效率，三是有利于维护法律、法规的权威性。

（2）简易程序

对于案情简单、因果关系明确、当事人争议不大的轻微伤害和财产损失的事故，公安机关交通管理部门可以适用简易程序处理，但是有交通肇事犯罪嫌疑的除外。适用简易程序的，可以由一名交通警察处理。

交通警察适用简易程序处理道路交通事故时，应当在固定现场证据后，责令当事人撤离现场，恢复交通。拒不撤离现场的，予以强制撤离；对当事人不能自行移动车辆的，交通警察应当将车辆移至不妨碍交通的地点。

撤离现场后，交通警察应当根据现场固定的证据和当事人、证人叙述等，认定并记录道路交通事故发生的时间、地点、天气、当事人姓名、机动车驾驶证号、联系方式、机动车种类和号牌、保险凭证号、交通事故形态、碰撞部位等，并根据当事人的行为对发生道路交通事故所起的作用以及过错的严重程度，确定当事人的责任，制作道路交通事故认定书，由当事人签名。

注意事项：①当事人不同意使用简易程序的，不适用简易程序；②当场调解未达成协议或者调解书生效后任何一方不履行的，当事人可以持公安交通管理机关的调解书或者调解终结书依法予以民事诉讼。

(3) 普通程序

交通事故处理普通程序包括立案、事故报告记录。

1) 现场勘察：时间调查、空间调查、书证调查。

2) 原因分析：造成事故原因、引起后果的原因。

3) 责任鉴定：以现场勘察为基础，以客观事实为依据，以交通法规为准绳。

4) 处理权限：按行政区划分处理、军车事故处理、涉外事故处理。处理要领：依据——客观事实；准绳——交通法规；基础——现场勘察；原则——以责论处；关键——原因分析；核心——责任鉴定。

5) 善后处理。

6) 当事人处理。

7) 事故报告：符合基本要求、内容完整、简明扼要、层次分明、用词准确、意见明确。

2. 交通事故案件办理程序

为了正确执行《中华人民共和国道路交通安全法》，保证依法办案，提高办案质量和效率，公安机关在办理交通事故案件时，必须遵循统一的办案程序，包括从立案、事故调查到善后处理的各个主要环节，这些环节的顺序为立案、事故调查、责任分析、裁决处罚、赔偿调解。

(1) 交通事故处理流程

接到 122 指令，值班民警立即赶赴现场处理，按如下处理流程进行工作：

1) 抢救伤者和财产，勘察现场，收集证据，尽快恢复交通。

2) 发生一次死亡 3 人以上事故或者其他有重大影响的道路交通事故，立即向上级交通管理部门或有关部门报告。

3) 交通事故现场图绘制完毕，勘察员、绘图员应签名或盖章。当事人在现场的应当签名或盖章，不在现场或无能力签字的，应由见证人签名或盖章；无见证人或当事人拒绝签字的，应当记录在案。

4) 交通事故当事人逃离或驶离现场的，公安交通管理部门要及时布置追缉，必要时可以向有关地区公安交通管理部门发出协查通报。

5) 因收集证据的需要，公安机关交通管理部门可以扣押与事故有关的物品，扣押期限不得超过 30 天，需要延期的，经上一级交通管理部门批准可以延长 30 天。

6) 因收集证据的需要，公安机关交通管理部门可以扣留事故车辆及机动车行驶证，并开具行政强制措施凭证。扣留的车辆及机动车行驶证应当妥善保管。

7) 询（讯）问当事人、证人和有关人员。

8）采集、提取交通事故现场的痕迹、物证。

9）投保机动车交通事故责任强制保险的车辆发生道路交通事故，因抢救受伤人员需要保险公司支付抢救费用的，公安机关交通管理部门书面通知保险公司。抢救受伤人员需要道路交通事故社会救助基金垫付费用的，公安机关交通管理部门书面通知道路交通事故社会救助基金管理机构。

交通事故处理流程如图6—1所示。具体的办案流程在2009年1月1日颁布实施的《道路交通事故处理程序规定》中作了明确规定。

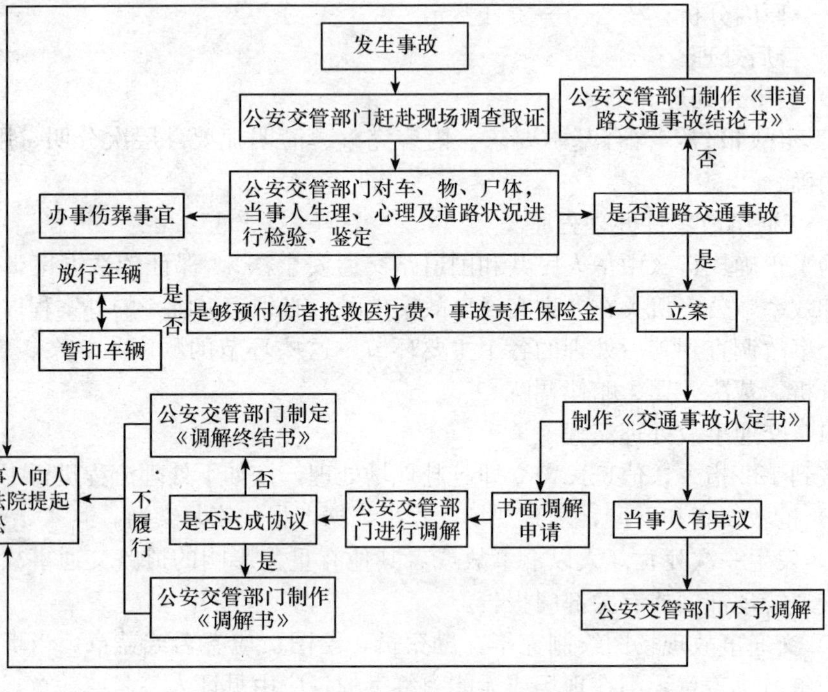

图6—1　道路交通事故处理流程图

（2）责任认定

1）道路交通事故认定应当做到程序合法、事实清楚、证据确实充分、适用法律正确、责任划分公正。

2）公安机关交通管理部门应当根据当事人的行为对发生道路交通事故所起的作用以及过错的严重程度，确定当事人的责任。

①因一方当事人的过错导致道路交通事故的，承担全部责任。

②因两方或者两方以上当事人的过错发生道路交通事故的，根据其行为对事故

发生的作用以及过错的严重程度，分别承担主要责任、同等责任和次要责任。

③各方均无导致道路交通事故的过错，属于交通意外事故的，各方均无责任。

④一方当事人故意造成道路交通事故的，他方无责任。

3）逃逸交通事故尚未侦破，受害一方当事人要求出具道路交通事故认定书的，公安机关交通管理部门应当在接到当事人书面申请后十日内制作道路交通事故认定书，并送达受害一方当事人。道路交通事故认定书应当载明事故发生的时间、地点、受害人情况及调查得到的事实，有证据证明受害人有过错的，确定受害人的责任；无证据证明受害人有过错的，确定受害人无责任。

（3）处罚

1）公安机关交通管理部门应当在作出道路交通事故认定之日起 5 天内，对当事人的道路交通安全违法行为依法作出处罚。

2）有对发生道路交通事故构成犯罪，依法应当吊销驾驶人机动车驾驶证的，应当在人民法院作出有罪判决后，由设区市公安机关交通管理部门依法吊销机动车驾驶证；同时具有逃逸情形的，公安机关交通管理部门应当同时依法作出终生不得重新取得机动车驾驶证的决定。

3）专业运输单位 6 个月内两次发生一次死亡 3 人以上道路交通事故，且单位或者车辆驾驶人对事故承担全部责任或者主要责任的，专业运输单位所在地的公安机关交通管理部门应当报经设区市公安机关交通管理部门批准后，作出责令限期消除安全隐患的决定，禁止未消除安全隐患的机动车上道路行驶，并通报道路交通事故发生地及运输单位属地的人民政府有关行政管理部门。

（4）赔偿调解

1）当事人对道路交通事故损害赔偿有争议，各方当事人一致请求公安机关交通管理部门调解的，应当在收到道路交通事故认定书或者上一级公安机关交通管理部门维持原道路交通事故认定的复核结论之日起 10 天内，向公安机关交通管理部门提出书面申请。

2）公安机关交通管理部门应当按照合法、公正、自愿、及时的原则，并采取公开方式进行道路交通事故损害赔偿调解。调解时允许旁听，但是当事人要求不予公开的除外。

3）公安机关交通管理部门应当与当事人约定调解的时间、地点，并于调解时间 3 日前通知当事人。口头通知的，应当记入调解记录。调解参加人因故不能按期参加调解的，应当在预定调解时间 1 日前通知承办的交通警察，请求变更调解时间。

4）参加损害赔偿调解的人员包括：①道路交通事故当事人及其代理人；②道路交通事故车辆所有人或者管理人；③公安机关交通管理部门认为有必要参加的其他人员。委托代理人应当出具由委托人签名或者盖章的授权委托书。授权委托书应当载明委托事项和权限。参加调解时当事人一方不得超过 3 人。

5）公安机关交通管理部门应当按照下列规定日期开始调解，并于 10 天内制作道路交通事故损害赔偿调解书或者道路交通事故损害赔偿调解终结书：①造成人员死亡的，从规定的办理丧葬事宜时间结束之日起；②造成人员受伤的，从治疗终结之日起；③因伤致残的，从定残之日起；④造成财产损失的，从确定损失之日起。

6）交通警察调解道路交通事故损害赔偿，按照下列程序实施：①告知道路交通事故各方当事人的权利、义务；②听取当事人各方的请求；③根据道路交通事故认定书认定的事实以及《中华人民共和国道路交通安全法》第七十六条的规定，确定当事人承担的损害赔偿责任；④计算损害赔偿的数额，确定各方当事人各自承担的比例，人身损害赔偿的标准按照《最高人民法院关于审理人身损害赔偿案件适用法律若干问题的解释》规定执行，财产损失的修复费用、折价赔偿费用按照实际价值或者评估机构的评估结论计算；⑤确定赔偿履行方式及期限。

7）经调解达成协议的，公安机关交通管理部门应当当场制作道路交通事故损害赔偿调解书，由各方当事人签字，分别送达各方当事人。调解书应当载明以下内容：①调解依据；②道路交通事故认定书认定的基本事实和损失情况；③损害赔偿的项目和数额；④各方的损害赔偿责任及比例；⑤赔偿履行方式和期限；⑥调解日期。经调解各方当事人未达成协议的，公安机关交通管理部门应当终止调解，制作道路交通事故损害赔偿调解终结书并送达各方当事人。

8）有下列情形之一的，公安机关交通管理部门应当终止调解，并记录在案：①在调解期间有一方当事人向人民法院提起民事诉讼的；②一方当事人无正当理由不参加调解的；③一方当事人调解过程中退出调解的。

第二节　保障道路交通安全的主要技术手段

一、道路交通设计

1. 道路线形

道路线形立体描述道路中心线的形状。其中，平面描述的道路中心线形状称为平面线形，立体描述的道路中心线形状称为纵断面线形。道路线形的好坏，对交通安全畅通具有极其重要的作用。如果道路曲线不合理，不仅会诱发事故、降低通行能力，而且有可能造成道路利用者时间和经济上的损失。

（1）道路线形设计的原则

道路线形设计要考虑与地形及地区的土地使用相协调，同时要使道路线形连续，并和平面、纵断面两种线形以及横断面的组成相协调，更要从施工、维修管理、经济、交通运用等角度来确定。道路线形设计的基本原则是：

1）在力学上对汽车的行驶应安全、顺畅。

2）利用地形等条件，经济上要合理。

3）利于驾驶员的视野和驾驶员心理，反应良好。

4）与环境或景观协调、和谐。

（2）道路的平面线形

平面线形包括直线、圆弧线、缓和曲线三种，如图 6—2 所示。

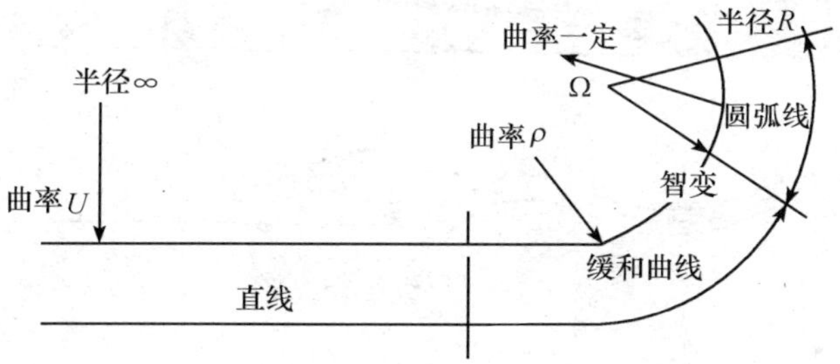

图 6—2　平面线形

（3）道路的曲率半径

1）最小曲率半径。最小曲率半径的确定要考虑行驶在道路曲线部分上的汽车所受到的离心力、重力与地面提供的横向摩擦力之间的平衡，并考虑不至影响乘务人员的良好心情和感觉。

为了使汽车安全地在曲线部分行驶，须在反曲线部分的外缘加高，以平衡汽车受到的离心力的影响，汽车曲线行驶受到的离心力和重力的侧向分力，要依靠轮胎与地面之间的横向摩擦力来平衡。

2）超高。在曲线部分，除曲率半径非常大和有特殊理由等情况外，都要根据道路的类别和所在地区的寒冷积雪程度以及设计车速、曲率半径、地形状况等设置适当的超高。

（4）视距

视距是驾驶员在道路上能够清楚看到的前方道路某处的距离，是道路几何设计的重要因素。有足够的视距，对于行车安全、行驶速度以及通过能力都有很大影响。

驾驶员发现前方有障碍物就要在其前面停住车（停车视距），或者前方来车需要错开行驶（错车视距），以及在两车道的道路上，要超越其他车辆，就要跨越到另一车道上行驶（超车视距）等情况存在。

（5）纵断面线形

纵断面线形主要表示道路前进方向上坡、下坡的纵向坡度和在两个坡段的转折处插入的竖曲线。纵断线形设计必须符合规范。

图 6—3 所示为平纵组合线形示意图，图 6—4 所示为道路线形设计的一个实例。

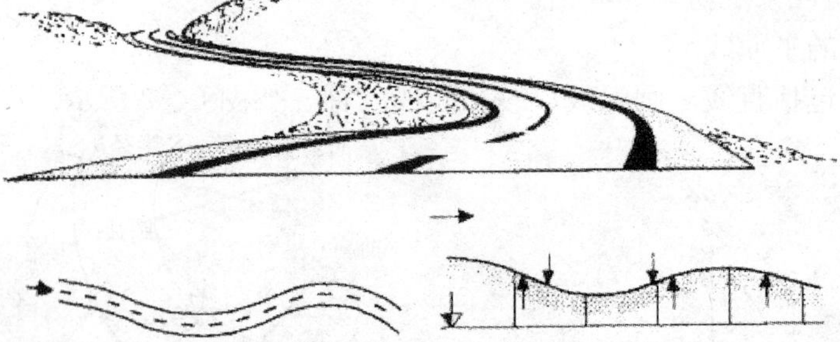

图 6—3　平纵组合线形

图 6—4　道路线形

2. 道路路面

（1）路面的种类

道路路面按力学特性可分为两种：

1）柔性路面。各种沥青路面与碎石路面都属于柔性路面。

2）刚性路面。刚度较大、抗弯拉强度较高的路面。一般指水泥混凝土路面。水泥混凝土的强度高，与其他筑路材料比较，其抗弯拉强度和弹性模量较其他各种路面材料要大得多，故呈现出较大的刚性。在行车荷载作用下，水泥混凝土结构层处于板体工作状态，竖向弯沉较小，路面结构主要靠水泥混凝土板的抗弯拉强度承受车辆荷载，通过板体的扩散分布作用，传递给基础上的单位压力较柔性路面要小得多。

（2）平整度与粗糙度

1）平整度标准。平整度是路面表面的平整程度，是路面质量的重要指标之一，它直接影响到行车平稳性、乘客舒适性、路面寿命、轮胎磨损和运输成本。

2）粗糙度标准。路面粗糙度可用车辆纵向紧急制动距离、纵向摩擦系数和横向摩擦系数来表示。目前，常用摆动式摩擦系数测定公路路面的摩擦系数。

3）路面构造深度。路面构造深度是用于评定路面表面的宏观粗糙度、路面表面的排水性能及抗滑性能的指标，路面构造深度越小表明路面越光滑，且在一般情况下，摩擦系数变小，丧失渗水、排水的功能，容易产生汽车滑水现象，造成严重的交通事故。因而路面必须保持一定的粗糙度，目前国内新推广的等粒径石子沥青路面可以在一定程度上解决小雨时路面与车轮的排水问题，从而减少交通事故。

（3）抗滑度

路面摩擦系数又称抗滑系数。提高路面抗滑性是交通安全的迫切要求。抗滑性差常导致交通事故。尽管现代路面技术不断提高，但由于路面附着性变差产生的事故率仍比较高。

（4）行车道

行车道的设计必须满足相关标准对行车道宽度、道路的种类和规格、紧急停车带设计、爬坡道和变速车道设计等方面的规定和要求。

3. 交通安全设施

（1）护栏

1）护栏的种类。按保护对象分类，有路旁护栏、分隔带护栏、行人护栏三种。按结构分类，有刚性、柔性两种。

2）选择护栏应注意的问题。在选择护栏时，应充分注意其功能、经济性、行驶安定感、压迫感、诱导视线、视野与周围道路环境的协调、施工条件、维修、除雪方便等。

（2）道路照明

1）照明的作用。道路照明主要为谋求夜间交通的安全与畅通，在必要的场合设置的照明设施。

2）照明的种类。根据设置场所不同，道路照明大致分为连续照明、局部照明及隧道照明。照明的人工光源有汽车前照灯与路灯。

3）路面状况与照明对交通事故的影响。根据英、美、瑞士等国家调查，安装路灯后，高速道路的事故率下降40％～60％，一般公路下降30％～70％，城市道路则下降20％～50％。这说明道路照明的效果是显著的。

4）照明设计的要求。照明设计的要求包括：路面亮度、亮度均匀度、眩光、视线诱导、光源等。

（3）视线诱导标

视线诱导标是在有必要明示道路线形、诱导驾驶员视线的路段，在车道旁侧设置的道路设施，主要在有必要夜间进行视线诱导的路段，设置反光式视线诱导标，在积雪多的地方设置积雪标志。

当道路上照明不充分时，在道路右侧或中央分隔带每隔约50 m设直径为70～100 mm的白色或黄色的圆形反光标，其支柱高为90～120 cm。

（4）中央带

中央带是在双向四车道以上的道路上，为了保证安全行驶，以分离对向车道为目的而设置的，它由中央分隔带和路缘带构成。中央分隔带使对向车道完全分离，建造的比路面高，其结构形式多种多样。中央带可以起到诱导视野的作用。

（5）道路标志

1）道路标志的概念。道路标志有指示标、警告标、禁令标、指路标、旅游区标志、道路施工安全标志、辅助标志7种。这些标志给道路通行人员提供确切的信息，保证交通安全畅通。

2）设置时应注意的事项

① 辨认性。设置道路标志要让驾驶员易读认、醒目。表示易读程度称为判读性，表示醒目程度称为诱目性，判读与诱目两者结合称为标志的辨认性。

② 设置标志。指路标志设置高度约5 m，一般道路的指路标志设于路口前约30 m以内。以保证驾驶员看到指路标志后，有减速的时间。指路标志与交叉路口间的距离，即“先行距离”，应考虑路况、汽车行驶速度、判读距离等。设置警告

标志应按危险程度慎重决定，同一路段勿设置几种警告标志。

③ 材料。标志牌一般用钢板、搪瓷、合成树脂板、玻璃钢等制成。为夜晚辨认清楚，标志牌可用反光材料，或标志框有照明设备，还有太阳能光电标示等。

④ 风荷载。支撑标示牌的支柱与基础的强度，主要由暴风时所承受的风压而定。

（6）路面标线

路面标线是直接在路面上用漆类喷刷或用瓷砖、混凝土预制块等铺列成线条、符号，与道路标志配合的交通管理设施。路面标线包括指示标线、禁止标线和警告标线 3 类。标线有连续实线、间断线、箭头指示线等，多使用白色或黄色漆，如图 6—5、图 6—6 所示。

图 6—5　路面标线和标志一

4. 气候环境

（1）影响交通安全的气候条件

气候条件对路面的影响改变了路面的状态，破坏了轮胎与路面的正常接触状态，因而诱发事故，主要有雨、雾、大风、雪、冰冻等。雨天事故尤为突出。

（2）减少雨天事故的措施

采用渗水路面铺装，提高筑路技术，使路面能在雨天时保持无水膜的状态。利用信息板，在适当的时候和适当的路线限制车辆行驶。

（3）减少雾天事故的措施

图 6—6　路面标线和标志二

1）降低车速。

2）打开防雾灯或近光灯，对开灯采取强制性措施。

（4）防滑措施

1）根据道路等级，设计车速，选用细颗粒或粗颗粒结构路面。

2）在容易积水的路段采用可渗水的路面结构技术。

3）用不同类型的沥青表面处理技术，增加摩擦系数，提高路面防滑力。

4）水泥混凝土路面磨光时，用凿毛机横向和纵向拉毛。

5）降雪或路面结冰时，撒盐或加防滑链。

5. 公路通行权

为了保障道路交通安全畅通，我国《道路交通安全法》对道路优先通行权做了全面的规定。所谓道路通行权，就是在没有交通信号或者交通信号不完善的道路环境下，对可能造成冲突的各类路权采取以空间动态优化配置和时间错开配置为主要手段，授予某系路权主体以优先通行的权利，而限制他方同时使用道路或者要求他方承担避让的义务，从而为各种路权的和谐行驶，为实现交通安全有序创造前提和基础。优先通行权只是赋予优先权人具有优先于他人通行的权利，而不是在通行权利上免除其应当承担的义务，如果忽视了自己应尽的义务，仍要承担责任。

道路通行权按照主体的不同来分类，有行人优先通行权、驾驶非机动车的优先通行权和驾驶机动车优先通行权；按照优先的程序来分类，有绝对优先权和相对优先权之分，前者是以绝对制止他方的通行而主张自己的优先通行为内容，后者是通过制止他方对自己的通行有妨碍的行为来主张自己的优先通行的内容。

驾驶特种机动车道路优先通行权的配置规定：

(1) 驾驶警车、消防车、救护车、工程救险车

根据我国《道路交通安全法》第五十三条之规定："警车、消防车、救护车、工程救险车执行紧急任务时，可以使用报警器、标志灯具；在确保安全的前提下，不受行驶路线、行驶方法、行驶速度和信号灯的限制，其他车辆和行人应当让行。"

(2) 驾驶军队、武装警察部队的车辆

军队、武装警察部队的车辆承担着保障军事交通、维护国家安全的重要责任，它们在执行紧急任务时，享有绝对优先通行权，但在日常通行中不具备特权。

(3) 道路养护车、工程作业车在进行作业时，在不影响车辆通行的前提下，行驶路线和行驶方向不受交通标志、标线限制，洒水车、清扫车在不影响其他车辆通行的情况下，不受车辆分道行驶的限制，但不能逆行。

驾驶普通机动车道路优先通行权的配置规定：

(1) 通过路口

驾驶机动车通过没有交通信号灯控制，也没有交警指挥的交叉路口，优先通行权配置规定如下：

交通标志、标线控制的，让优先通行的一方先行。停车让行线表示车辆在此路口必须停车让干道车辆先行，设有"停车让行"标志的路口，应设停车让行标线。停车让行标线为两条平行白色实线和一个白色"停"字。减速让行线表示车辆在此路口必须减速让干道车辆先行。设有"减速让行"标志的路口，应设减速让行标线。减速让行线为两条平行的虚线和一个倒三角形，颜色为白色。

没有交通标志、标线控制的，在进入路口前停车瞭望，让右方道路的来车先行。

转弯的机动车让直行车辆先行。

相对方向行驶的右转弯的机动车让左转弯的车辆先行。在没有交通信号灯、交通标志控制，也没有交通警察指挥的交叉路口，车辆从未施划交通标线的道路进入交叉路口时，需停车瞭望，让有施划交通标线的道路的来车先行。

机动车通过环形路口，应当按照标志、标线所示方向行驶；进入环形路口的机动车让已在路口环形内的或者出环形路口的机动车先行。

(2) 通过路段

所有在本车道内通行的车辆应当让所借车道内行驶的车辆或者行人先行，不得影响相关车道机动车的正常行驶。车行道分界线为白色虚线，用来分割同向行驶的交通流，设在同向行驶的车行道分界线上。在保证安全的情况下，允许车辆越线变换车道行驶。

(3) 狭窄路段交会车

在没有中心隔离设施或者没有中心线的道路上，机动车遇相对方向来车时应当遵守下列规定：

减速靠右行驶，非机动车、行人优先通行。

在有障碍的路段，无障碍的一方先行，但有障碍的一方已驶入障碍路段而无障碍的一方未驶入时，有障碍的一方先行。

在狭窄的坡路，上坡的一方先行，但下坡的一方已行至中途而上坡的一方未上坡时，下坡的一方先行。

（4）通过铁路道口

机动车通过铁路道口时，应当按照交通信号或者管理人员的指挥通行；没有交通信号或者管理人员的，应当减速或者停车，在确认安全后通过。

6. 道路相交

道路相交设计包括交叉口平面设计和交叉口竖向设计两部分内容。交叉口的交通组织方式有四种：

（1）无交通管制：适用于交通量很小的小路交叉口。

（2）渠化交通：即使用交通岛来组织不同方向车流分道行驶，适用于交通量较小的次要交叉口、异形交叉口和城市边远地区的道路交叉口。在交通量较大的交叉口配合信号灯来组织渠化交通，有利于交叉口的交通秩序，增大交叉口的通行能力。

（3）交通指挥（信号灯控制或交通警察手势指挥）：常用于一般十字平面交叉口。

（4）立体交叉：适用于快速、连续交通要求的大交通量交叉口。

城市道路交叉口又可以按性质和形式作如下分类，如图 6—7 所示。

- 城市道路交叉口
  - 平面交叉口
    - 一般平面交叉口，多为十字形或丁字形交叉口
    - 平面环形交叉口
      - 十字（规则）环形交叉口
      - 异形环形交叉口
        - Y 形环形交叉口
        - 多路环形交叉口
  - 立体交叉
    - 分离式立体交叉
      - 道路与铁路立体交叉
      - 快速道路与地方性支路、非机动车路、步行路立体交叉
    - 互通式立体交叉
      - 非定向立体交叉
        - 直通式
        - 环形
        - 菱形
        - 苜蓿叶形
        - 其他形式
      - 定向立体交叉

图 6—7　城市道路交叉口分类

一般平面交叉口设计如图 6—8 所示。

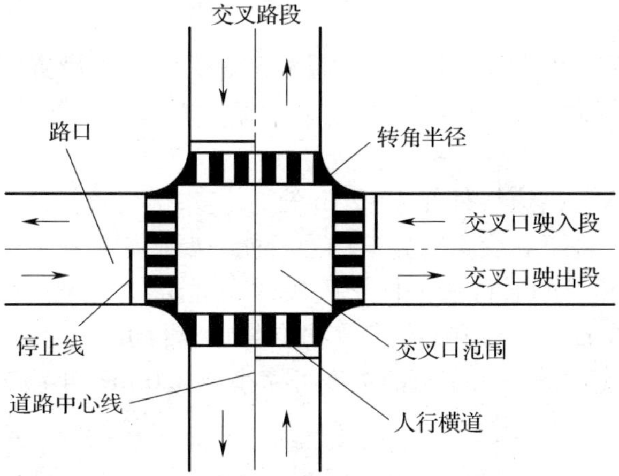

图 6—8　一般平面交叉口设计

对于交通量小的交叉口，可以按相交道路各自的标准进行布置；对于交通量较大的交叉口和信号灯控制的交叉口，则应根据交通量的要求与信号灯信号周期设计一起考虑交叉口的设计，尽可能提高交叉口的通行效率。

（1）交叉口转角半径

交叉口转角的路缘石常按圆曲线布置，也有采用三心圆复曲线和圆、回旋线复曲线的做法。转角半径一般根据车型、道路性质、横断面形式、车速来确定。见表 6—1。

表 6—1　　　　交叉口转角半径的确定

道路类型	主干道	次干道	一般道路（包括单位出入口）
交叉口设计车速（km/h）	25～30	20～25	15～20
转角半径 R（m）	15～25	8～10	5～8

同类（级）道路相交时交叉口转角半径按本级道路取值，与低一级道路相交时可按低一级道路取值；机动车专用道选取较大的转角半径，设有非机动车道的道路选取较小的转角半径。

（2）人行横道

人行横道的设置要考虑尽可能地减小交叉口的面积，以减少车辆通过交叉口的时间，提高交叉口通行效率。因此，应将人行横道设在转角曲线起点以内。人行横道的宽度应按过街人行量确定，最小宽度为 4 m，当车行道宽在 6～8 m 以内时，可缩至 2 m。

当人行横道的长度大于 15 m 时，需考虑在道路中央设置安全岛，最小宽度为 1.25 m，最小面积为 5 m^2。

(3) 停止线

停止线设在人行横道线外侧 1～2 m 处。

通常在相同条件下，交叉口路口的通行能力要低于路段的通行能力，约为路段的 40%左右。当路口的通行能力低于路段的交通量时，就需要对交叉路口进行拓宽，在进口段分左转、直行和右转行车方向增设车行道；在出口段也相应进行拓宽（见图 6—9），拓宽后的每条车道的宽度可缩小至 3.0 m，小型车专用的车道可缩小至 2.75 m。

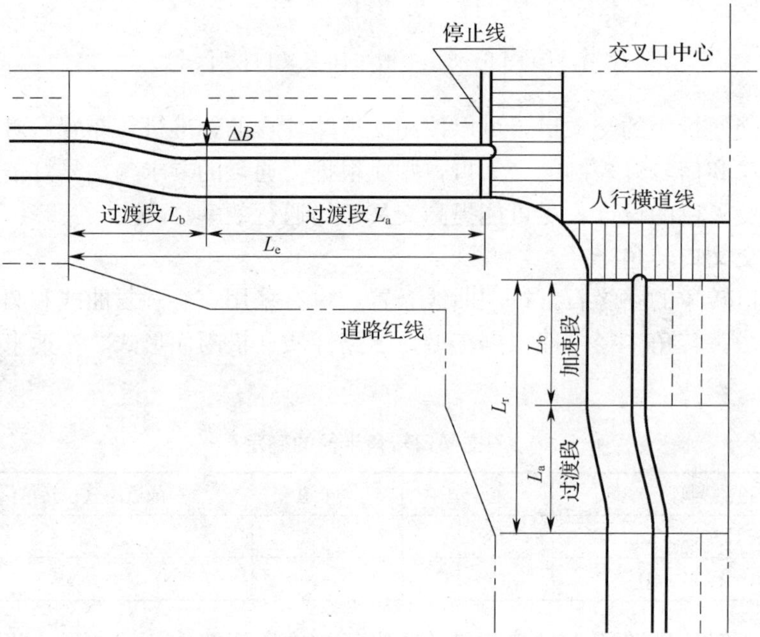

图 6—9　交叉口出口段的拓宽

拓宽段长度按下述原则考虑：

(1) 进口段拓宽长度

进口段拓宽长度由减速转换车道的过渡段长度和停车长度两部分组成。过渡段长度可由表 6—2 确定。

表 6—2　　交叉口拓宽过渡段长度

设计车速（km/h）	80	60	50	40	30	20
过渡段长度 L_h（m）	50	38	32	25	19	12

（2）出口段拓宽长度

出口段拓宽长度由加速段长度和过渡段长度两部分组成。

交通渠化就是用交通标志线或交通岛（又称导流岛）等设施引导各类不同方向、不同速度的车流沿一定的“渠道”通过。常用于特殊形状的交叉口或主次等级差别大的道路交叉口，主要有以下五种设置目的和类型（见图 6—10）。

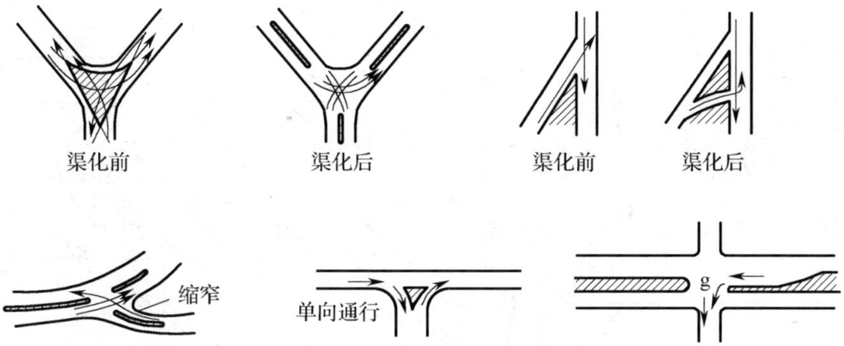

图 6—10　交叉口的五种类型

1）缩小交通流交叉面积，使驾驶人员注意力集中于若干个交叉交织点，提高安全性。

2）尽量使交通流接近于直角相交，转弯车辆避让直行车辆，便于驾驶员判别车辆的相对位置和速度，减少危险性。

3）降低次要道路驶入主要道路的速度，避让主要道路上的车辆，保证速度相对快的主要道路上的车流畅通。

4）限制驶入方向，常用于单向交通的道路交叉口。

5）设置左转避车道，减少左转车辆与交叉车辆冲突的可能性。

交叉口竖向设计就是确定交叉口道路相交面的形状和标高，统一解决行车、道路排水和建筑艺术在立面上的关系。竖向设计主要决定于相交道路的等级、排水条件和地形地物（如原有地面、构筑物、建筑物等）。竖向设计原则：

1）主要道路通过交叉口，其设计纵坡保持不变。

2）同级道路相交，中心线设计、纵坡均保持不变。

3）次要道路的纵坡在交叉口范围内服从于主要道路的设计纵坡和横坡。

4）竖向设计要有利于道路排水，要求至少保证有一个路口的纵坡坡向离开交叉口。竖向设计必须结合排水管道的设计，确定雨水进水口的位置和标高。

通常采用等高线的方法进行竖向设计，图 6—11 所示为交叉口竖向设计示例。

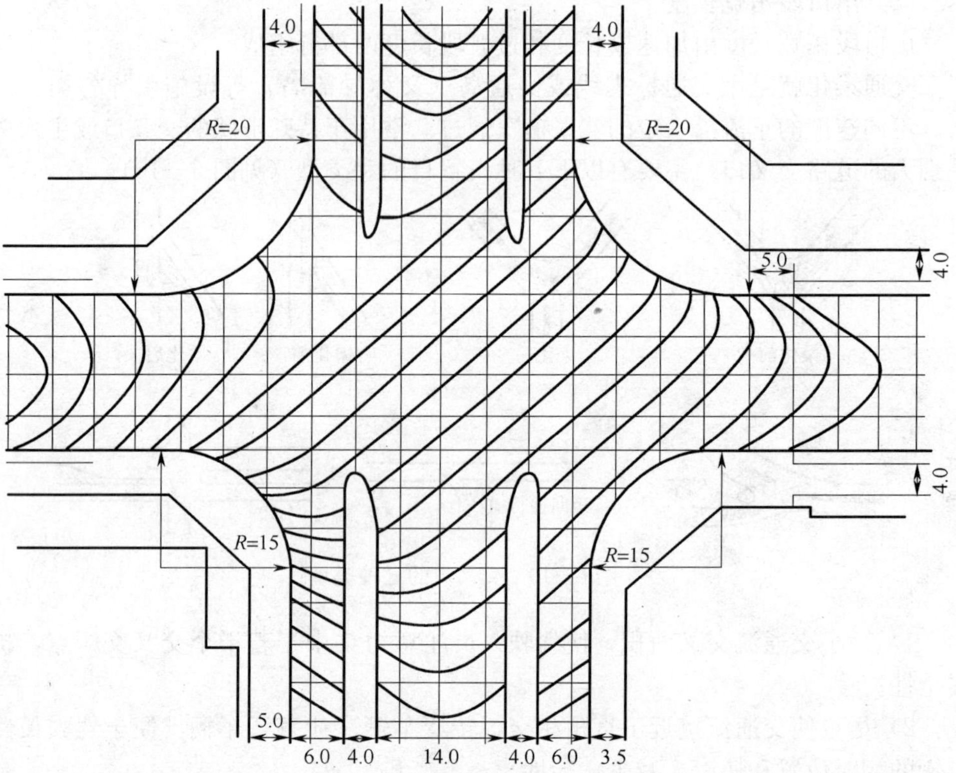

图 6—11　交叉口竖向设计示例

先根据各条交叉道路的纵、横断面设计绘出道路车行道和人行道等高线，然后将相同标高的等高线平顺地连接起来，再根据排水的要求选择集水点，设置雨水进水口，同时考虑与路口建筑的协调和美观，适当地调整等高线，使其均匀变化，为了便于施工，常按 10 m 方格标注路面的设计标高。

由于历史的原因，现状城市道路中的一些交叉口，或者由于交叉形状不合理，或者由于与交通的流量流向不适应，而影响了交叉口的通行效率和行车安全，需要进行改善。除了渠化、拓宽路口、组织环形交叉和立体交叉以外，改善的方法多种多样，主要有以下四种，如图 6—12 所示。

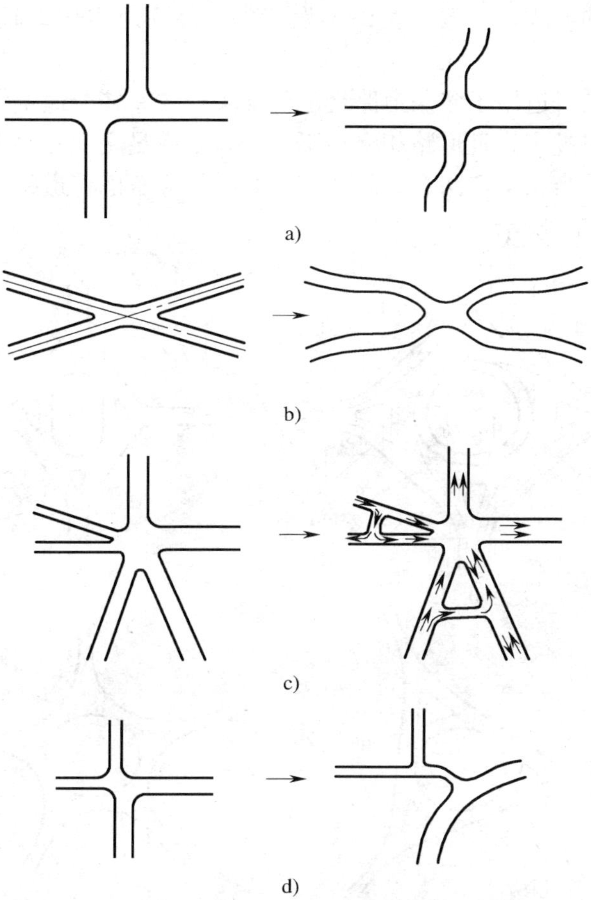

图 6—12　交叉口的改进方法

1）错口交叉改善为十字交叉：变两个丁字形交叉为一个十字交叉，有利于交叉口交通组织，并消除了两个方向直行交通重叠交错的现象，可以提高通行能力。

2）斜角交叉改善为近似正交的交叉口：改善了车辆在交叉口的通行状况，有利于提高通行效率和行车安全。

3）多路交叉改善为十字交叉：组织部分路口采用单向交通的形式，有利于交通指挥，改善交叉口秩序。

4）使主要交通流更为通畅：合并次要道路，再与主要交通道路连接。

平面环形交叉口又称环交、转盘，就是在交叉口中央设置一个中心岛，车辆绕岛作逆时针单向行驶连续不断地通过交叉口。平面环交不需要信号灯指挥交通，也是一种渠化交通的方式。一般环交由于设置中心岛面所需用地较大（0.5～1.0 公顷）。

平面环形交叉口适用于多条道路交汇的交叉口和左转交通量较大的交叉口。但是，如果相交道路过多，且道路相交角不均匀，要满足交织的要求，中心岛就需要做得很大。因此，当相交道路总数超过 6 条时，就应考虑将道路适当合并后再接入交叉口，如图 6—13 所示。

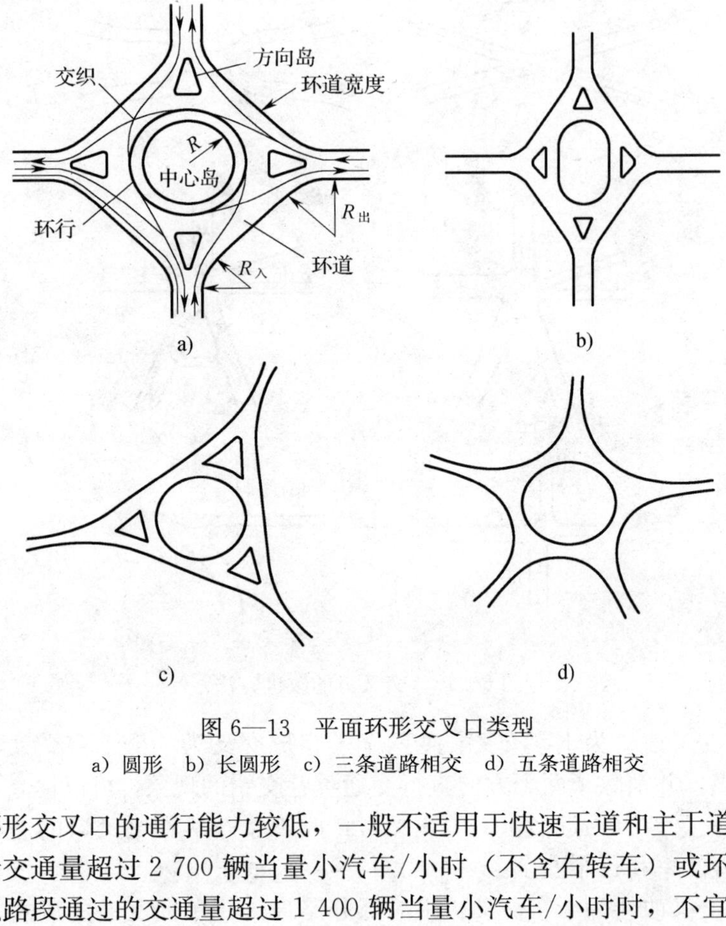

图 6—13　平面环形交叉口类型

a）圆形　b）长圆形　c）三条道路相交　d）五条道路相交

平面环形交叉口的通行能力较低，一般不适用于快速干道和主干道。当进入交叉口的混行交通量超过 2 700 辆当量小汽车/小时（不含右转车）或环形交叉口任何一个交织路段通过的交通量超过 1 400 辆当量小汽车/小时时，不宜采用平面环形交叉。

二、车辆安全技术装备

在交通事故原因的统计数字中，直接因车辆问题引起的事故不超过 10%，但这并不意味着车辆因素对于交通安全的影响不大。因为这一统计数字一般仅指车辆机械故障所引起的事故。实际上，车辆的结构和性能如果能进一步完善和提高，能按照规定进行安全检验，使车辆具有完好的技术状况，在某些情况下，本来是可以防止驾驶员事故的。即使发生事故，也有可能减轻事故的损失。从这个意义上讲，车辆的因素对交通安全有着非常重要的影响。

除车辆本身的性能指标外，车辆的安全技术装备涉及车辆的结构与车辆的技术状况。车辆的结构主要是指车辆设计上能够预防和减轻事故损失的结构。其中，预防事故的结构主要包括车辆前照灯、尾灯与制动灯、挡风玻璃及后视镜、报警装置、仪表等。减轻事故损失的结构措施主要有①对行人的安全措施，例如，使保险杠及发动机罩具有弹性，材料选用氨基甲酸乙酯；在发动机罩上部及前挡风玻璃周围布置弹性材料；在车前部设置防止行人跌下路面的救护网等装置；②保护乘员生存空间和防止火灾的措施；③车内成员的保护装置，主要有安全带、安全气囊、安全转向柱管等。

车辆技术状况的好坏对行驶安全的影响，主要体现在转向装置和制动装置上；其次，轮胎、灯光、喇叭、刮雨器以及行驶装置等，都对行驶安全有着直接的影响。

1. 基于事故预防的汽车结构措施

（1）汽车的驾驶视野

汽车的驾驶视野就是驾驶员在驾驶汽车时能够看到的外界范围。汽车的驾驶视野可分为前方视区、侧方视区和后方视区。前方视区是通过前面挡风玻璃所能看到的部分，是与汽车行驶安全最为密切的驾驶视野。侧方视区是通过两侧门窗玻璃看到的部分，对保证汽车转弯、起步、停止和低速行驶时的安全有重要作用。后方视区是通过后视镜间接看到的后方区域，在超车、制动、转弯、倒车时，要观察后方视区的情况。

汽车在行驶过程中，驾驶员必须不断观察和了解外界情况，其中有 90%以上的情况是依靠人的视觉获得的，所以由汽车本身结构形成的驾驶视野是否充分，对交通安全有十分重要的影响。盲区的存在常常导致交通事故。图 6—14 所示为在汽车前方的门柱造成的盲区。汽车左转弯时，如恰遇摩托车驶近且隐蔽在盲区内，驾驶员难以发现，当汽车转弯驶入左边的道路时，恰好与摩托车相遇，导致车祸。

汽车的驾驶视野不仅与汽车的结构有关，而且与驾驶员眼睛的空间位置有关。因此，驾驶员座椅应设计成可调的，以保证每个驾驶员的眼睛都处于最佳的空间位置，从而获得最大的驾驶视野。汽车的驾驶视野可通过摄影、环形屏幕投影、地面

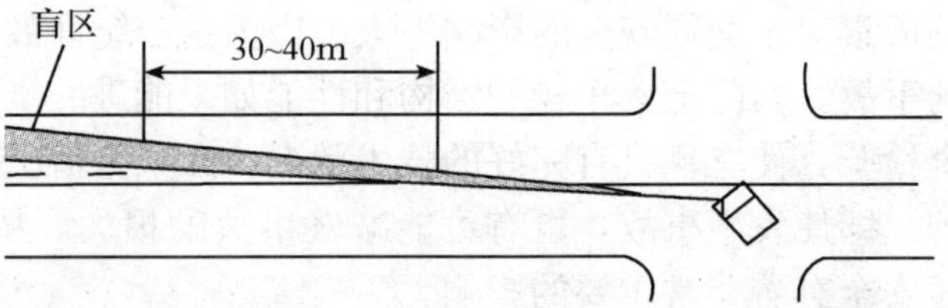

图 6—14　汽车的盲区与交通事故

投影等方法测量。

为了保证行车安全，汽车必须有充分的驾驶视野。但驾驶视野并不是越大越好，而是有一个恰当的范围。就汽车前上方视野而言，首先要保证驾驶员能够看清信号灯的变化情况，同时还要避免太阳光线直射刺眼。汽车前下方视野过大或过小，对安全行驶都有不利影响。汽车前下方视野过大，使驾驶员产生路面急速流动的感觉，产生恐怖感，加重了驾驶员的精神负担；前下方视野过小，会使驾驶员的速度感变差，容易不自觉地增大行车速度，而且前方盲区过大影响驾驶员对前方障碍物的观察。通过实验发现，在高速公路上平均车速为 100 km/h 时，最合适的前下方视野为车前 8 m，在山区路上平均车速为 50 km/h 时为 3 m，市内道路上平均车速为 40 km/h 时为 2.8 m。

（2）前照灯

前照灯的主要作用是为夜间行车提供照明。一般要求在汽车前方距离不小于 100 m，高度为 2～2.5 m 的空间范围内均能得到良好的照明，其发光强度应在 12 000 坎德拉以上（四灯车），以便驾驶员在夜间行车时能清楚地观察车前 100 m 以内的路面情况。

除保证对路面的照明以外，对前照灯的另一要求是在夜间开车时，前照灯光不能给相向来车的驾驶员造成炫目。一般要求开车时，射向相向来车驾驶员眼睛的光强度不超过 1 000 坎德拉，同时保证照明距离不小于 40 m。

为同时满足以上两种互不相容的要求，现代汽车的前照灯都具有远光和近光两种光学系统。如当对面没有来车时，使用前照灯的远光照明，保证汽车前方有足够的照明距离和照度。当相向来车时，使用近光照明以防止相向来车驾驶员炫目，并保证本车驾驶员有足够的视野。

汽车前照灯的配光标准分为两大类，即美国的 SAE 标准和欧洲的 ECE 标准，配光就是根据车辆行驶时的照明要求所设计的光分布。ECE 标准的特点是近光具有明显的明暗截线，我国现在执行的国家标准 GB 4599—84《汽车前照灯性能标准》主要是参考 ECE 标准制定的。

（3）尾灯与制动灯

为防止追尾撞车事故的发生，驾驶员必须及时掌握前车行驶状态的变化，同时又要提醒后续车辆的驾驶员注意本车的存在和行驶状态。这些信息主要靠汽车的尾灯和制动灯来传递。尾灯和制动灯必须色彩醒目，易于识别。在正常情况下，后续车对前车制动灯光亮作出反应约需 1 s，但如把制动灯误认为是尾灯然后再纠正过来，反应的时间将大大增加，因而容易发生追尾撞车事故。

（4）仪表

汽车上的仪表用来向驾驶员显示汽车的行驶状态及主要机构的工作状态。其中和行车安全有直接关系的仪表有车速和制动气压表。

在行车过程中，外界情况复杂多变，驾驶员不可能在读取仪表读数上花费很多时间，这就要求仪表的设计和安装位置便于读数，使驾驶员用眼一瞥即可正确读出仪表的指示。影响仪表读数效率的因素有仪表的布置，仪表的数量、尺寸，表盘形状，刻度间隔，指针形状、颜色，仪表板的照明，表面玻璃的反光等。

（5）报警装置

车内各种报警装置用来向驾驶员报知本车的不安全状态。现代汽车上大都装有各种音响的或灯光显示的报警装置，如制动气压报警、超速报警、车门未关严报警等。

2. 减轻事故损失的结构措施

尽管提出了预防事故的结构措施，但实际上不可避免地会发生交通事故。因此，还要从汽车的结构上使事故损失减小到最低限度。

（1）减轻行人伤害的结构措施

在交通事故中，汽车撞行人使行人受到严重伤害的事故占有很大的比例。汽车与行人相撞是个复杂的问题。相撞时行人的姿势、汽车与行人接触的部位等都对伤害情况有很大影响。根据使用模拟假人与汽车相撞试验的结果来看，一般成人被汽车撞后的情况如图 6—15 所示。

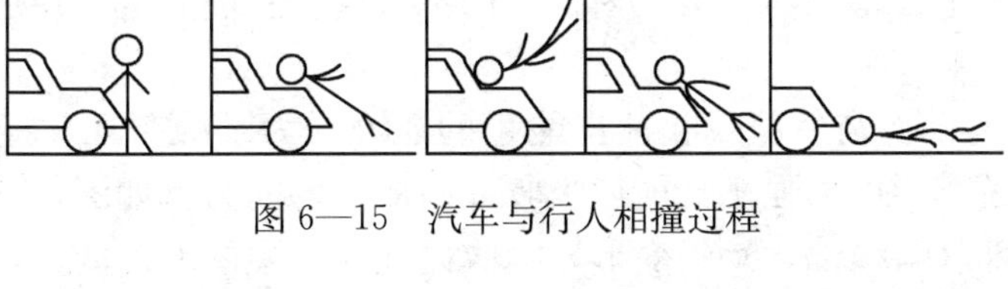

图 6—15　汽车与行人相撞过程

在汽车与行人相撞的过程中，行人受到三次严重的打击，首先是汽车的保险杠撞击行人的腿部，以及发动机罩撞击行人的腰部。然后由于人体受到的冲击力作用在人体重心以下，所以人体围绕重心发生回转运动被抛上发动机罩，并在发动机罩上滑动，头部碰触前挡风玻璃，使行人受到第二次打击。最后行人从发动机罩上落到地面，很可能再受到车轮的碾轧，这是第三次打击。

为了减轻被撞人的伤害，在汽车设计上可以针对被撞行人受到的上述三次打击采取一些结构措施。

1）保险杠及发动机罩具有一定弹性。

2）在发动机罩上部及前风挡玻璃周围布置弹性材料。

3）在车前部设置防止行人跌下路面的救护网等装置。

除此以外，为了防止行人及自行车等卷入后车轮下，在大型载重汽车前后轮间安装防护栏，以及在汽车拖带挂车时，在汽车与挂车之间安装防护栅等安全装置也是很有必要的。

（2）减轻车内乘员伤害的结构措施

1）交通事故中车内乘员的受害情况。在发生车对车、车对固定物体碰撞，或翻车等类型的交通事故时，车内乘员会受到伤害。当汽车与固定物体碰撞时，接触部位附近的车身发生变形，汽车产生非常大的减速度，在数十至数百微秒的瞬间内停止运动。此时，车内乘员在惯性力作用下，仍以原有速度相对汽车向前运动，最后撞在车内结构（如方向盘、仪表板、挡风玻璃等）上。汽车撞在固定物体上可称为第一次碰撞。乘员撞在车内结构物上称为第二次碰撞。车内乘员的伤害程度取决于第二次碰撞的程度。第二次的碰撞速度越大，受伤害越严重。当汽车发生其他类型的碰撞事故，如追尾碰撞、侧面碰撞时，乘员的伤害情况与此类似。此外，在发生事故时，如果车身变形很大，可能危及车内乘员的生存空间，而使乘员受到伤害。因此，为减轻车内乘员在汽车碰撞事故中的伤害，一方面要保证车内生存空间的安全，另一方面要避免或减轻第二次碰撞。

2）保护乘员生存空间的结构措施

① 提高驾驶室的变形强度。为了在发生交通事故时减少驾驶室变形，保证车内乘员有足够的生存空间，可提高窗框、门框、驾驶室前后壁、顶篷、车内等处的变形强度。

② 加强车身前部与后部吸收冲击能量的能力。为了减少在碰撞时对驾驶室的冲击，对于小轿车，可加强车身前后吸收冲击能量的能力。如图 6—16 所示，通过车身前部或后部（斜线部分）的变形，吸收碰撞时产生的冲击能量，并把冲击载荷加以分散，这样便减轻了驾驶室部分受到的冲击，同时对整个汽车也起到缓冲作用。为了吸收冲击能量，对于承载式车身可在车身前部加装吸收能量的杆件。为了

控制这些吸能杆件的变形，可在杆件上加工出波状纹或钻孔。对于非承载式车身，主要靠前部车架的特殊结构来吸收冲击能量。车身后部被撞时的情况与前部碰撞基本相同，只是车内乘员受到的冲击比较小。此外，由于车身后部无发动机、变速器等坚固的大型部件，碰撞时的冲击能量几乎全依靠车身后部的变形吸收。车身后部吸收冲击能量的结构方案与车身前部基本相同。非承载式车身可用车架后部的特殊结构来吸收冲击能量，承载式车身可安装特殊的吸能杆件。

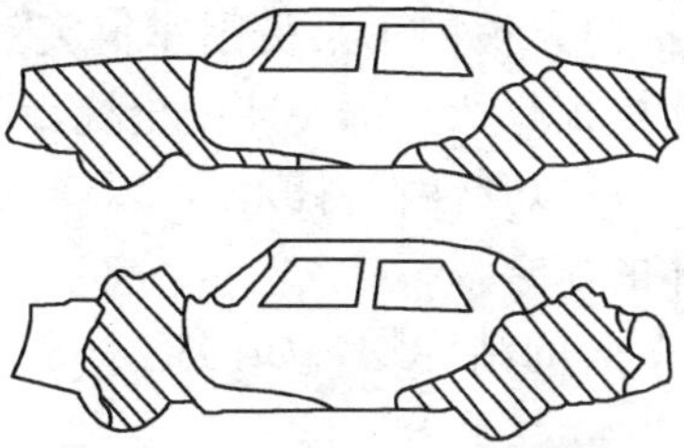

图 6—16　车身前、后部的缓冲作用

（3）避免或减轻乘员第二次碰撞的结构措施

1）座位安全带。它是用来约束乘员身体的，以避免在车辆发生碰撞事故时，乘员身体因惯性冲出座椅发生第二次碰撞。安全带的形式有固定腰部的两点固定式、固定腰部和肩部的三点固定式及赛车手用的四点固定式三种。一般来说，安全带的固定点越多，安全效果越好。安全带装置一般由尼龙带、带扣、收纳卷入装置及固定装置等部分组成。目前正在试验及研究的特殊安全带具有广泛的发展前途。如空气安全带，其特点是在撞车时利用空气膨胀特性，分散乘员承受的冲撞载荷，提高安全带对乘员的初始控制性能；预加载荷安全带，其特点是在撞车时自动地对安全带施加一定的预载荷，减少安全带的余隙，以提高它的初始性能。

2）安全气囊。撞车刚刚发生时，为了防止乘员碰撞方向盘和仪表板，利用气压膨胀袋使两者隔离，并使气垫吸收乘员的动能，以减轻二次冲击的伤害。气垫装置由传感器、气体发生器、气袋三部分构成。当车辆发生剧烈碰撞时，传感器触发气体发生器，在极短时间内产生大量气体充入气垫，使气垫迅速膨胀，挡在乘员前面起到缓冲和保护作用。

3）安全转向管柱。在发生正面撞车事故时，由于车身前部的变形，方向盘连同转向管柱一起向驾驶员移动。同时，驾驶员在惯性力作用下向前冲出。这样，驾驶员胸部会撞在方向盘与转向管柱上而受到严重伤害。为减轻这种伤害，可在汽车的转向管柱上设置缓冲环节，如采用网形能量吸收式转向管柱或滚珠能量吸收式转向管柱。

4）安全玻璃。现代汽车上常用的安全玻璃有钢化玻璃和多层黏合玻璃。对安全玻璃的要求是在事故中减轻对乘员的冲击伤害，破碎后不会划破乘员皮肤。

5）座椅。撞车时座椅应能吸收乘员的能量；侧面撞车时应能减少车身变形，确保乘员的生存空间；由于座椅是固定安全带的基座，应有充分的强度。也就是说，座椅既要有足够的结构强度，又要有足够的安装强度。

6）安全枕。在追尾碰撞时，被撞车乘员因车辆突然向前加速，头部会剧烈后仰使颈部受伤，为此，可在座椅靠背上部安装安全枕，以防乘员头部后仰。

7）仪表板。仪表板表面应以弹性材料覆盖，以使受到冲撞时能产生一定变形，吸收冲击能量，减轻对人体的伤害。

8）减少车内凸起物。车内的结构物，如门把手等的表面应避免有棱角，并以弹性材料覆盖。

（4）防止碰撞起火

汽车碰撞事故引起的火灾，一般都是因为燃料箱被撞破，燃料流出后被电气设备短路时发出的电火花，或车辆撞击地面发生的火花点燃而起火。因此，必须保护好燃料箱，使其不致受到严重撞击。通常燃料箱布置在后部车轴上方附近较为安全。

三、车辆运行检测与监控技术

轮胎气压监控系统、行车记录仪等是当前应用比较普遍的车辆运行检测与监控系统，以之为例进行介绍。

1. 轮胎气压监控系统

目前汽车在高速公路和普通道路上发生爆胎引发的交通事故约占高速公路和普通道路交通事故的 40％和 5％，直接经济损失约占高速公路和普通道路损失的 50％和 10％。其发生的原因与轮胎气压、使用维护、轮胎质量和环境温度有直接关系。在这些因素中，轮胎气压是造成爆胎的最主要原因。试验表明，轮胎气压低于或高于标准值时，不仅会增加油耗、加剧轮胎损坏、降低轮胎使用寿命，而且最易造成爆胎。轮胎温度对轮胎气压和使用寿命也有很大的影响，特别是轮胎温度超过 95℃时就有爆胎的危险。因此，对轮胎气压进行控制，是保证汽车安全性和经济性的主要措施之一。

美国交通安全管理局明文规定，在 2006 年 10 月以后所有出厂的新车都必须配备轮胎气压监控系统（TPMS），其功能是：实时监控轮胎的气压、温度，在温度过高、气压过高或过低、快速漏气等时候向驾驶员报警，让驾驶员及时处理，避免爆胎和爆胎引起的其他后果。

轮胎气压监控系统一般由传感/发射单元、无线射频接收模块、低频输入装置、控制单元、压力容器等几部分组成。最简单的 TPMS 系统包括 4 个装备在轮胎中的传感器/发射器模块（简称“轮胎模块”）和 1 个中央接收器模块（简称“接收模块”）。每个轮胎模块安装到轮胎里后，测量压力、温度和预先设定的电池电压下限值，然后发送无线射频信号到中央接收器。另外，轮胎模块需要承受－40～150 ℃的温度，50～637 kPa 的压力，加速范围高达 2 000 g，在如此苛刻的环境中，需要使用特殊的元件以保证模块的使用寿命最长可达 10 年。接收器模块含有一个接收机、一个中央天线和一个与汽车其他部分连接的接口。传感器发射出来的气压等信息由接收机接收处理后，再由安装在驾驶室内的显示器显示出来，在行驶过程中实时监视。接收机和显示器的安装有分离式安装和整体式安装两种形式。驾驶者可以根据显示数据及时地对轮胎进行充气或放气，发现渗漏可以及时处理，让大意外能在小处化解。

目前，TPMS 主要分为两种类型，一种是 Wheel－Speed Based TPMS（简称 WSB TPMS，或称为间接式 TPMS)，是在汽车原有的防抱死制动系统（ABS）基础上进行软件修改，通过更新软件，使每个车轮上带有轮胎速度传感器的 ABS 系统都可在轮胎压力下降时用于检测车轮旋转速度的变化。当轮胎压力降低时，车辆的重量会引起轮胎直径的变小，因此会引起轮胎以不同的速度旋转（与饱和压力相比)。经过正确的转换计算，这种车速变化可用于触发轮胎压力警报系统来向驾驶员发出警告。间接系统由于汽车已包括 4 个通道的 ABS（每个轮胎一个速度传感器)，使用中只要求更新软件，因而成本较低。另一种是 Pressure－Sensor Based TPMS（简称 PSB TPMS，或称为直接式 TPMS)，这种系统是利用安装在每一个轮胎里的压力传感器来直接测量轮胎的气压，并对各轮胎气压进行显示及监视，当轮胎气压太低或有非正常渗漏时，系统会自动报警。

直接式 TPMS 技术又分为主动式（Active）和被动式（Passive）两种，它们的主要区别在于轮胎模块的不同。主动式 TPMS 轮胎模块自身配备有电源，具有发射无线电波，从而告之信息的能力，但其体积较大，寿命取决于电池的寿命；被动式 TPMS 的轮胎模块，自身不配备有电源，通过中央控制器产生特定频率的电磁波来读取轮胎模块中的压力及温度信息，其体积较小，寿命与轮胎相同。主动式技术的优点是，它是一种成熟的技术，开发出来的模块可适用于各厂牌的轮胎，但唯一的缺点在于，其感应模块需要电池供电，因此存在使用寿命的问题。被动式技术，虽然不用电池供电，但是它需要将转发器（Transponder）整合至轮胎中，这牵涉到各轮胎制造商需建立一共同的标准才有可能。

调查发现，在我国道路上行驶的车辆轮胎气压太低是非常常见的。据估计，在公路上行驶的车辆，大约每 4 辆车中就有 1 辆汽车的一个或几个轮胎的气压偏低。也就是说，有 1/4 的驾驶员在承担高爆胎风险的同时也在无谓地牺牲他们的油耗、操控性，并降低了轮胎的寿命和承受力。TPMS 轮胎气压智能监测系统由于可以监视轮胎的气压，可以避免汽车高速行驶发生爆胎的危害。汽车配装 TPMS 的必要性首先体现在它可以有效防止爆胎事故的发生。另外，TPMS 对于省油、降低噪声、加强操控，提高行车稳定性、制动性及速度等发挥着关键性的作用。

正如安全气囊和 ABS 刚出现时只在比较高级的车辆上才配备安装一样，目前，在我国生产的车辆中，配备有直接式 TPMS 的车型有宝马、奔驰等高级车辆，配备有间接式 TPMS 的有别克君威等车型。市场上零散销售的 TPMS 大都是代理国外的产品，也有部分国内开发的产品，在性能与技术指标等方面都很不一样，因此，尽快出台相应的行业标准来规范市场和产品质量，以提高民众的行车安全是十分必要的。并且，随着技术的发展、成本的降低和人们安全意识的普遍提高，安全气囊和 ABS 已经在很多普通车辆上成为标准配置，因此，我们有理由相信，TPMS 将会和安全带、安全气囊、ABS 等一样受到重视，必将在提高道路交通安全中发挥重要的作用。

2. 行车记录仪

汽车违章超速行驶造成的责任事故越来越多，汽车运输企业为行车安全花费的资源不少，但效果不大。汽车行驶记录仪，俗称汽车黑匣子，采用 GPS 定位、惯性测量、数据压缩、地理信息系统与计算机软硬件等技术，对车辆的行驶情况进行动态科学的监控。行车记录仪具有体积小、价格低、定位准确、存储量大、采样率高、扩展性强、操作简便、技术成熟等特点，能有效解决车辆外出管理难、驾驶员行为规范难、违章驾驶判断难等问题，是实现车辆精确化管理的新手段。

《中华人民共和国道路交通安全法》第一百一十四条的规定：公安机关交通管理部门根据交通技术监控记录资料，可以对违法的机动车所有人或者管理人依法予以处罚；对能够确定驾驶人的，可以依照本法的规定依法予以处罚。这里的交通技术监控记录资料，主要是指交通监控摄像装置及安装在营运车辆上的记录仪器所记录的音像材料。

根据《中华人民共和国道路交通安全法实施条例》第十四条的规定，用于公路营运的载客汽车、重型载货汽车、半挂牵引车应当安装、使用符合国家标准的行驶记录仪。交通警察可以对机动车行驶速度、连续驾驶时间以及其他行驶状态信息进行检查。

（1）行车记录仪的定义

汽车行驶记录仪（Vehicle Travelling Data Recorder）、又叫做行车记录仪（Travelling Data Recorder）、汽车黑匣子（Automobile Black Box）、汽车事故记录仪（Crash Data Retrieval）等。按国标定义就是：安装在汽车上，记录、存储、显示、打印车辆运行速度、时间、里程以及有关车辆运行安全的其他状态信息的数字式电子记录装置。随着现代交通网越来越庞大、复杂，对安全管理要求越来越高，世界各国都相继推出法律要求交通车辆必须安装行车记录仪，以提高车辆管理效率和改进交通安全。

（2）行车记录仪的基本功能

行车记录仪具有性能比较、状态监视、事故分析、行驶试验等功能。

1）性能比较。由科技人员用行车记录仪记录下的汽车行驶参数，对同一种车型或同一类同等级汽车的性能指标逐项比较，综合评价其性能的优劣，为汽车性能改进、提高提供原始记录。

2）状态监视。由于行车记录仪常与安全警告装置连在一起使用，这样就可以报警方式提醒驾驶员，起到防止超速行驶、高速转弯、发动机温升超限、电气短路等类事故的发生。

3）事故分析。公安交警可以根据汽车碰撞、翻车、坠毁前由行车记录仪记录下的车速、行驶方向、过载、发动机功率/转速等信息，以及车内人员的对话、驾驶员与调度室的通信联络，分析事故的原因。还可把"黑匣子"所记录下的信息经处理后送入电子模拟器，重现事故的经过情况，形象地分析肇事原因。

4）行驶试验。由于行车记录仪能记录下全部试验数据，例如用应变计、加速度计和速度传感器把测得的数据记录在磁带上，然后进行额谱和功率谱分析，以便日后对该型汽车某一部分的结构做惯性、刚度、气动外形、减振等方面的修改。又如，对汽车环境振动数据的记录和分析，不仅对疲劳寿命研究十分有用，而且还能为车载仪表装置和其他系统的设计、改进提供依据。由此可见，行车记录仪不单单用于事故分析，还具有多种用途。从某种意义上讲，它还是汽车活的"档案袋"，不仅记录公正、客观，而且定量、定时、动态反映事实，很有说服力。

（3）记录模式

按照行车记录仪采用的不同记录原理进行分类，有刻箔式、光学示波器式、摄影式和磁带式 4 种模式的记录器。

1）刻箔式记录器。作为记录介质的金属箔带由恒速装置卷动，由刻针在箔带上刻划而将被记录的量记录下来。刻针的偏转幅度与被记录参数的大小成正比。

2）光学示波器式记录器。用感光纸或照相胶带作为记录介质，由恒速装置带动通过曝光槽，由小型检流计上的一面镜子反射过来的光束恰好投射在曝光槽内，使记录介质曝光而将被记录的量记录下来。光束的偏转与加在检流计上的电流成正比，即与被记录量的大小成正比。

3）摄影式记录器。记录用的指示仪表装在试验仪表板上，由一台摄像机摄下仪表的指示。胶片冲洗后，把每幅照片投影在屏幕上，记下各仪表指示的读数。

4）磁带式记录器。把被记录的量转换为磁带上磁场的变化，回放后可将被记录参数的数据还原，以供分析。记录格式有直接模拟、脉宽调制、调频和脉冲编码调制（数字式）4 种。磁带记录器容量大，精度高，易于与数字计算机接口进行自动数据处理。为了确保行车记录仪能在事故发生后安全回收，对其结构设计有耐撞击、耐火、耐腐蚀、防潮、防水等方面的严格要求。尤其对事故数据记录器和所使用的磁带更有一些特别严格的技术要求和苛刻的环境条件要求。复原功能即行车记录仪在承受坠毁冲击、穿透、挤压、着火及液体污染物浸渍（掉入污水河、化学废液池等）后，磁带记录应能复原。否则，行车记录仪的作用将被大打折扣，而且还会影响使用领域。

（4）系统组成及其原理

行车记录仪通常由记录器、显示器、数据采集处理卡、PC 机处理软件系统和传感器五个部分组成。

1）记录器。它能在汽车行驶过程中客观、精确地记录下多种工作状况——前进、加/减速、匀速、转弯、倒车、爬坡、上/下桥、怠速、飞车时的参数。并具有防潮、水密、抗振、防火、抗燃烧功能，且工作状态稳定、性能可靠、具有极高的抗电子干扰能力，工作温度适用的范围较宽（－25～65℃）。尤其是它作为行车记录仪的主体部分，当遇到不测，或被切断电源后，原先记录下的数据仍被保留下来，并可保存 10 年以上，时钟运行可保持 1 个月。这些记录对于分析汽车故障、汽车事故非常有用。

2）显示器。它能及时反映出汽车行驶时的动态数据，位于仪表板上供驾驶员了解车况并调整驾驶行为。当汽车发生超速时还会立即报警。具体显示内容包括时间（月、日、时、分），行驶中的瞬时车速（km/h），本次里程等。其中，瞬时速度可以反映出停车前 1 分钟和 10 分钟内两个行程的最高车速。

3）数据采集处理卡。它是便携式数据采集、存储、显示、存档、报警受话的磁卡。插入记录器后由中/英文显示并记录下该汽车的牌号、驾驶证号、采集的时间及各种状态和工作数据，也可把采集到的若干数据送 PC 计算机存档，进行图像处理、事故再现分析等。

4）PC 机处理软件系统。它可直接采集、设置记录器中的汽车参数、时间、限速范围和一切能改写的参数，也可采集从采集处理器中得到的数据，供事故分析和存档。该系统还可以图线形式再现发生事故汽车的行驶轨迹。

5）传感器。它能够向记录器提供汽车行驶时的速度信号、方向角信号等。行车记录仪主机通常用螺纹连接安装在引擎盖内侧，经符合国际标准的接口与传感器连接，在各种汽车上布置、改装、增设均很方便。

第三节　道路交通事故救援系统

一、道路交通事故救援组织以及救援步骤

1. 道路交通事故救援组织

根据我国国情，应由公安机关协调当地人民政府及保险公司，组织城市医院和急救中心，建立具有快速反应能力的交通事故紧急救援系统，加强交通事故伤害的抢救力量。交通事故紧急救援系统的正常运行需要有快捷的通信网络作保障，一般道路可使用 122 交通事故专用报案电话、无线电通信、移动通信等设备。交通民警接到报案后根据事故情况与医疗急救部、消防队、环卫队、养路队等协同部门联系，并赴现场进行事故勘察及现场活动的指挥，使各项救援、服务工作有条不紊地进行。

2. 道路交通事故的救援步骤

公路交通事故救援应避免浪费时间和劳力，每一步工作都要符合急救原理，才能迅速有效地完成救援任务。救援步骤如下：

（1）考察现场情况

开始进行救援工作之前，急救人员应对事故现场作一番客观考察，以避免意外发生。若现场和四周有诸如损坏的电线或致命的气体、液体等危险情况，应先将其排除后再进行救援工作。

（2）保护事故现场

在来车方向距离事故现场 100 m 远处竖立警告标志，防止其他车辆进入事故现场。

(3) 固定事故汽车位置

尽快将事故汽车固定下来。先在汽车车轮前后放上木条或砖石块，使汽车不能前后滚动，然后将车轮放气以保证车轮在救援过程中不能摇摆，以免加重伤者伤势。

(4) 检查和保护受伤人员

救援人员要检查受伤人员状况和受伤情况以确定救援工作的速度和方法。在未处理汽车之前，先用毛毯将受伤者盖起来，可起保暖和防止受惊的作用，另外还可防止玻璃碎片和其他物件的伤害。在救援的时间内，应有人员陪伴伤者，及时观察受伤者的情况和满足伤者的要求。

(5) 救出被困人员

如果汽车被撞变形，受伤人员无法移动，该项工作应保持车内受伤人员不受干扰。应使用专门救援工具把有关的汽车部件移动或去除，将车中被困人员救出。这些高性能的汽车急救工具可在极短的时间内，将汽车的支柱剪断或车轮轴推开，效率非常高。

(6) 现场诊断急救

如果医疗救护人员未到现场，救援人员应先将伤者送至路旁的安全地带，立即做必要的检查和救护。譬如，用绷带对流血受伤人员进行包扎；让昏迷的受伤者侧身躺卧，以免呕吐时发生窒息；把断腿用夹板固定；安慰受惊的事故者使之安静等。

(7) 拨打紧急救援服务电话

从距离最近的固定电话拨打统一的急救电话“112”，也可用移动电话呼救，急救电话是免费的。拨打电话的人应说清楚以下 4 个重要问题：事故地点、事故类型、受伤人数、伤势轻重，并守在电话旁等待进一步询问。

(8) 清理现场

当交通警察勘察完现场后，救援人员应拖走事故汽车并清扫路面，协助警察恢复正常的交通秩序。

二、道路交通事故救援设备

道路交通事故救援设备，主要包括交通巡逻车以及破拆救援设备。

1. 交通巡逻车

交通巡逻车主要负责巡视交通状况，事故报警，并及时处理一些轻度事故。车上人员应进行必要的急救培训，懂得基本的救援常识；车上应备有基本的救援器械、药品；还应备有必要的通信器械以方便其与指挥中心及其他救援相关部门的联系。

2. 破拆救援设备

破拆救援设备用于救出变形汽车中的被困人员。破拆救援工具是专门解救伤亡人员的设备，体积小巧、便于携带、工作性能可靠、机动性强，利用其特殊的扩张、剪切、支撑、托举等功能可在几分钟内将严重变形的事故车辆解体，救出车内被困人员及物品，降低事故损失，减少人员伤亡。

三、道路交通事故紧急救援体系的建立

在我国每年众多的交通事故死伤人员中，有相当大的部分是因为没有得到及时抢救而伤亡、残废的。如果存在一个完备的交通事故救护、救援体系，在受伤后关键性的一两个小时内，对伤者在路边做紧急处理，并通过通信联络系统迅速发现伤员并及时送至医院，及早救护，会大大降低受伤者的死亡率、残废率和永久性伤残程度。同时也可对交通事故现场进行救援、事故勘察、消防排障、疏导交通等一系列活动，保障道路迅速恢复交通。

根据我国目前的经济实力以及道路建设和管理的情况，建立道路交通事故紧急救援体系并非高不可及。利用现有的闭路电视监控系统、报警设备，加强互助系统和公路巡逻系统，将这些系统有效地配合使用，互为补充，并装备一些先进的紧急救援破拆设备，科学地进行管理，可以较好地满足我国道路交通安全管理的实际需要。

1. 建立健全道路交通事故紧急救援体系的重点

（1）通过立法明确救援工作的主管部门

道路交通事故紧急救援体制应采取立法的方式予以确认。

（2）研究救援理论，建立专门的救援队，协调各方面关系

在专业救援理论方面应结合我国目前的实际情况，借鉴公路建设发达国家的救援理论，参考目前各地救援方面的经验，总结出一套适用于我国的理论。同时，应尽快成立交通事故救援队，并以立法的形式确定道路紧急救援巡逻体系，明确每个救援队的巡逻范围，并定期或不定期对救援队进行培训、考核、演练。对道路交通事故的救援，重要的是拥有一支管理队伍，其中包括道路管理部门、公路经营者、交通警察、医疗、消防、救援组织、保险公司理赔和社会福利机构等诸多方面。

（3）加大力量配置专用设备

道路交通事故紧急救援体系的中心是有一支具备反应能力快速、救援破拆设备装备齐全的专业救援队伍。

(4) 与保险公司等经济机制合作，共同分担事故的损失和压力

道路的有关管理部门应当与保险公司建立密切合作关系，共同开发一些包括安全抢险救援、公路工程设施等方面的新兴保险业务，利用保险公司在经济实力、防险专业知识等方面的优势，缓解各方面的压力。

2. 目前道路交通事故紧急救护、救援的对策

(1) 对负责道路交通安全的巡警进行事故救护培训。

(2) 在巡逻车上装备最低限度的医疗急救药品与器械，以及破拆专用工具。

(3) 与匝道出入口附近的医院联系设立急救服务项目，公安与公路部门适当给予资助。

(4) 加强道路上紧急电话的装备和维护。

(5) 针对死亡事故多发地段、时间段合理安排巡逻车值班间隔。

(6) 对驾驶员进行交通事故自救、互救的宣传、培训。

道路交通事故紧急救援系统内各个方面的协调努力是圆满处理各种事故的基本条件。在控制中心，控制决策者与值班警察紧密配合，协调工作，获得事故信息后，双方立即互通情况，统一指挥，紧急救援队伍按指令快速抵达现场并及时将有关信息反馈给控制室，并对现场实行必要的交通管制，控制中心根据反馈信息立即改变管理方案并向附近的驾驶员提供有关交通事故的情报。事故现场勘察处理完毕后，迅速解除紧急状况下的交通管制，恢复正常交通。采用此种救援体制，使有关各方职责明确，管理统一，以满足道路管理的交通安全需要。道路交通事故紧急救援系统对于确保道路的“安全、畅通、高效”发挥着举足轻重的作用。

四、道路交通事故救援系统

交通事故是客观存在的，其发生的随机性和突发性决定了交通事故是难以预防的。我国交通事故死亡率居高不下的主要原因是缺乏完善的道路交通事故紧急救援系统，救援指挥管理机制不健全；驾驶员及乘客缺乏急救经验，道路服务区紧急救护设备匮乏等，导致受伤人员不能得到及时抢救。事故发生后如何采取及时而有效的紧急救援措施，对于降低事故所造成的损失甚为重要。

1. 系统结构及功能

交通事故救援是一个交通意外检测与确认、快速反应、信息发布、现场管理、交通管理、事故清理的有序过程，如图 6—17 所示。通过车辆检测器、闭路电视、

紧急电话、巡逻车、车载通信系统、交通状态自动识别系统等采集异常交通信息，经分析决策，紧急调度道路交通救援内部资源（如交通监控系统、服务车辆、急救设备、消防装置及设备等）与社会资源（如交通警察部门、医院救护部门、消防部门、环卫部门、特种物品处置部门等），为交通事故调派警察、消防车及救护车，为破坏的道路和损坏的设施提供维修设备，为损坏的和不能开动的车辆提供牵引车辆，多渠道发布紧急事件信息，为紧急救援车辆提供定位跟踪、优先通行、车载通信支持等紧急救援措施。

交通事故救援系统构建于道路监控系统基础之上，当发现突发事故时，事故救援中心与监控中心联动处理。交通事故救援系统由监控中心、紧急救援中心以及救

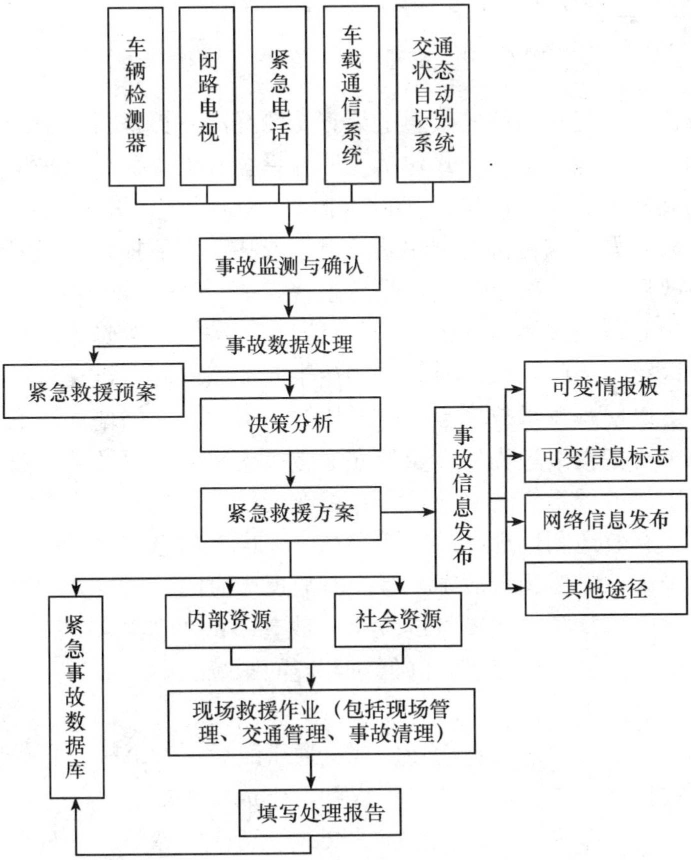

图 6—17　交通事故救援系统程序

援资源三部分组成，如图 6—18 所示。

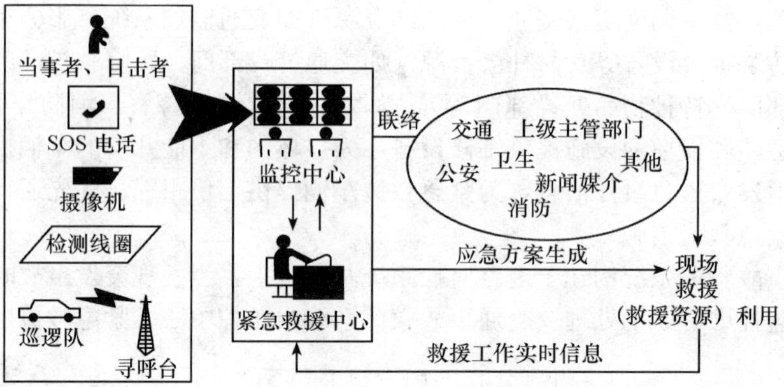

图 6—18　交通事故救援系统结构框架

监控中心利用设置在路侧的紧急电话，检测线圈、摄像机等检测设备实现对道路突发事故的监控功能，主要方式包括：监控系统根据检测线圈采集到的交通流的异常变化自动判断可能发生的交通事故，监控中心管理人员通过 CCTV 系统发现突发事故，事故当事人或目击者利用紧急电话或移动电话报警，交警或管理部门的巡逻车发现事故后利用无线集群电话系统报警。

紧急救援中心是救援体系的核心，负责向交警部门、医院等发布有关事故的信息，使交警、医院等部门在最短时间内到达事故地点，并通过交通信息台向在途驾驶员发布信息，以便减少事故地点的交通压力，减少交通堵塞和车辆延误。

救援资源主要指救援过程中涉及的交通救援内部资源以及社会资源。

通过交通事故救援系统的有效运作，可实现以下功能要求：提高各个执行机构的运行效率，更有效地利用现有的人力和物力，增大信息的发布范围和渠道，减少道路使用者的延误，降低运行成本，减少事故反应时间，减少处理事故的时间，减少清理道路的时间，预防二次事故的发生，改善事故处理人员工作环境的安全性，事故现场信息的动态更新与提供，降低对环境的影响。

2. 系统工作流程

救援指挥中心无论通过何种途径发现交通事故后，对事故信息作出初步分析和判断。根据事故类型、事发地点和严重程度，生成事故救援需求和事故处理预案，通过信息系统及时发布事故信息和相应的交通管制或引导信息。对重大、特大事故应及时上报上级主管部门，并接受上级主管部门的指挥调度命令。

各有关部门在救援指挥中心的统一调度下，组织救援和进行事故处理，并将事故现场情况及时反馈给指挥中心，以便救援指挥中心能够及时修正救援方案；在事故救援完毕后，救援指挥中心下达救援结束命令，道路交通恢复正常。指挥中心填写事故救援处理报告，分析评价处理结果，如图 6—19 所示。

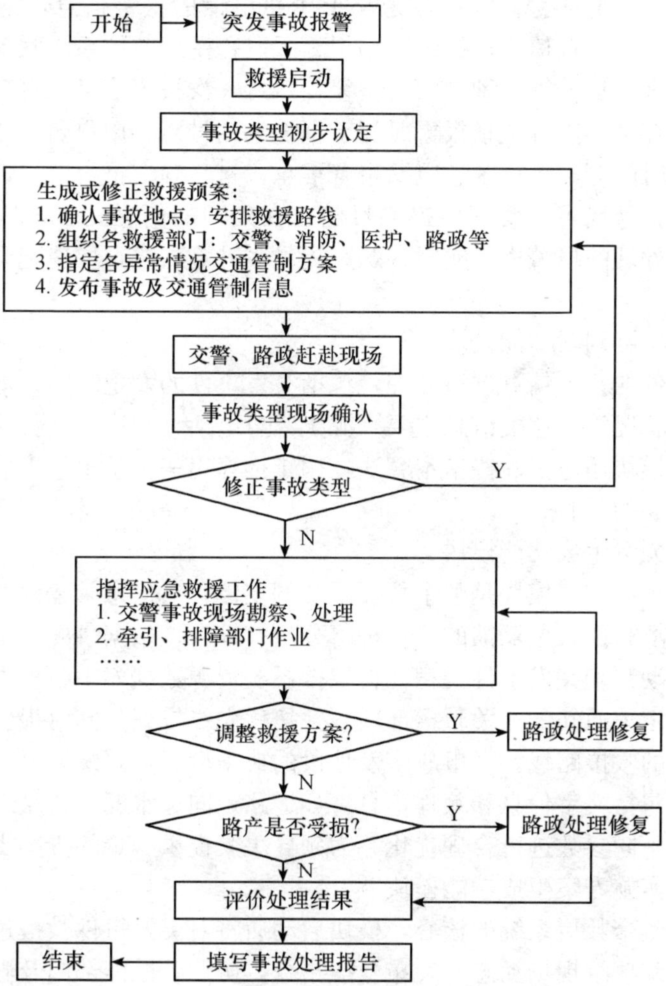

图 6—19　交通事故救援系统工作流程

3. 系统功能模块分析

（1）交通信息采集模块

实时采集交通流、视频监控、温度、湿度、能见度、风速风向等信息以及接受紧急电话呼叫。

(2) 报警受理功能模块

接受公众电话网有(无)线用户、“110”、交警信息控制中心等信息中心的电话报警,记录主叫电话号码,接收道路上紧急电话的报警信息,记录紧急电话号码,显示紧急电话位置信息;提供辅助报警手段,受理监控系统联动报警、摄像机监视报警以及来人报警等多种形式的报警;对每一次报警信息,自动产生报警记录并在数据库中存档,内容包括报警时间、报警电话号码、用户名、地址、受理台应答时间、挂机时间等;根据紧急电话报警信息,自动确定报警地点,并在受理台的地图屏上显示报警地点;受理台提供目前正在处理的信息列表,帮助辨别重复报警,并对正在处理的报警进行实时跟踪;提供多种输入法,快速记录报警信息,提高受理速度。

(3) 事件检测判断功能模块

对突发事件的基本信息进行处理,包括突发事件的发生时间、地点、基本情况以及道路交通状况等,这类信息主要来源于紧急电话、交通信息检测设备、巡逻车等。此外,该模块还包括一些基本算法,用于推算出一些基本的事故信息,尽量减少人工录入引起的延时。

(4) 处理方案生成功能模块

处理方案生成功能模块是整个救援系统的主体,对信息采集模块所采集的突发事件信息和现场救援人员反馈的信息进行分析、综合,根据事先确定的突发事件类型的划分,自动判别突发事件类型,再根据系统资源数据库中各种类型的救援资源的当前状态确定需通知的相关救援部门,并按优先级排列,同时提供不同部门赶往突发事件地点的救援路线。对事故多发地段的典型事故,系统能自动调出预先输入的处理方案,包括文字信息和地理信息,如道路走向、水源图、交通参数。事故处理流程需根据不同参数进行合理优化,为领导决策提供一定的方案支持。

(5) 救援实施方案生成功能模块

该模块是整个救援系统的核心,模块启动后将对突发事件救援过程实行全过程实时监控,跟踪事故现场动态,发布救援指令,协调各职能部门及救援资源直至圆满完成救援任务。

救援实施过程中,监控中心应及时向现场救援人员提供各种事故现场管制办法和相关道路发布信息的内容,并根据反馈的信息,及时调整信息发布内容;在电子地图或有关救援显示屏上,显示救援规程,并根据事故处理状况,突出显示有关内容(包括现场处理人员姓名、现场处理的安全设施、作业区布置方案等信息)。

（6）处理预案编辑功能模块

编辑紧急事件处理预案，如事故处理流程以及其他辅助信息等，编辑各有关单位（消防、公安、交警、救援、排障、牵引、路政等）的联系电话；并根据突发事件伤亡情况，交通影响严重程度等联系相关人员（显示其办公室电话、手机号码等）。根据突发事件现场反馈信息，提供各种事故类型的救援步骤。

（7）文档与数据管理功能模块

负责突发事件基本信息和整个救援过程信息的整理、归档，并自动生成突发事件救援报告。编写事故现场处理情况报告、事故最终处理报告，详细记录事故现场勘察情况（事故地点、车牌号、责任人姓名、伤亡人员情况、污染面积、道路设施损坏情况）、救援实施措施（指挥滞留人员撤离、抢救伤员、抢救财物、保护路产等）、事故性质及涉及范围、现场询问笔录等，负责编辑系统数据库。

（8）信息服务与资源维护系统

实现管理者对突发事件记录数据库的操作使用功能。长期的突发事件记录将形成宝贵的数据资源，从中可加工形成各种文档，供管理者、研究者对道路的各种突发事件特征类型进行分析，得出解决问题的切入点，为进一步提高道路的管理水平提供依据。

在救援系统中，可将救援所用到的人力资源、物力资源、社会资源分别建成三个数据库，由该模块负责这些数据库的查询、统计、使用和改进等维护工作。这些数据库将为救援实施模块提供全面的数据服务。另外，救援的突发事件记录将构成一个突发事件数据库，库中记录由救援模块完成更新，主要为信息服务模块提供数据服务。

（9）需调控事件和控制方案传送功能模块

根据事故检测和预案生成系统判别，对比较严重的事件或跨地域、超出指挥中心指挥范围的事件，通过本系统向上级指挥中心汇报，并接受上级指挥中心的统一调度指挥。

（10）系统数据传送功能模块与软件使用帮助功能模块

指挥机构组织网络中，需共享统一系统数据，通过系统数据传送功能模块完成。而软件使用帮助功能模块为系统的操作使用提供较为详细的说明。

4. 救援系统管理机制

交通事故特别是重特大交通事故的救援工作涉及多个部门，包括交通警察、路政管理、医疗、急救、消防、环卫等机构。我国特大交通事故多发生在远离城市的高速公路和山区道路，这就更增加了利用城市医疗、急救、消防、环卫等系统救援的难度。如何协调这些相关部门、组织，使之能协调运作，发挥高效的救援救护功能，需要有一个高效的救援指挥中心。

（1）政府协调机构

建立由政府领导，交通警察、路政管理、医疗、急救、消防、环卫等部门参与的事故救援指挥中心，由政府采取行政和法律手段，明确各职能部门的职责。当监控中心获知事故信息后，迅速将情况通报救援指挥中心，由救援指挥中心统一指挥，协调调度，调动紧急救援队伍抵达事故现场进行急救，并对现场实行交通管制，指挥中心根据反馈信息实时调整交通管理方案，直至事故处理完毕后解除交通管制。

（2）救援资源

限于当前交警部门警力不足的问题，应积极协调社会各相关部门进行协作救援。

1）设立“110”“122”“120”“119”和保险等部门联动机制。在110报警服务台、122交通事故报警服务台与120急救电话三者之间建立交通事故信息相互通报和反馈机制。122交通事故报警服务台接到报警并确认后，根据需要立即通知120急救中心组织人员赶往现场进行抢救；119消防部门也同时响应，到事故现场进行救援；保险服务专线根据肇事车辆的车号确定为承保车辆后，以“担保卡”的方式为伤者担保住院抢救费，最高金额视各地情况而定。

2）机动救援队伍。交警与消防部门联合组建一支机动救援队伍，借鉴世界各国交通事故救援方面的成功经验，建立一套适用于我国的道路交通紧急救援培训机制，定期或不定期对救援队进行培训、考核与演练。根据事故的伤亡程度，机动救援队伍可以向交管部门提供交通管制建议，发布事故信息和相应的交通管制或引导信息，建立紧急救援绿色通道。

3）道路交通事故社会救助基金。医疗机构对交通事故中的受伤人员进行及时抢救，肇事车辆参加机动车第三者责任强制保险的，由保险公司在责任限额范围内支付抢救费用；抢救费用超过责任限额的，未参加机动车第三者责任强制保险的或者肇事后逃逸的，由道路交通事故社会救助基金先行垫付部分或者全部抢救费用，道路交通事故社会救助基金管理机构向交通事故责任人追还。保险公司或道路交通事故社会救助基金管理机构由公安机关交通管理部门负责通知。

5. 交通事故救援体系依托技术

（1）地理信息系统（GIS）技术

GIS应用到道路交通事故救援系统中，可以通过地图与交通系统的有机结合，使管理人员能够结合具体地点的交通数据进行直观的空间思维，从而为道路交通事故救援提供依据。

利用GIS主要为事故救援提供各种交通环境资料，包括交通流情况、道路几何尺寸、医院、交通管理部门位置以及交通管理设施的分布等情况。这些资料以可共享的数据形式存储于系统中。救援效果主要取决于最优路径的选择，而最优路径的选择很大程度上依赖于GIS采集的交通环境资料的准确性，其中的道路几何尺寸、医院与交通管理部门的分布等信息一般较为稳定，在短期内不会发生较大的变化。但交通流的情况比较复杂，随着一天内各个阶段的变化、节假日的影响等会发生很大的改变。因此，需要在各路段设置车辆检测器对各道路的交通流实行有效的实时监控，才能为交通事故救援提供有效的决策支持。

（2）最优路径算法

信息发布则是根据医院及交警部门的有效辖区，通过最优路径算法，确定伤者接治医院、事故救援路线，并向相应的医院、交警部门和交通信息台发布事故信息，同时为在途车辆提供绕行改道方案。

（3）现场救护

交通事故发生后，对伤员尽快施救、缩短受伤人员的获救时间是减少事故死亡率的关键。在事故现场实施及时正确的抢救可使10%以上的受伤者得以生还和康复。在事故现场，最早的现场救护是依靠当事者的自救和互救，或者是路过车辆驾乘人员的帮助。现场救护知识和正确实施事故救护是降低交通事故死亡率和致残率的重要手段，应大力加以推广普及。

习　　题

1. 试述我国道路交通安全管理体制。
2. 我国道路交通事故如何分类？
3. 试述如何从道路设计上保障道路交通安全。
4. 车辆运行监测与监控技术有哪些？
5. 在我国，道路安全事故救援如何开展？

第七章　轨道交通安全技术

交通运输安全是轨道运输生产系统运行秩序正常、旅客生命财产无险、货物和运输设备完好无损的综合表现，也是轨道运输生产全过程中为达到上述目的而进行的全部生产活动协调运作的结果。提高轨道运输的安全性，也就会直接影响到轨道运输在人们心中的信誉，从而提高其在运输行业上的竞争力。为解决轨道交通安全存在的问题，轨道交通运输部门采取了各种安全方法和手段。这些方法和手段基本上遵循了以下实施步骤：

（1）以科学理论研究分析为指导，从设计入手，达到从根本上保证安全的目的，即在设计道路、线路、车辆等时，分析各种可能造成危害交通安全事故的隐患，并找出解决办法，从而加强对交通事故的防范等。所以，首先要完成对交通安全设计技术的完善。

（2）在实际的交通运行中，实现有效监控。采取最先进的技术，对移动设备、固定设备、环境等的状态以及运输对象的情况加强管理。做到随时发现问题，及时找出对策，及早加以解决。把可能造成事故的隐患消灭在最小状态，把交通安全系数提到最高。这就要求对交通安全的监控和检测技术进行改进。

（3）保证对交通运行过程中的移动设备和固定设备进行维护、维修，而且为了保护其完好状态，需要随时对其进行安全检测。采用先进的检测技术、设备，可帮助维修人员发现需要维修之处和确定维修的时间等，由此提出对各种设备的技术状态进行监测和诊断。

（4）事故救援。交通安全管理应以预防为主，但是尽管采用了各种安全预防的措施，还是存在事故发生的可能性，还会产生一定数量的交通事故。因此，为最大限度降低事故的损失，要加强对交通事故紧急救援的组织与管理。

第一节　轨道交通信号和车辆控制系统

一、信号和车辆控制系统功能

信号和车辆控制系统有三大功能。

1. 确保道路完整性

在允许列车开始运营之前要保证道路完整性，即要确保轨道或轨道已清除了其他车辆或障碍物、道岔位置正确，并且没有与之冲突的运营调度命令。在传统的铁路术语中，这种设备被称为联锁。新型联锁仍由继电器逻辑线路组成，但却改进为应用计算机系统进行软件控制。联锁系统的设计要确保只有当各道路、道岔及其他车辆和装备都能够保证车辆的安全时，才能允许此车辆进路。在高速系统上只有在设备故障后需做紧急低速运行时才能使用手动操作。输入到联锁系统的主要数据有全部列车的位置、当前运转许可和道岔设置状态等。

2. 速度传达

联锁要确保发布的运转许可都是安全的。下一步则是要确保这些许可正确地传达给操作员（车上或固定控制中心的操作员）或传达给自动列车运行系统（ATO）。在大多数的传统铁路上，这一功能是由列车操作人员观察地面信号来完成的。而在高速铁路系统上，地面信号只起辅助作用，操作人员的作用被 ATO 系统所取代。速度信号是实时地从地面向列车传递的，ATO 系统接收运转许可并按其执行。这种数据传递可以像一种编码速度信号那样简单地经由轨道传输给列车。在某些自动的机车信号系统中，其通信系统对已经显示或接收到的正确信号或指令提供反馈。

3. 超速防护

不论车辆是依赖手动还是自动控制，其超速防护系统必须确保不得超越运转许可和速度限制。这一功能一般是由自动列车保护（ATP）系统来执行的。ATP 系统具有部分保护和全面保护的能力。例如，简易的 ATP 系统在车辆没有遵守信号显示时就触发制动，但其优先级不能超越操作人员。具有部分保护功能的 ATP 系统也叫自动列车控制（ATC）系统。许多铁路都不具备任何的安全速度实施，完全要靠操作人员的能力。但所有速度超过 200 km/h 的列车都运用高速列车系统，装备了先进的强制遵守速度限制和车辆控制命令的 ATP 系统，而且在列车高速运行时，驾驶员不能进行手动操作。

二、国外相关的条例、标准和实施办法

1. 美国联邦铁路管理局的条例

美国 49CFR 分册 236.0 要求运行时速 128 km 或更高的列车装有自动机车信号系统、列车自动停车或列车自动控制系统。这些系统必须与自动闭塞信号系统相连，保证驾驶室内显示同样的信号，或显示更具限制性的信号状态，如果超过限制性信号状态而驾驶员未施加制动，那么这些系统就会引发制动。实施制动要保证列车有足够长的时间能够停在占用闭塞区之前或不相容的道岔设定之前。列车自动停车系统或控制系统包含一个可使自动制动作用占先的装置。在列车自动控制或机车信号地区运营的每一列车必须装备满足这些要求的系统。

美国在华盛顿和波士顿之间的东北走廊和某些连接线上强行实施 ATC 的条例。新条例要求凡在走廊上和其他指定的线路上运营的所有列车都必须装备有机车信号和一种当驾驶员对某更具限制性的信号显示未作出确认或响应时，就自动触发制动的系统。

2. 其他国家的标准和实施办法

国际铁路联盟（UIC）法规 734R 提出了对高速线路信号系统的建议。这些建议反映了法国、德国和意大利高速线路上的信号和列车控制系统的特点。建议的主要条款有：①传统的地面信号在 140～160 km/h 的速度下是可以使用的；②速度在 160～200 km/h 时，传统的信号应利用机车信号和列车自动控制方式予以加强，而为了适应高速时更长的制动距离必须添加一个信号显示或一个限制信号显示的预警系统；③速度在 200 km/h 以上的列车，必须装备有全负荷机车信号和带速度监视的连续列车自动保护系统。速度监视应包含所有临时性和永久性地区速度限制，能受故障检测系统的指挥。地面信号不作为系统的组成部分，只是低速时的备用系统。列车还必须装有与调度联系的语音通信设施。对于混运的高速线路，较慢的列车不一定要装备高速列车自动保护（ATP）系统。应该指出，目前装在德国、法国和意大利高速线路上的各类系统也未必能满足所有这些要求。

UIC 法规 738，即“安全信息的处理和传输”与用于安全列车控制的计算机安全以及通信系统软、硬件的安全有关。对用来验证和确认软件规范、设计和编码正确性的方法以及为确保系统对硬件故障以安全方式作出安全响应的方法作了规定。信号和车辆控制系统中日益增多的计算机控制使用，说明这类系统的安全保障将具有越来越大的重要性和利害关系。

欧洲国家，特别是瑞典和法国，明显倾向于在所有的干线上安装带有速度监视

功能的 ATP 系统，以减少人为过失的事故。英国在发生了伦敦南部 Clapham 灾难性碰撞事故之后，在其主要干线上安装了改进型 ATP 系统。

3. 信号和车辆控制系统的特殊实施办法

(1) 德国铁路的 LZB 列车自动控制系统

德国铁路研制出一种叫做 LZB 的连续式列车自动保护和“轨道—列车”通信系统。该系统应用在新线和更新改造后的既有线上，以保证列车间的安全间隔距离，并提供安全速度实施。

图 7—1 为德国铁路 LZB 列车自动控制系统示意图。该系统的核心部分是 LZB 中心，实质上是一个“安全”列车控制的计算机，计算机确定允许速度、停车距离，并向列车传输这一信息。由车载设备对允许速度和实际速度进行比较。如果实际速度超过允许速度，驾驶员受到警告。若驾驶员对警告不做响应，那么就引发紧急制动。地面列车控制计算机以西门子公司的 SIMIS 容错微处理机体系结构为基础，采用了 2/3 表决制以确保高度安全。SIMIS 微处理机执行列车控制的联锁功能；接收进路状态、道岔位置、列车位置、永久和临时速度限制值等数据，以及向列车传递允许速度和停车距离等数据。SIMIS 微处理机还控制着线路上安装的地面信号，以供未装备车载 LZB 设备的货运列车和其他列车使用。一个地面信号闭塞包含了若干个 LZB 闭塞，以此来提供更大的线路通过能力，并对高速列车提供更

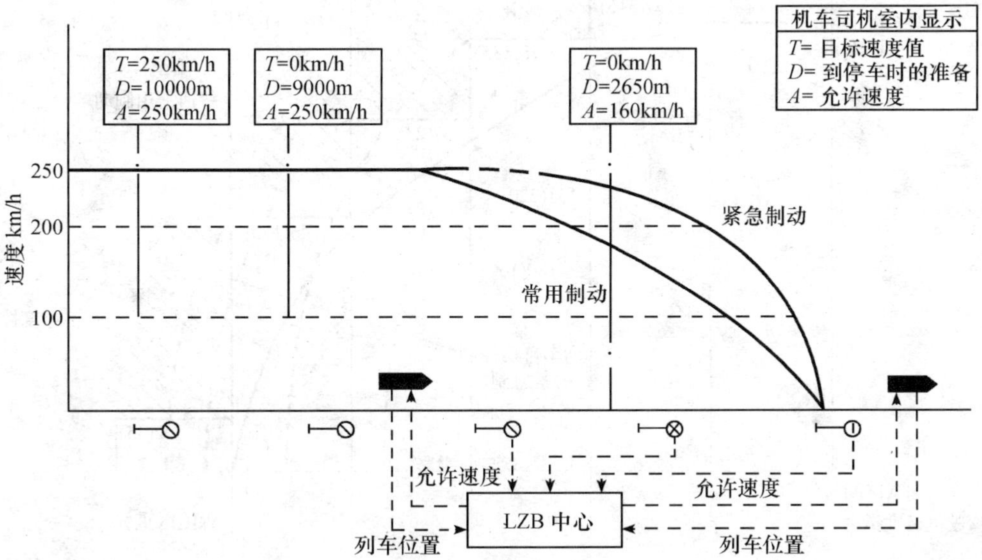

图 7—1 德国铁路 LZB 列车自动控制系统示意图

精确的速度控制。未装备 LZB 设备的列车只能限制在常规速度下运营。

（2）法国的几种高速线路和常规线路使用的信号和列车控制系统

法国国铁（SNCF）研制出几种供高速线路和常规线路使用的先进信号和列车控制系统，其中包括：

1）TVM300 型信号系统。该系统用在 TGV 巴黎东南和大西洋线上，以编码轨道电路实现轨道—列车的通信。列车在每一个闭塞始点从编码轨道电路中接收到闭塞终点处的最高允许速度数据，如图 7—2 所示。驾驶室内显示出速度命令（见表 7—1）。若无地面信号，则用标志板标出每一闭塞的起点。在 TGV 巴黎东南线上闭塞长为 2.1 km，在大西洋线上闭塞长为 2.0 km，TGV 北线到英吉利海峡隧道采用了增强型 TVM430 的信号系统，闭塞长为 1.5 km。如果需要降低速度，则在到达下一个标志板处时，驾驶室内显示出允许速度或目标速度。如果超过了这个“控制”的速度（见表 7—1），则自动制动启动。在正常情况下，在闭塞内这个引发自动制动的速度大于最高允许速度 15 km/h。允许在指定的标志板处停车（非保护道岔处）采用最高 30 km/h 的速度“停车和启动”。驾驶员也可与 TGV 控制中心进行无线电通话联系。

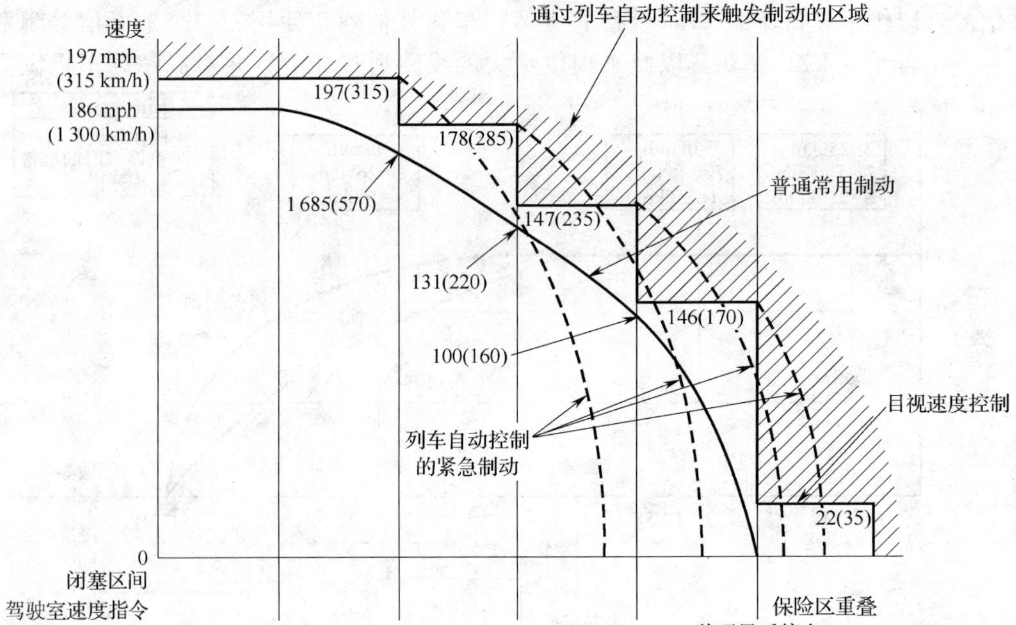

图 7—2　在 TGV 大西洋线上的速度控制和制动距离

表 7—1　　在巴黎东南高速线法国 TGV 列车上用的机车信号

信息		速度控制	含　义
线路	驾驶室		
VL	VL VL VL 绿底黑字	285	在线路的允许速度下运行
270	2 7 0 绿底黑字	285	走行速度为 270 km/h，在进入下一个区间时有可能减速
220A 160A 80A	2 2 0 1 6 0 0 8 0 白底黑字	285 235 170	警告指示，驾驶室进入下一个区间时必须能够保证不超过相应的速度
220E 160E 80E	2 2 0 1 6 0 0 8 0 黑底白字	235 170 90	运营指示，命令驾驶员不得超过相应的速度
01 02	0 0 0 红底黑字	170 90	停车指示，命令驾驶员在先前信息为 160E 或 160A 情况下，不超过 160 km/h 时和在其他情况下超过 80 km/h 应在第一个标志前停车
00 0	屏幕亮红灯	35	命令驾驶员注意：不超过 30 km/h，或在下一个标志前停车

高速线路只有 TGV 列车运营，因此不必要提供适合常规列车使用的信号或其他基础结构部件。因此，高速线路可以使坡度斜度的限制增加到 30‰～50‰成为可能，也就大大降低了基础结构成本。

在 TGV 北线和英吉利海峡隧道内安装的 TVM430 信号系统采用了微处理机联

锁以及经由钢轨的点式发射应答器的数字“轨道—列车”通信。得益于更短的闭塞和更大的数据传输容量，这一系统可缩短间隔时分并提高线路通过能力。在300 km/h时建议的最小间隔时分为3 min。

2）20世纪90年代末，法国铁路开发出车载列车控制系统“Astree”。该系统能够为法国铁路提供全系统的列车运行实时定位和控制能力。其工作原理是将多普勒（Doppler）雷达装在车上来计算牵引单元所走过的距离。换句话说，是用电动计程器来指示轨道位置。已研制出能识别车辆的无线电信号台。每列车连续不断地计算出自身所在位置并将此信息传到监视列车运行的控制中心。

3）20世纪90年代初，法国铁路在运行于巴黎的高密度的、市效通勤铁路的列车上装备了SACEM系统，综合了自动列车运行（ATO）系统、自动列车保护（ATP）系统、机车信号、运营规则和列车维修诊断等功能。这些列车的驾驶室内可以显示信号。当列车时速接近速度限制的下限时，室内发出蜂鸣音，同时黄灯显示，速度降低到满足要求时，显示即刻变成绿灯。

4）由于Astree系统的应用需要花费较长的时间和庞大的投入，法国铁路首先在主要干线上安装简易的点式ATP系统，该系统与下面所要叙述的瑞典系统相仿。该系统于1991年进行了试验，1994年完成。就ATP系统而言，点式意味着信息是通过地面各离散位置的发射应答器向列车传递的，而非连续地传输。

（3）瑞典的信号和列车控制系统

瑞典国家铁路（SJ）在其90%的运营线路上安装有ATP系统。ATP系统的主要功能有限速的显示、目标速度的显示、超速的报警和制动、当接近速度限制的下限而驾驶员未把速度降低到要求以下时的报警和制动以及列车冒进停车信号的紧急制动。

对于运量较低的乡村地区，简单的ATC系统就可对列车驾驶员提供报警信息。在以200 km/h运行的线路上，还要设平交道口检测装置，以便在栅栏门没有放下，或栅栏门已落下之后道口被公路车辆堵塞时，就提供报警。检测到不安全时将向列车传送停车命令。

（4）瑞士的信号和列车控制系统

瑞士联邦铁路关于新线和200 km/h运营的项目包括三种增强型信号实施系统，即地面信号、“点式”机车信号和ATP系统。

地面信号系统将对每一信号机的地面显示进行修正以指示列车可以通过下一个信号机时的最高速度。

在“点式”机车信号和ATP系统下，地面常规信号和速度读数都可在驾驶室内显示。当需要减速时，则由车载控制系统对列车实际速度与为达到要求的速度差而得到全部常用制动的“速度—距离”曲线进行比较，若实际速度超过安全水平，则 ATP 取代驾驶员施加制动。在正常情况下，驾驶员按低于常用制动来制动列车，在实际速度和导致“惩罚”制动实施的速度之间保留有一定的余量。瑞士试验了一种带有连续通信的 ATP 系统，以应用于速度超过 160 km/h 和行车密度极高的情形。

瑞士联邦铁路在过去 60 年间一直使用的是“Integra”自动报警系统（AWS），即在每一限速信号处采用的是驾驶室内的视听报警形式。如果过了 100 m 仍未采取行动，则引发紧急制动。

（5）意大利的信号和列车控制系统

意大利高速基础结构的客货混合运输，要求列车自动控制系统能够对常规闭塞信号和供高速列车使用的连续机车信号实现兼容，因为高速线路与公路及其他铁路线全部是立体交叉的。

（6）英国的信号和列车控制系统

英国多年来依靠单一的自动报警（AWS）系统，该系统只在实际信号机前 300 m 左右简单发出视听显示的“警告”信号，指示再往前的一个闭塞区可能要停车。如果驾驶室内显示器未消影，则自动施加制动。

1985 年末在南伦敦 Clapham 的灾难性事故后，英国铁路系统提出了现在的技术要求，即除了低运量的乡村和专用货运线路之外，所有的线路都要安装更为复杂的自动列车保护（ATP）系统，其基本要求是一旦没有遵守限速（适用于车辆或轨道速度）或信号显示，ATP 就取代列车操作员并实施制动。

英国铁路还开发出一种以无线电为基础的“安全”信号系统，该系统用于单线低密度的线路，被称为无线电子路签（凭证）闭塞。由一个远程控制地点向列车传递允许列车占用轨道区间的数字式无线电指令，并向列车驾驶员显示这一指令。设在控制中心的安全微处理机确保只有一组列车在某一时间内占用一个轨道区间。

（7）日本的信号和列车控制系统

日本新干线高速运营线路上的信号和车辆控制系统的三大主要部件是 ATP 系统、带计算机辅助运输控制系统的列车集中控制（CTC）系统和无线电话。当列车超速时，该系统还具有自动取代操作员的功能。该系统只采用机车信号而无地面信号，运行于各条线路上的全部列车由东京的控制中心控制。图 7—3 所示为典型的控制盘，图 7—4 所示为控制盘的部分细节；设有大风和地震检测装置，地震检测装置直接与列车控制系统相连，一旦接收到报警信号，即刻停止运行。此外，计算机辅助运输控制系统（COMTRAC）也支持列车控制。COMTRAC 代替了人工进路设定，且协助调度员对列车晚点作出响应，但不执行“安全”的功能。

图 7—3　日本新干线控制中心全图

图 7—4　日本新干线控制盘详图

ATP 系统的主要部件有：机车信号系统、利用轨道电路的固定闭塞列车定位系统、安全速度实施（即驾驶室内显示速度限制，若驾驶员不作出响应，则自动紧急制动）。

日本对于高达 270 km/h 的更高速度采用了加强 ATC－10 系统，增加了如下几个特点：双频系统（采用两个信号频率来传输信号信息，提高了信息量和可靠性）、最高运行速度定为 270 km/h、标准闭塞区间长 1.2 km、在地面和车上的设备都配备有三重冗余系统以提高可靠性。

日本新干线列车集中控制（CTC）系统具有在控制盘上显示列车运营状态（包括列车位置、车次、进路、风速和地震等信息）的功能。中央办公室的 CTC 系统还控制着各车站的继电器联锁系统，并负责设备的监视。

同时，漏泄同轴电缆（LCX）式的列车无线电系统还可用来提供“轨道—列车”语音通信和其他电话服务，包括公用电话、传真、电子邮政、旅馆和车票预订业务。日本新干线 1964 年开通时即采用列车无线电话系统，该系统沿全线安装与无线电台连接的 LCX 以及无线电系统以供不同地段使用。

“COMTRAC”是计算辅助运输控制系统，用来控制列车进路并在列车出现延误时调整列车运行计划。“COMTRAC”与 ATC 系统相连，具备 3 中取 2 的冗余设计以提高可靠性。该系统可提供能处理极高运输密度的自动列车控制和进路设定系统的能力，并能监视雨、雪、地震和大风报警系统。

三、道路完整性

1. 车辆检测

车辆位置的精确实时检测，对于系统确定安全范围内的道路和速度是极为重要的。它同时为轨道活动设施，如道岔提供联锁，并辅助平交道口等系统接通。目前的车辆检测方法包括使用各种各样的轨道电路、轨道转发器和无线电波传输。由于检测系统的任何失效都会使发生事故的可能性大大提高，这就要求系统必须高度可靠，并且是故障安全的。

（1）轨道电路车辆检测方法

自 1872 年以来，轨道电路已成为检测列车存在的最常见方法。目前所有重要的轨道电路均采用闭环技术。同时，视觉观测、环路检测器以及计轴器仍然在某些低速铁路中使用。

许多制式的轨道电路被用做列车检测，而且在很多情况下，用于断轨检测及速度代码的传输。速度代码传输可以是在轨道电路整体之外或叠加在轨道电路上。车上设备接收到的这类速度代码既可为 ATP 所使用，也可作为列车驾驶员的速度指示或为两者兼用。轨道电路通常是根据它们的应用环境选择的，而且可以分为音频和微处理器控制的形式、二元频率和相位选择形式两大类。

音频轨道电路（见图 7—5）是叠加在既有直流轨道电路上的，它最早用于操纵公路道口的装置，用以确定进路和公路道口安全岛区。之后，这类电路被进一步开发并用于铁路运输，应用在交流牵引动力和钢轨构成的牵引动力的回路线的场所。音频轨道电路可以用做速度代码传输。

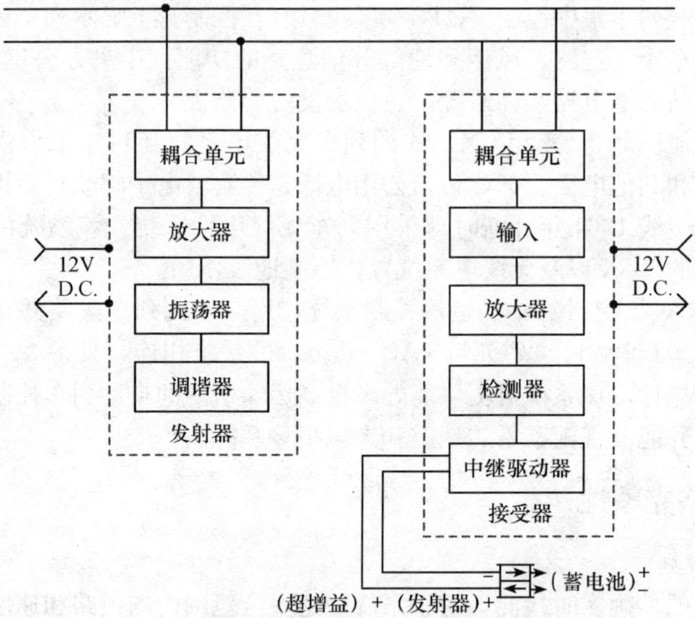

图 7—5　音频轨道电路

音频轨道电路有如下特点：与工频的轨道电路不同，其发送器和接收器是电子装置；以不同频率范围为相邻轨道电路提供隔离；通常包含有发送器和接收器耦对；可以用一个连续的低频频率调制；不需要轨道绝缘节。

微处理器轨道电路（见图 7—6）也可提供速度代码传输，它具有如下优点：通过钢轨传输大量信息，而不使用沿途铺设的电缆；比传统继电器电路的抗破坏能力强，使用安全，维修工作量小；可有效避免工作人员的越权干预。

美国铁路目前普遍使用的相位调制轨道电路（见图 7—7），它类似于传统的 AC 轨道电路。一个基准 AC 信号（通常在工频范围内）要贯通到信号管理区域的

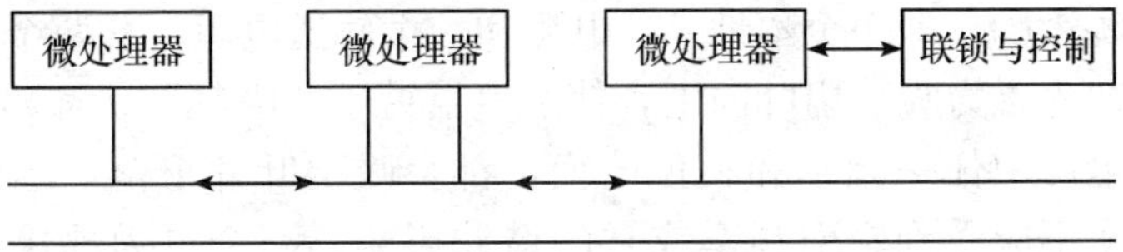

图 7—6　微处理器轨道电路

全长，这种“导频信号”要送到每一轨道电路的发送器和接收器。由于钢轨的阻抗，到达钢轨接收器的信号，其相位不同于送到钢轨的导频信号的相位。因此接收器终端单元要通过调节以查找相位差。当没有检测到相位差，就表示已被占用。这时，所传输的信号可以用一个代码速率发送器调制，然后由一个随码继电器接收，使速度代码传输和占用检测二者均成为可能。这种形式的轨道电路可以在高速铁路使用，但它需要绝缘节，增加了维修的要求。

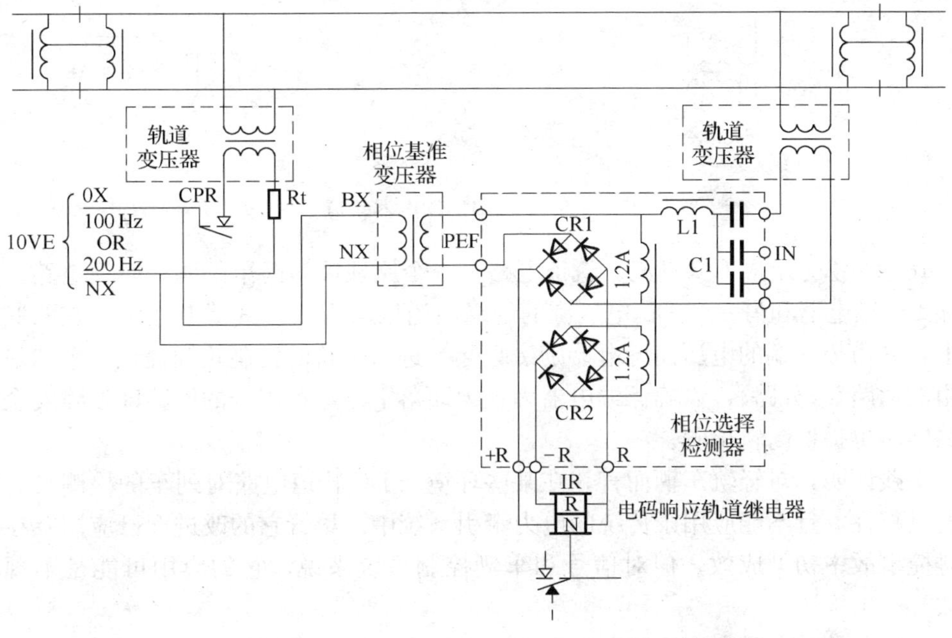

图 7—7　相位调制轨道电路

二元轨道电路能够确保轨道继电器不励磁，这种方法最初随离心继电器广泛地使用。在 1906 年被首次引入到铁路系统。由于较高的维修费用，这种高度有效的继电器直到 1972 年才大规模生产。最常见的 AC 轨道电路是在 60～100 Hz 较低的频率下供电，并且建立在利用两元扇形继电器的基础上，如图 7—8 所示。这种继电器用两个电源激励，即一个本地 AC 电源和一个轨道电源。这两个电流必须有适当的相位差，产生磁力吸引扇叶向上，使继电器处于“吸起”状态，或以轨道未占用表示。两个电源中任一频率和相位改变，都会吸引叶片下落，继而使继电器落下。选择的频率不应受到牵引频率或它的谐波影响。一个更为现代化的改进型是 TRU－Ⅱ型电路，它驱动一个传统的 DC（直流）型安全轨道继电器。这些形式的轨道电路可以在高速铁路中使用。

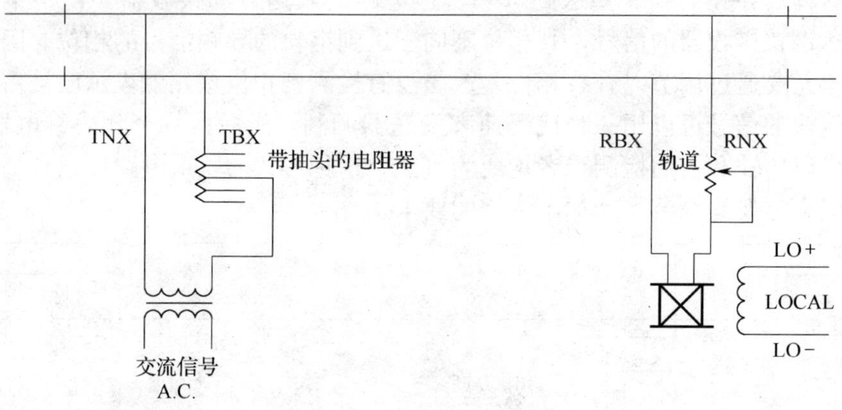

图 7—8　AC 扇形继电器轨道

1872 年发明的 DC（直流）轨道电路是一个原理极为简单的闭路轨道电路，由一端 DC 继电器和另一端 DC 电压源的绝缘轨道区段组成。其蓄电池跨接在两股钢轨上，并由另一端的电压使继电器励磁吸起。进入钢轨的钢制轮轴提供一个“最小电阻的通路”（分路），以确保继电器因重力而落下。这种闭合的回路即故障安全的电路同时也提供断轨检测。

实践证明，对轻轨车辆而言，在某些环境下 DC 轨道电路对列车的检测具有最小的可靠性，且不能应用于传统的电力牵引系统中。尽管它的改进型已应用并在避免碰撞事故中初见成效，但对信号和车辆控制系统来说，它的应用可能是不现实的。

（2）非轨道电路车辆检测方法

非轨道电路车辆检测方法通常能比传统轨道电路拥有更高的信息处理能力，但其本身不能提供钢轨完整性检查，所以要使用其他手段予以补充，如借助查寻应答器、卫星无线电路、多普勒雷达等。

在欧洲，查寻应答器用于常规速度系统中的列车检测以及快速磁悬浮车辆速度/位置检测。为了收到最大的成本效益，查寻应答器通常装在轨道上，并和装在列车上的查寻器一同使用。当列车通过查寻应答器时，检测查寻器发送识别码，并通过无线电把列车的位置回传到信号控制点。如果列车未能读出查寻应答器，则根据列车的位置由最后一个可靠读数推断。

伯灵顿北方铁路和罗克威尔国际组织（Rockwell International）共同试验了一个借助于卫星无线电线路提供列车检测和速度传达信息处理的系统。目前，在没有足够的支持条件下，系统不能提供列车精确的位置，但是它的应用前景仍然十分广阔。

法国铁路开发了一种连续实时自动化系统（ASTREE），其从某一基准开始不断地计算车辆的位置，并把这一信息传输到控制中心。ASTREE 将装有多普勒雷达，并以 0.1%以内的精度计算列车的速度和位置。这些数据连同目的地、重量、制动能力等一起经由卫星完成无线传输传送到控制中心。

联合太平洋铁路实验了一种 ATCS 检测系统，它用一个查寻应答器作为车上里程计测量距离的基准。这种类型的车上感知和报告与查寻应答器方法相类似，当通信方法失效时，存在一个相同的问题，即怎样来提供检测。因此需要用一种故障安全编码和逻辑，并作相应的调整，或者以更为传统的轨道电路作备用，与这种方法一起使用，以提高系统的安全性、稳定性。

2. 联锁装置的完整性

联锁是一种信号设备的布局，其连接组合方式必须保证其能按预定的顺序相继完成各功能，从而使列车在无碰撞和脱轨的条件下按选定的进路安全运行。联锁用来安全地发送列车，使其通过潜在的、碰撞事故多发地区（如平交道口、电动道岔区或吊桥等可能发生列车对撞的地区）。联锁可分为自动联锁、远程控制联锁和就地控制联锁 3 类。

自动联锁是预先编好程序，当检测到有列车接近、在未到达前就启动联锁并建立正确的进路；远程控制联锁是由在控制中心的操纵者手工或计算机控制；就地控制联锁指在联锁处由手动控制。

为保证列车运行安全，所有安全控制电路都是根据闭合电路原理来设计的。安全联锁电路的设计思路：当检测到发生故障时，地面信号设置为停车，机车或速度信号设置为最低的速度指令，并且把停车信号传输给所有受影响的列车。

目前，联锁的完整性既可以通过传统的硬接线的继电器联锁方法来实现，也可以通过像近年来广泛使用的基于微处理机的联锁来实现。联锁系统的设计要确保只有当各道岔的状态以及其他列车和设备位置能够保证列车进路处于安全状态时，才会给予列车一条进路指令。确保道路完整性的判断是根据列车检测、轨道状态以及所有可能冲突的列车运行情况做出的。联锁完整性电路总是建立在故障安全电路基础上的。

(1) 联锁完整性方法

“故障导向安全”闭路电路系统用来检查混杂在信号系统中的可移动线路单元的位置。类似电路还检查所有可能的运行冲突，从而提供整个进路的完整性。

很多车辆碰撞事故是由某些方面的不足引起的，如检验不充分、工作人员考核不充分或负担过重、维修不合理、政策或规程使用错误、蛮干行为以及人的干预等。为检查“故障导向安全”而引入利用微处理器等效电路的新方法，但是微处理器等效电路并不能实现上述问题的处理和检测。目前，非移动部分的轨道完整性是通过断轨检测的轨道电路和日常目测来监控的。一般地，以最大允许速度来确定检查等级和标准。

早期的联锁提供必需的、严格的机械措施来检查并避免车辆碰撞事故的发生。利用安全继电器和联锁的同时，引入安全电气电路，借助能量消失时确保重力应答电路或联锁装置来认定“故障导向安全”。这就产生了既有机械也有电子部件的联锁技术——“电—机”联锁方法，这种方法目前仍在使用，但已不再用于新建铁路。

现行的检查联锁完整性的方法是使用安全继电器联锁在安全电路中提供上述机械检查，或使用基于安全软件编程方法重现继电器型逻辑的微处理器联锁技术。下面简单介绍几种常见的联锁装置。

安全继电器联锁的基础是安全继电器，采用不可融接的前接点，以机械方法制造成为安全或故障安全。电路设计保证继电器的失能状态总是导向安全状态，从而使列车停车或减速。安全联锁装置用断开试验来验证，即用断开电路的方法来检验电路中每一单元是否能够完成预期的功能。

安全继电器联锁在铁路上已使用很长时间，但它局限于需要大量昂贵和笨重的设备。即使像 TGV、新干线和大部分 ICE 等高速系统上也均使用安全继电器联锁，但微处理器逻辑的使用正日益变得普遍。

在美国，有两个主要的信号设备供应厂商（联合道岔和信号以及通用铁路信号）遵照北美铁道协会的部分指南开发了安全型微处理器联锁系统。该系统已被安装在横跨美国的许多地方，包括 Conrail. Amtrak、南诺福克、纽约市公交局、华盛顿市区运输局以及芝加哥公交运输局。由于成本和维修量的降低，工程师更倾向于选用这种新设备。

理论验证后的安全处理器技术使安全微处理器系统具有了生命力。安全处理器技术模仿闭环回路原理，采用双路编程技术及环绕接式分立硬件。系统按下列方式工作：①双路编程使诊断例行程序和系统检查在运算数据库范围内交叉运行；②硬件通过软件的"回路折返"监测予以保护，处理器将输入和输出监测装置构成触发电路，或把特定的检查数据施加在输入和输出上，并要求这些装置产生一个给定的响应；③微处理器的内部逻辑检测不正确的响应，并立即给出一个"故障安全"反应；④诊断子程序检测系统内的关键问题及系统的不合理操作，并采取相应的"故障安全"动作。

在安全型微处理器系统中使用单 CPU 和多 CPU 两种形式：①单 CPU。目前生产的信号电路使用的所有安全型微处理器系统都使用单 CPU，为确保系统的稳定性，其存储和处理信息的检查方法都通过了理论验证；②多 CPU。具有相同寿命和性能保护功能的以安全型 CPU 为基础的系统已被航空控制、船舰导航等系统使用多年。通常，这类系统采用两个或更多的 CPU 提供相同的并列功能，并根据结果和数据的互检，确保所有的 CPU 控制决策是正确的。

按可靠性和完整性对两类系统（即互检多 CPU 系统和采用双路编程处理及存储的单 CPU 为基础的系统）的优点作下列比较：①基于单 CPU 的系统当遇到一个危及安全的故障（非容错的）时，被迫停止工作以维持其持续工作能力，单 CPU 系统是不可避免这种"可靠性与完整性"的矛盾的，因为每遇到危及安全的故障都必然会切断由 CPU 控制的安全继电器的电源；②在保持极高可靠性因素（容错故障）的同时，多 CPU 系统呈现了持续工作能力，因为危及安全的差错常常可以在不损害这种能力的条件下恢复。

尽管美国车辆和信号系统控制没有使用多 CPU 系统，但对于高速系统，它们的附加可靠性更为可取（根据它们对偶然的不可避免的安全错误从内部补救的能力），因为在高速系统中，系统停止工作可能引发其他问题。在某些故障出现时不能仅以暂停工作来作出响应的情况下，必须使用多 CPU 系统。

在美国，安全微处理器系统软件应用的步骤如下：①联锁逻辑电路是按照传统继电器逻辑电路来设计的，并将其转换为布尔代数表达式；②然后把布尔代数表达式传递给一个高级自动编译程序，编译程序把布尔代数转换为机器语言或能应用的代码，将其存放在 EPROM 中（可擦除可编程内存）；③把 EPROM 插入安全型微处理器中；④安全微处理器执行操作代码并履行安全联锁职责；⑤执行和操作程序装在一个固定存储器中，以防止其被用户无意识地改变。

除美国外，在铁路和磁悬浮系统控制中均使用多 CPU 为基础的系统。虽然多

CPU 系统用一个“表决”电路，其持续工作能力与美国系统相同，并且由最新系统实现容错故障。CPU 基础系统中的偶然错误目前是不可避免的，而且只有能够对同一数据显示多个判断的多 CPU 系统，才可能根据更少关断安全控制部分来对这类错误进行调节。单一 CPU 系统由在译码错误不大于 1 s 的范围内关闭部分安全功能来确保故障安全的持久性，而多 CPU 系统则有能力在未显示故障安全断路和不牺牲故障安全原则的条件下弥补瞬间错误。

当哥德堡（1978）和马尔默（1980）首次在计算机基础上成功地建立联锁后，欧洲首先安装了固态联锁（SSI），然后 Dansk 信号工业在 1980 年生产了第一个建立在微处理器基础上的联锁。这一系统是由一台微处理器上运行的两个独立的程序 A 和 B，并要求两者的结果一致来实现持续工作能力。

英国铁路研究发展部和 GEC—通用信号有限公司以及英国西屋信号有限公司一起开发了基于三个处理器的 SSI 系统，其中两个处理器正常使用，第三个作为备用。这种形式的系统也被用于德国 ICE 的扩展上。德国磁悬浮高速系统的联锁逻辑是西门子“Simis”铁路信号微处理器的故障—安全微处理器单元，它采用 3 取 2 的表决程序，每一个联锁逻辑单元控制一段确定长度的轨道。

（2）联锁装置的完整性功能

联锁系统关键的子系统构成了运转状态的完整性及其避免碰撞的安全性。在联锁内的信号设备要完成控制锁闭和运行的全部功能，至关重要的是确保所有相关子系统的动作先于其启动，并确保它们这样做是在可接受的故障—安全方式之内。

时间锁闭是保证车辆在进入某一锁闭的道路时，如果接到取消进路的信号，能够有足够的时间来反应停车。即现有排好的锁闭进路，可在规定的时间内改变成所允许的不同的排斥进路，以保证列车有足够的时间在进入该改变的进路之前停车。时间设定量是以最不利的制动特性曲线（制动最长时间）为基准的，从而在到达时限前，所有的道岔设备和其他设备都被锁定在它们现在的位置上。

当在接近轨道电路和限界上没有检测到列车时，接近锁闭用来提供准备好进路的立即解锁。当列车处于接近限界之内时，时间锁闭使准备好的通路不致被解锁，直到预定的时间到达。

进路锁闭确保正确进路已准备好和锁定。进路锁闭锁定所有在进路中的电动道岔和信号，使列车经由进路前进时，在列车前面和列车下面的道岔被锁定，同时，为了提高运转效率，在列车后面的道岔可以解锁。通常要设置某种形式的列车分路失效保护，并按 FRA 要求保证列车存在时的进路不改变。

行车锁闭确保一个运行方向的进路已被锁定，或任一列车已占用那个线路区的部分，则对向联锁间的运行方向不得改变。行车锁闭电路通常隐含在信号线路控制中。

在已经选定给定方向的进路之后，列车需根据进路状况给定的速度指令或信号运行。传统的信号设计在给定的速度代码数组中考虑了不同的速度，它可以不和轨道电路相对应。所选定的最大速度指令必须小于或等于线路区段的限速。在联锁范围内的速度传达功能是为预防追尾事故及由超速造成的碰撞和脱轨。

3. 进路完整性检查

在允许前进信号发出之前，为保证道路的完整性，影响安全通过的所有区域都必须进行检查。涉及联锁区域里、外的进路完整性，除了包括超出正常联锁安全功能之外的进路完整性，还包括行车锁闭、道岔的电锁定、轨道完整性以及为保证沿轨道安全运行的其他方面。

四、速度传达

使用地面信号向驾驶员传输最大允许的速度是速度传达使用的最为普遍的方法。因为地面信号被疏忽、错误理解、受到破坏或被雾与雪模糊已经导致过许多碰撞事故。因此，地面信号常用机车信号作为补充，以便为驾驶员提供更为直接的显示和各式各样的 ATP 速度实施技术。

某些磁悬浮系统采用地面速度控制技术，其中对车辆仅监测速度/位置。在这种情形中速度传达是为了验证，而不是为了控制。

较新的系统采用感应耦合或无线通信向列车和驾驶员传达信息。ATP 可以保证速度和制动的一致，预防因驾驶员没有及时采取措施而造成碰撞。法规和章程必须对每种速度传输方法作补充，不仅要保证相适应，而且当某一速度传输系统不能正常工作时要提供备选速度传达方法。

这里提出一个新概念，即移动闭塞信号经由一个更为精确的逻辑提供速度指令，这样就允许比其他可能的方法能有更短的列车间隔时间。移动闭塞信号系统保持列车间隔要比固定闭塞系统更接近于安全制动所要求的距离。使用移动闭塞方法还可省去在固定闭塞方式之下，除安全制动距离之外要求的额外的闭塞长度。加拿大温哥华 B. C. Sky 列车和英国伦敦多克兰轻轨铁路采用了这种移动闭塞概念。在这两个铁路系统上正在使用的一种建立在传输基础上的移动闭塞系统称作 SELTRAC，它根据对行进中的列车后部车辆位置核定安全制动距离，实施列车间最小安全间隔，如图 7—9 所示。

1. 地面信号

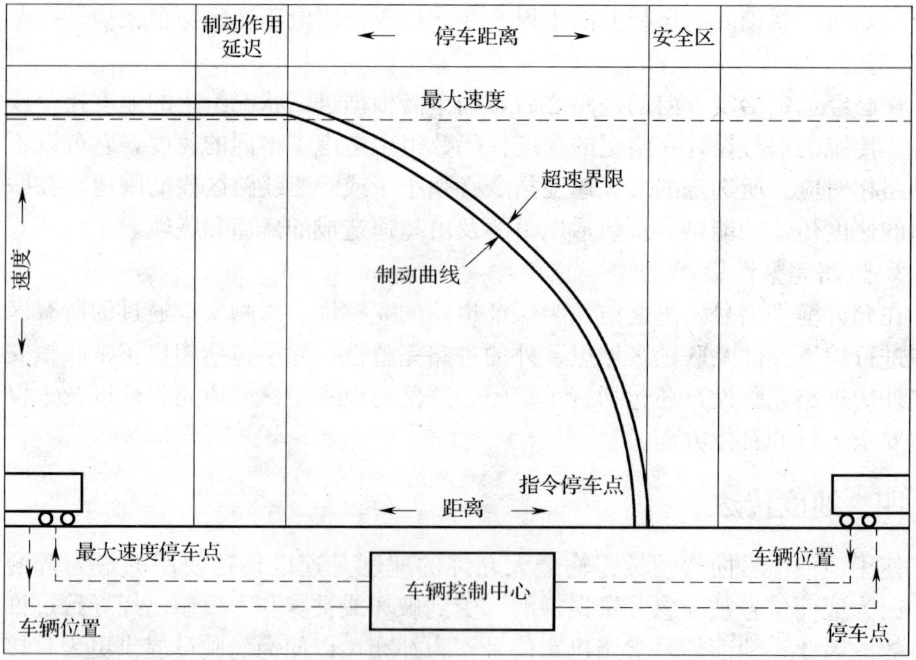

图 7—9 SELTRAC 移动闭塞系统——对车辆安全间隔的控制对策

当地面信号显示清楚无误时，规程要求驾驶员立即对地面信号作出反应。为了响应地面信号，需要的有关时间包括：

(1) 瞭望

信号可能被天气、树枝以及被不可见处所的破坏行为所遮挡，也可能对信号做出错误的观测，例如，由反射的阳光造成错觉。

(2) 确认和反应

即使一直保持警惕性，像打喷嚏那样的不可预测的短暂间隔，也都会显著地延长确认和作出反应的时间。

(3) 安全常用制动时间的开始

驾驶员制动动作是跟随在观测、确认和反应的延时之后。信号系统的设计假定典型的制动前的反应时间为 4 s。

即便是使用那些比仅依赖地面信号更为先进的方法，在手动系统中驾驶员的负责任行为也是避免碰撞所必不可少的。除了地面信号之外，速度实施还有其他方法，但在通过地面信号之前，速度实施方法通常不可以取代驾驶员的职权。这种情形在紧急 ATP 制动和驾驶员触发制动之间可能有很大差别。这种差别随速度的提升而增大，并会妨碍地面信号在车辆和信号控制系统中的有效应用，需要用其他措施来补救。利用 ATO 消除了列车驾驶员的反应时间，如果驾驶员未作出适当反应，则由车载设备做出确认。

常见的地面信号系统使用三种基本显示方式。图 7—10 和图 7—11 描述了无、有 ATP 的条件下这一方法的运用。

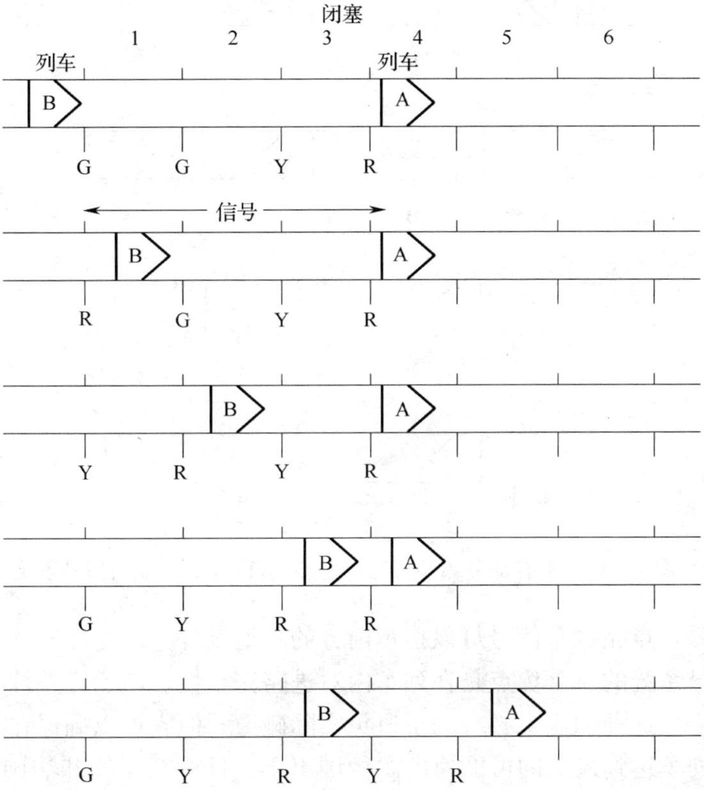

图 7—10　无列车停车及其他 ATP 的三个闭塞分区和显示地面信号系统

2. 机车信号

一般机车信号与地面信号一起使用，以便列车驾驶室内保证显示合理的速度等级。正如图 7—12 所示的列车信号系统与基于轨道系统的感应耦合在驾驶室内提供类似于地面信号的显示。这些系统常常与 ATP 系统连接。

装在列车上的靠近钢轨的接收器绕组接收脉冲编码的轨道信号，予以译码，并

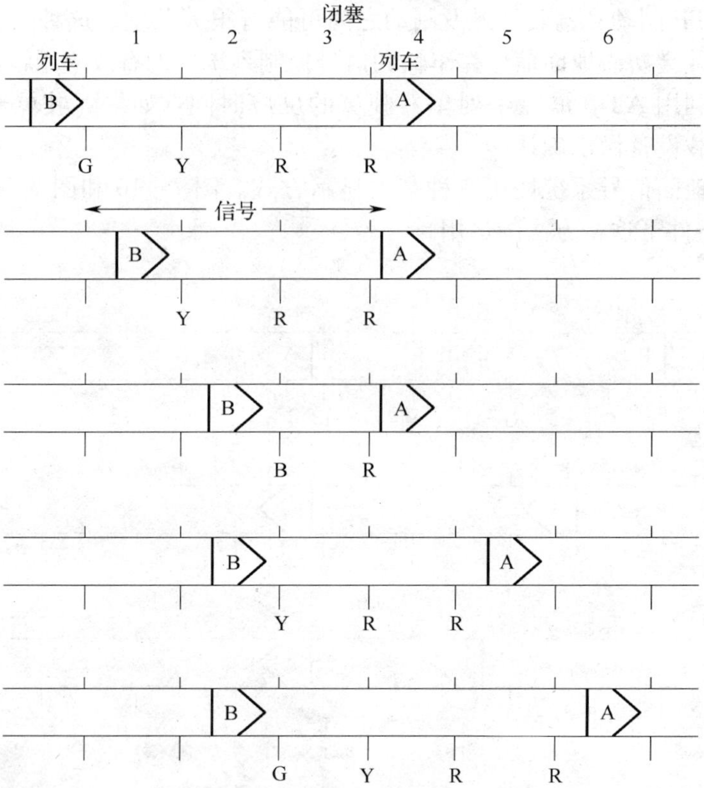

图 7—11　带有部分 ATP 的三个闭塞分区和显示地面信号系统

使继电器励磁，点亮机车信号灯以指示前方的轨道条件。

机车信号系统的显著优点是在列车内对进路完整性、轨道完整性或侵入给出直接显示或反应。这种响应未必有助于避免实际碰撞，但它可以确保在列车运行被破坏之前，使列车达到最低的可能速度。德国 ICE、日本新干线和法国 TGV 系统采用了机车信号系统。机车信号系统的另一个优点是可以采用比地面信号多的显示，而且可以提供连续的速度信号。这就允许车辆有更多的操作灵活性，使线路的通过能力提高。例如，Amtrak 从纽瓦克 NJ 到纽约 Penn 站安装的 10 显示机车信号系统，能够大幅度提高该繁忙复线上的通过能力。

3. 速度代码传输

通常点式运行速度代码传输由安置在闭塞分区边界上的地面天线组成。这种天线向装在车辆上的与它连接的天线传输一个速度指令。该系统的缺点是列车不能直

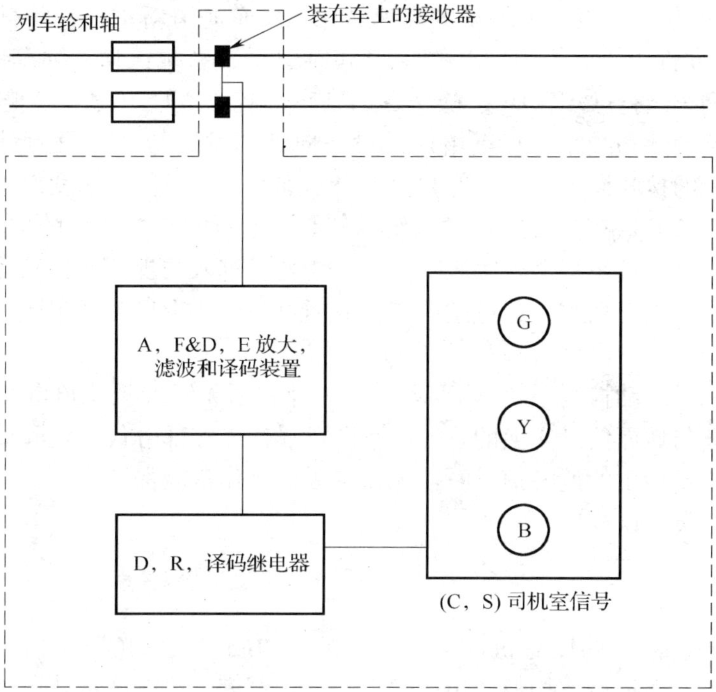

图 7—12　机车信号系统示意图

接了解轨道前方的变化，并且其操作通常比较缓慢。前面讨论过的卫星列车检测系统可以提供更为详尽的速度传输信息。

对于那些被设计成完全自动运行的系统（例如英国伦敦多克兰轻轨铁路自动化 PM 电车），其速度信号只能通过列车自动控制装置（ATC）从内部识别。①该装置的 ATP 部分使用这一信息供速度传达；②该装置的自动列车运行（ATO）系统使用这一信息来控制驱动和制动单元。ATO 的功能和人的操纵一样多，不过通常具有更高的精度和一致性。

对于德国快速磁悬浮系统而言，正常的运行驱动和制动控制是由地面动力变电所执行的。所以，速度指令传输是到达变电所，而不是到达列车。在分散的列车和轨道控制（DTGC）单元中产生的速度指令由光纤线路传输到变电所。主要的紧急制动是使用线性同步电动机（LSM）经由地面控制的。然而，在快速车辆上的后备紧急制动，是当通过无线电线路接收到由路侧的运行授权时，从只读存储器（ROM）中读取的安全速度曲线数据在车上实施控制。

日本1964年建成世界上最早的高速铁路——东海道新干线，其自动列车控制（ATC）系统发挥了重要作用。ATC系统包括三个子系统：自动列车保护（ATP）系统、自动列车运行（ATO）系统、自动列车监控（ATS）系统。它根据先行列车情况、进路条件和线路特点等由地面设备向钢轨发送与速度段相对应的信号电流，通过车上的接收设备在机车驾驶台上显示列车允许运行的速度信号。其中控制中心设备属于ATS系统，是ATC系统的核心。运行时，对列车的情况进行监视、跟踪和自动记录，按照每个闭塞区间只有一趟列车进入的规则，自动地控制后续列车。当列车接近先行列车、通过站内道岔或通过小曲线半径时列车运行自动进行调整或调度。

法国的列车自动控制系统（TVW）是一种利用无缘音频轨道电路作为传输通道，实现列车与地面信息交换的系统。它的可靠性能够部分代替驾驶员的作用。当检测到地面设备传出的危险信号时，无须驾驶员操作就能保证列车安全运行，可有效地防止驾驶员的误操作。

国内机车的四大件，包括无线列调电话、车载设备信号、自动停车装置和运行管理记录单元。

在每一调度区段调度总机，与车站、机车构成“大三角”通信，由车站、机车、运转车长（便携台）构成“小三角”通信，调度、机车、运转车长、车站助理值班员间的通话均由车站基地台转发，以人为操作为主，有标准的数据输入介面，通过输入装置上的开关、按钮和相关数据输入，对列车运行情况进行管理。

车载信号设备和自动停车装置构成车载信号系统。地面信号通过地面的信号装置发送和车载装置接收，传递到机车上，整个过程都是自动的。这样可大大提高信息的传递速率，便于驾驶员及早掌握地面信号显示状态，减少地形和气候条件的影响。

而装有自动停车装置的机车，当限制信号传来时，能以音响报警的方式提醒驾驶员注意，以便采取减速或停车措施。如驾驶员失去警惕，在7 s内未按压警惕按钮，自动停车装置就实行紧急制动，迫使列车紧急停车或降速，以保证行车的安全。

运行管理记录单元用于记录与运行相关的数据。它通过微型计算机实现列车运行速度连续监控、自动语音提示、列车运行数据显示、列车运行数据记录、地面数据分析处理（查询、打印）等功能，对于规范机车乘务人员驾驶也有一定的作用。在列车运行中，系统不断采集机车速度、地面信号状态及机车本身状态数据，用于监控列车运行速度，并存储重要数据，作为机车运行情况分析的依据。

五、超速防护

1. 车上速度控制

随着系统的不同、自动化程度的不同，车上速度控制方法在特性上稍有差异。但是，它们的基本原理是相同的，即要对实际列车速度和最大安全速度进行故障安全比较，当出现超速时要实施故障安全制动。

最大安全速度按在本章第三部分所描述的那样传达到列车。如果列车是手动操作且无自动防护的话，则列车驾驶员的责任是将速度控制在最大安全速度的限度内。显然这不是故障安全的。

由于没有 ATP 系统，目前英国铁路（BR）限制列车速度在 200 km/h 或更低。英国铁路目前正在评价两种典型的 ATP 系统，以便能够运行更高速度的新列车。然而，将要选定的系统应能适应所有列车速度和混合的交通模式，如高速城际列车、高密度市郊列车、低密度乡村列车及各种各样的货物和包裹列车。此外，即使在低速运行的传统无防护区，如复杂站区及调车运行，系统都应提供防护。英国铁路已采用一种点式系统，它将装在每一信号机合适地点的信标以及附加在选定的信号机间添加的信标或环线上，以保证线路的通过能力。对下列两种 ATP 系统进行评估：①在 Chiltern 线路上的 Sel Alcatel Selcak 系统。在该系统中，轨道到列车的接口由轨道环线提供（长为 25 m，50 m 或 300 m 的导线）；②在大西干线上的 ATP 系统。该系统使用不锈钢环形天线。

英国铁路利用这两种示范装置的成果来提供轨道和列车的标准接口技术条件。传达到车辆上的数据将不仅包括紧接区段的速度限制，也可以把下一区段的限制数据包括进去，车上 ATP 装置完成对列车速度的控制和速度限制的传达的任务。

对于高速铁路来说，超速防护必须实现自动化。列车可以人工驾驶，但如果驾驶员超过 ATP 速度限制，则 ATP 系统施行制动，以使速度处于极限之下或令列车完全停车。列车速度通常是由测速发电机确定的，它提供一个正比于轮对速度的电压或电流信号。利用多个测速发电机，并通过由最高读数确定速度，就可以实现一种故障安全方式。万一车轮滑行或空转时，可用加速度仪来扩大系统对速度检测的补偿。加速度仪电路也必须由 ATP 系统对故障安全作出验证。

在传统的铁路信号系统中，机车信号或速度指令被用来提供自动超速防护。图 7—13 所示为麻省海湾运输局（MBTA）在通勤铁道设备上使用的有自动超速防护的机车信号系统示意图。这种配置使列车驾驶员在运行速度不超过机车信号机上显示的指令速度的情况下，可以控制速度。如果超过指令速度，或前方有另一列车而使闭塞速度变为低值时，驾驶员就会收听到一个音响报警。驾驶员拥有一个恒定的时间（一般为10 s的仪表和驾驶员反应时间）来手动引发所需要的制动。如果这样做了，那么当达到所显示的较低速度时，制动就可以被缓解。如果没有这样做，就由ATP系统自动实施制动，并且这种制动不能取消，直到列车完全停车，驾驶员才能恢复控制。制动可以在闭塞范围内的任何地方引发、任何时刻引发，因而对于一个给定的闭塞长度，它要比撞击杆式制动器触发更能允许列车紧密运行。

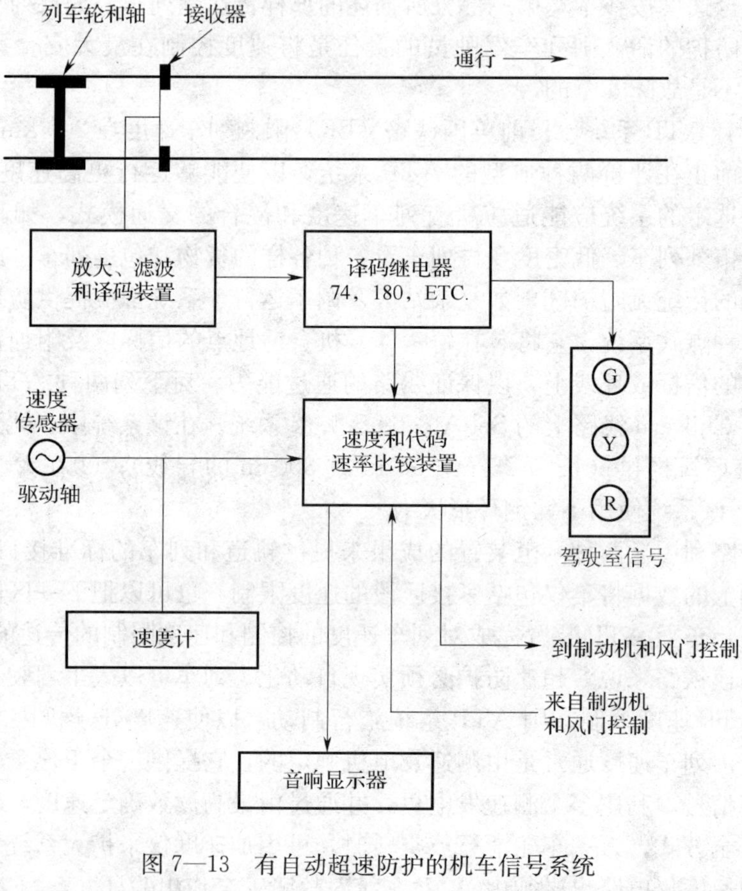

图7—13　有自动超速防护的机车信号系统

2. 超速电路

通常超速防护电路可以是模拟的、数字的或某种组合设计。需要对每一电路进行详细分析，得出电路范围内每一部件可能出现的故障模式及其后果。在这种故障模式和效应分析（FMEA）中电路被认为故障安全的：①其结果一定要得到一个比安全和可以容许的条件更具有约束性的条件（更低速度）；②故障必须予以通告，以便使维修达到预防多重故障的作用。

对于包含微处理机的数字电路系统，这种安全分析是难以根据电子线路自身来进行的，而且在大多数情况下安全是借助于双处理器、3 中取 2 的处理器，或者如早先 SSI 中所述的安全“看门狗”实现的。例如，最新一代 ICE 列车使用 LZB 车主设备，其中含有从 3 个处理器中取二的基本原理。计算机被独立设计，具有在电气上独立的输入和输出接口、分开的电源。3 个处理器全部接收到相同的数据，并按照相同程序对数据进行处理。在每一时刻，3 台计算机的两台接到输出上。第三台计算机充当一个“备用品”，且在其他运行计算机发生故障时取代。输出和中间结果在计算机间交换和进行比较。当一个结果与另两个不同时，它的输出便作废。

许多公路交通局提供自动列车运行（ATO）以及 ATP（例如亚特兰大市高速运输管理局 MARTA，华盛顿城区运输局 WMATA，巴尔的摩、迈阿密、旧金山、海湾地区快速交通 BART 等）。ATP 与手动控制以同样的方式起作用，当接收到一个更为限制性的速度时，就强行降低速度。

ATO 本身不一定是故障安全的，但应该是可靠的。在许多地方，例如新干线的某些较高速的设备，因为对驾驶员有足够的信任，相信其不会被干扰和忽略，因而降低了 ATO 的优先级。大多数用 ATO 的设备，通过对驾驶员提出在每一车站的任务，如车门控制和调度来克服这一点。通常，这些系统工作很可靠。

3. 列车停车装置

列车停车装置有机械式、感应式和磁性等三类。

列车停车装置通常由一个固定在地面轨道旁的信号装置组成，并与列车上的对应装置相互联系。在美国普遍使用一种机械手，可以根据轨道电路检测到的轨道占用情况而抬起或落下。当机械手在抬高位置时，它与列车上的触发装置啮合，并使紧急制动机动作。当列车违反地面显示信号进入一个闭塞区间时，不管驾驶员是否采取行动，在与下一闭塞区间的列车碰撞之前使列车完全停车。

除了对追尾碰撞进行保护，撞击杆式制动器也可以与轨道电路及其他信号设备一起使用，以便对超速提供自动保护。就这种应用而言，要在电路上加上控制列车停车装置的定时装置。像轨道电路和信号那样，列车停车装置也以故障安全的方式来进行设计工作。列车停车装置借助于重力或重型弹簧使其抬高到停车位置，借助于气动或电动机构落下。因此，列车停车装置执行机构或它的能源故障将导致列车停车装置被抬高到停车位置。

感应式和磁性的列车停车装置与机械式的工作方式相同。因为它们的作用不会因为破坏行为、物理损坏以及维修要求而轻易丧失功能，所以通常认为它们的故障安全作用更好。此外，机械式的停车装置需要额外的支持电路系统，以便确保它们以合理的方式产生动作，同时可能还需要对冰和雪的影响进行保护。

上述装置主要在无机车信号的地界上使用。列车停车装置可以和车上列车防护结合起来使用，但由于下列两个主要原因实际上对高速列车是不适宜的：①列车停车装置只允许在给定的地点引发制动，而传统的车上 ATP 制动可以在任何地方触发；②因为正常情况要包含数百英尺的调速范围，因此列车停车装置必须布置在离实际制动触发点很远的前方才能有效。

随着我国铁路现代化事业的进一步推进，列车提速和高密度行车已经成为提高铁路运输效率的重要途径。与此同时，这也给列车的行车安全运行提出了更高的要求。

目前，我国在既有线上已经使用的列车超速防护系统有分级控制方式和“速度—距离”模式曲线控制方式。分级控制方式是根据列车运行前方出口端的速度等级而构成阶梯的“大阶梯”速度控制曲线，监控列车运行速度。“速度—距离”模式曲线控制方式，是自列车运行前方停车点起，根据列车的制动能力，及前方运行线路的坡度、弯道、限速点、到停车点的距离等线路参数实时计算出一条“速度—距离”模式曲线，实时监控列车运行速度直到列车在前方停车地点停车。

自动列车防护（ATP）系统是一种带速度控制的列车自动防护系统，是原来线路上信号设备的补充。它是由地面信号和车载设备共同组成的闭环高安全系统，使地面联锁向车载设备延伸，在此基础上实现以车载设备为主的行车方式。列车的速度越高，超速防护越要自动化。列车在人工驾驶的情况下，如果驾驶员超过 ATP 系统的速度限制，则系统将自动施行临时限速、紧急停车或控制进站时间等制动行为。其运行过程为，系统施行常用制动自动减速，只有当常用制动不能保证列车在目标点前停车或降至规定限速值时，才自动施行紧急制动，使速度处于极限之下或使列车完全停车。测速发电机用于测量列车的运行速度，并记录其中的最高读数，即最大速度值，就可以实现故障—安全方式检测。而对于车轮滑行或空转时，可用加速度仪来扩大系统对速度检测的补偿。需要注意的是，如果使用加速度仪，电路也必须由 ATP 系统对故障—安全作出验证。

ATP 地面接收器主要接收列车检测信号，速度命令由车载 ATP 设备接收。在铁路信号方式中，列车检测信号或速度命令被用来提供自动超速防护。这种配置使列车驾驶员可以控制速度，使速度不会超过在机车信号上显示的限速值。如果限制速度被超过，或当前方有另一列车而使闭塞速度变为低值时，驾驶员就会收听到一个音响报警。驾驶员拥有一个恒定的时间（一般为 7 s 的仪表和驾驶员反应时间）来手动引发所需要的制动。如果进行一定的人为干预，那么当检测到速度低于限制速度时，制动机就可以被缓解。否则，当仍检测出超速时，就由 ATP 系统自动实施相应的制动。

六、车辆误动作安全保障系统

1. 地面保障设备和技术

当地面安全装置检测到车辆误动作时，地面安全系统监控列车运行条件，并将警告信号传送到当地或中央控制设备。这些系统包括轴箱发热探测器、车轮发热探测器、脱轨或拖挂设备探测器以及限界检查器。尽管这些地面安全系统已经很好地使用，但仍应使用车载监控器予以补充。比如，因走行部分造成脱轨，却不能用地面安全系统来监测。车载系统可以持续不断地监测诸如走行部分、车辆轴承以及制动器等项目。

（1）轴箱发热探测器

轴箱发热探测器是地面热传感装置，它用来检测车轴轴承发热情况。过热的车轴轴承可能迅速损坏，而车轴的断裂可能导致脱轨事故。当车辆通过探测器时，轴箱发热探测器测量由轴承发射的红外线辐射热，并与同一列车的相邻轴承进行比较。如果记录到一个高读数，由探测系统向列车及监控中心发出信号，给出怀疑发热轴承的位置。根据对可能有问题的轴承显示，列车应该及时停车并由乘务人员进行检查。

目前比较先进的轴箱发热探测系统装有两个地面敏感器，以便对每根轴的读数作比较，从而减小了误差。在 TGV 线上每隔 40～50 km 装有轴箱发热探测器并测量轴承温度随时间的变化情况、升温速率和绝对温度。这些检测器输出的信息可直接传送到用于分析的中央调度中心。

（2）热轮探测器

热轮探测器类似于轴箱发热探测器，与轴箱发热探测器的区别在于热轮探测器的热敏传感器是指向车轮踏面而不是车轴轴承。热轮探测器用于检测抱闸踏面制动。如果检测到抱闸制动，列车乘务人员应及时请求列车停车，并在抱闸车辆上松开制动器。

（3）脱轨/拖挂设备检测器

脱轨/拖挂设备检测器用在桥梁、隧道等处，用以检验车辆是否仍在钢轨上以及设备是否仍完整无损。

(4) 临界限界检查器

临界限界检查器常用在主要固定设备，如桥梁或隧道入口的前面，用来检验装备或碴石是否超出正前方固定设备围砌的限界之外。这些检查器典型地使用在货运铁路上。

2. 车载保障设备和技术

上述各节中描述的许多功能在车上也可以更有效地实现。并且车载保障设备也可以试验或感知其他重要的机械和电气功能。由于微机和通信技术的进步，信息的利用率大大提高。其中，车载检测器和诊断例行程序可以用来警告操作者、自动降低速度或进行性能处理或者向监控中心发出维修或其他特殊操作程序的信息。

例如，在美国，伯灵顿北方铁路试验了一种称为“SMARTBOLT（灵敏螺栓)”的装在轴颈轴承上的热敏探测螺栓。“灵敏螺栓”系统由一个热—机械敏感元件和一个制动器组成。当达到一个预先规定的警戒温度时，敏感元件使柱塞伸长，进而利用一根天线来触发电子装置。天线向车辆中的接收器传达一个警告信号，并在随后的检查中充当一个视觉指示器。

第二节　轨道交通安全系统的设计技术

轨道交通安全系统是一个由人、车、路 3 个要素构成的动态系统。系统中，驾驶员从道路环境中获取信息，这种信息综合到驾驶员的大脑中，经判断形成动作指令，指令通过驾驶员操作行为，使列车在轨道上产生相应的运动，运动后列车的运行状态和轨道的环境变化又作为新的信息反馈给驾驶员，如此循环往复，完成整个行驶过程。因此，道路安全系统就是对“人、车、路”系统在运行中的安全性、可靠性作出系统的分析评价和提出保证措施的系统工程。

一、铁道通行权设计

美国惯例不要求在铁道上为通行权设置栅栏，除非在局部地区需要有特殊的保护。在日本和法国的新高速线是完全采用栅栏的，英国同样要求铁路完全使用围墙防护。

1. 栅栏和屏障

在考虑下列准则时，可为行人接受的设计屏障形式包括栅栏、围墙以及适当的高度差。美国公共协会（APTA）规程建议，障碍物的总高度应大于 2.4 m，且应包括 0.3 m 高的实际障碍物，来阻止非职权范围内的人员进入。这些地方的安全围栏仅构成一种对行人或车辆的足够屏障。为了防止与禽类碰撞，在某些地区使栅栏或障碍物与车辆本身一样高是必要的。

当设计这些栅栏或障碍物时，应对诸如积雪之类的特殊条件作出评估。在高噪声敏感地区，障碍物也可作为声音的消散墙。上跨线桥和人行道在通道与人行道交叉的地方，或机动车通过的地方，可以用隔离来保护轨道、高速车辆、旅客和工作人员免受碎石或其他物体崩塌的危险或免受从上跨线桥和人行道上抛下物体的危险。在日常运用之前，要进行高速通道的彻底检查，确保完整性和系统安全。任何会造成安全故障的障碍都应予以鉴别，并予以排除。法国国家铁路（SNCF）在每天营业运营之前，都对其高速线路进行一次实际的检查。

2. 机动车障碍

在邻近平行公路或道路交叉（桥）的地方，机动车障碍是常见的。机动车障碍包括公路护栏、障碍物井栏、结构墙或路堤。在车辆可能进入邻近系统通道的区域，应评价各种情况下的事件，包括失控机动车偶然闯入的可能性。

3. 动物障碍

应该研究防止某些动物从入口进入专用通道的措施，应该对动物的活动及迁移模式以及它们与高速系统的可能冲突予以识别。法国 TGV 已采用了野生动物桥、洞以及沿通道每一公里设一座桥，作为缓和这类冲突的创造性措施。

4. 标志

在整个系统规定的间距处，应将预告和信息标志放在易于行人和往来车辆瞭望的范围内。预告和信息标志应遵守适当的管辖区的要求。

5. 侵入检测装置

在历史上，侵入检测装置只监控岩石滑移和雪崩对轨道的侵入。为了确保可预见的局部条件变成一个沿进路的不安全条件，在许多系统上安装了滑移检测器。这些检测器由脆性金属丝网和故障安全电路组成。金属丝网系统的任何损坏都会使沿进路的信号处于最受限制状态。在美国境内存在这类条件的地方以及在 TGV 线上都使用岩石滑移检测器。在日本新干线系统中使用雪崩检测器。TGV 使用类似的车辆侵占检测器。这些装置可以采用下列形式：闭路电视、基于位移、光和声的侵入报警装置、向中央控制室或车载车辆监测器传送信号的系统、侵入警报，用以减少作业人员和公众对信号不正确反应的概率。闭路电视或侵入警报可以安置在入口处、门以及其他可能的通道出入地点。可以通过车上操作、地方车站或中央控制工作人员来监控。

目前在传统系统和高速系统上使用的侵入检测装置主要有：①地震检测系统，

为了检测地震颤振可能造成的轨道和结构物的破坏。该系统已在日本新干线使用；②车辆检测系统，用来检测高速通道上出现的车辆侵入。许多国家在公路上跨线桥及干线公路平行于 TGV 通道的地方，安装了该系统。某些公共交通系统（如亚特兰大和华盛顿），根据平行货运铁路事故引起的警示，已安装了或正在研制类似的侵入检测。

侵入检测有非安全检测和安全检测之分。非安全检测对中央控制区及/或列车驾驶员提供一个侵入已经发生的显示。非安全检测仅在侵入不可能威胁列车运行或者弥补现有检测系统缺陷的场合下使用。安全检测用于检测对列车安全的威胁，可与列车控制系统相连接。一个很好的例子是瑞典铁路平交道口保护电路。警报系统可使在铁路线上的上述保护电路触发速度限制，直到完成通道的正确检查为止。

6. 警告装置

警告装置即对靠近高速轨道或轨道附近的人和动物予以警告的装置。高速列车车辆可能装有车载视听器件，可以警告人和动物。例如，用于人的装置：不变的视觉信号，如闪光、头灯以及标志灯（尾灯）；恒定的音频信号，对高速列车可能是可行的，尤其是当它布置在非专用通道上时；瞬时事件的音频信号、铃和喇叭等。用于动物的装置：对于动物的特殊视觉信号，可以包括对付类似鹰、猫头鹰之类的“稻草人”标志；适用于动物但人听不到的特殊高频音频信号。

二、轨道设计

轨道设计中有两种主要部件，即轨道道岔保护和轨道终端措施。

1. 轨道道岔保护

通常，碰撞发生集中在两个范畴：维修保养以及偶然的或有意的事件。其中，维修保养项目包括：道岔尖轨或道岔辙叉劈裂或破损可能使车轮轮缘爬上钢轨，造成脱轨；车辆轮缘破损可能造成车轮有爬轨的倾向，造成脱轨；钢轨的结构支承不足可使上述两项的潜在可能更加恶化；无法试验/维修安全信号系统。

偶然的或有意的事故包括：不可能完全防止破坏者破坏锁闭装置进入手动操纵杆。但是对于进入道岔机手动杆的所有可以预见的机会都可以被排除。通过道岔布置区的列车拖挂装置和破损装置，若未能被正常的安全电路检测到，可致使列车脱轨。

现行 FRA 规程要求在高速轨道的手动道岔机上使用电气锁闭装置。钩锁器提供第一级保障，信号电路保证在电气松开于手动操作杆之前，使道岔搬动的条件是安全的。在工线制电控转撤机条件下，为了打开安全系统并搬动转撤机，通常要求松开两个钩锁器。所有转撤机都与控制列车运动的信号系统连接，所以在列车驾驶员附近的任何信号系统都在不断地提前修改进路条件，提供对破坏行为的最高水平的防护。

2. 轨道终端措施

预防侵占轨道终端地区对交通安全很重要。通常，预防车辆跑出轨道可用下列三种方法之一实现：

（1）延长轨道到无动力区

把轨道区段延长到超出动力配给系统/车辆界面无动力，使最高速度（包括坡道和风）行驶的列车不可能到达轨道的终端。就高速列车而言，这可能需要一段较长的轨道区段。

（2）ATP 或机车信号速度控制

ATP 或机车信号速度控制可以用来限制驶近轨道终端时的速度。这种方法对于已产生制动故障的列车停车不会有帮助，但可作为辅助措施。

（3）减速器

这种正常用于货车编组场的装置，借助于挤夹车辆车轮来降低速度。现有的减速器配置只应用于钢轮对钢轨系统。

一旦高速列车已经跑出轨道终端，就必须使其不侵入其他地区。这可由下列措施实现：

（1）能量吸收挡堤

像砂、豌豆大小的砾石或水之类的挡堤将吸收运动列车碰撞时的能量，足以使列车停车。这种类型的装置传统上用于多山地带，以保证制动失灵的公路车辆停车。

（2）轨道终端缓冲器

轨道终端缓冲器使用液压顶杆、弹簧和摩擦元件吸收列车冲击能量。现行的轨道终端缓冲器需要重新设计，以满足来自高速列车可能的更大的冲击力需要。根据实际运用情况，轨道终端缓冲器仅可用于较低速度冲击条件下。

道路交通安全是一个多因素的动态系统工程。大量交通事故表明，在整个交通系统中，道路属于基础设施，是影响交通安全的一项重要因素。良好的道路线形、平整坚固的路面结构、清晰易懂的交通标志、合理有效的防护措施等都能为驾驶员提供安全可靠的行车条件，为了提高整个交通系统的交通安全水平，必须在道路的规划设计阶段重视安全因素，从而使道路设计有效地控制未来事故的发生。

三、道路与轨道相交设计

道路与轨道交叉口是城市道路系统的重要组成部分，是交通汇合通过的地点，也是管理、组织道路上各类交通的控制点，既是道路的“瓶颈”，又是交通的“阀门”。因此，道路与轨道相交设计必须服从并依据整个道路系统的功能要求和交通管理的要求，结合相交道路的路段设计，具体确定交叉口的形式、平面布置、交通组织方式和竖向高程。

城市干道与铁路相交时采用立体交叉的形式，城区次要道路一般避免与铁路相交，在必须交叉处，城市次要道路和郊区道路与铁路采用平面交叉的方式相交，称为“道口”。道口位置应选择铁路轨道股数最少的直线段，道路也应保持每侧不小于 30 m 的直线段，道路中心线与铁路中心线的交角不应小于 60°，特殊困难时不应小于 45°，如图 7—14 所示。

道口设计应满足下述要求：

(1) 对于无人看守的道口，要保证道口有足够的安全视距。道口视距要求如图 7—15 所示。

(2) 道口两侧应保证有一定距离的水平路段，并限制水平路段之外的道路纵坡，如图 7—16 所示。

(3) 道口宽度不应小于相交道路路面和人行道宽度之和，为了便于迅速疏解候停车辆交通，道口宽度宜大于道路宽度，并设中央隔离设施分隔不同方向车流，如图 7—17 所示，有条件时应将机动车和非机动车分道布置。

(4) 道口路面高度一般与轨顶标高相同，但有轨道电路的道口，路面应高出轨顶 2 cm。

列车与机动车在平交道口相撞，是各国产生事故的一个重要因素。对公路车辆来说，其后果十分严重。而对列车来说，可能后果同样很严重。解决这些问题的方法有：

(1) 尽可能使用立体交叉。分离结构（即地道或上跨线桥）仅考虑强化系统安全和保护，通常是正确的，但必须同时评价它们对系统成本的影响。

(2) 强化平交道口的报警和保护装置，例如有实际的障碍物、车辆检测系统以及报警装置。

(3) 强化报警和保护控制。要特别对报警周期起始以及列车通过之间的时间作出最佳选择。

(4) 在公路上附加一道中央屏障，这样可以阻止车辆迂回通过入口。

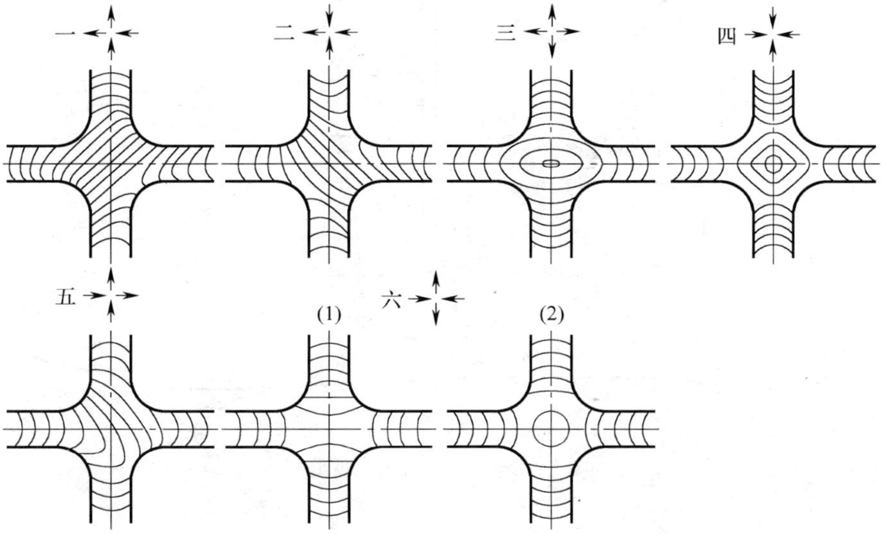

a)

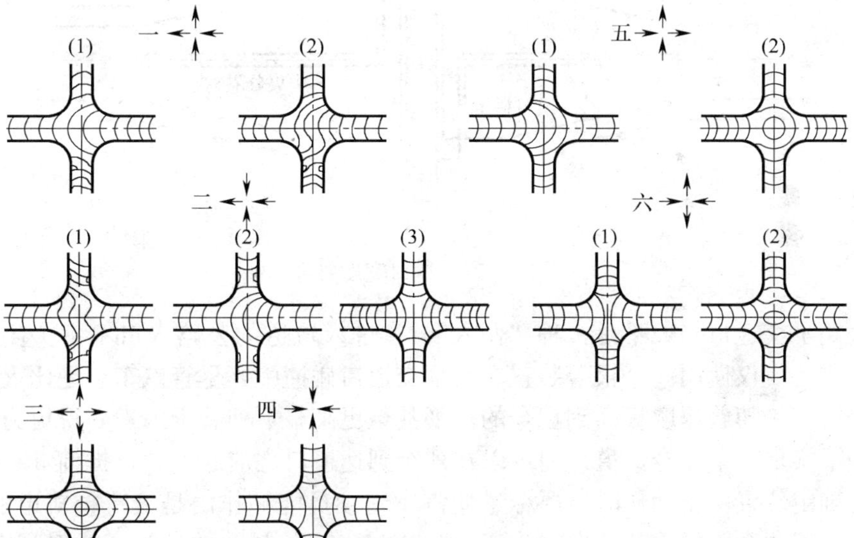

b)

图 7—14　不同道路交叉口形式

a）同等级道路交叉　b）不同等级道路交叉

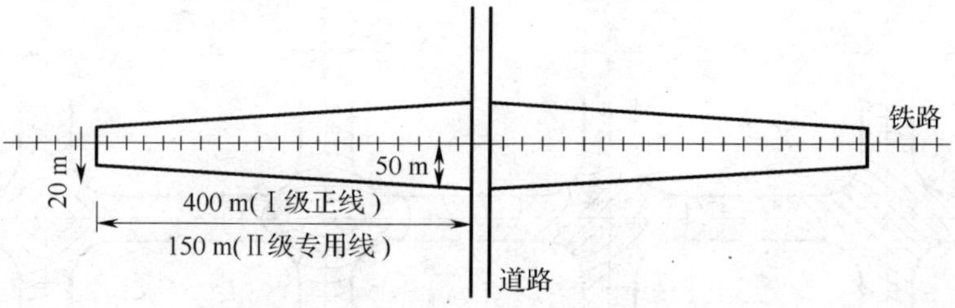

图 7—15　道口视距要求

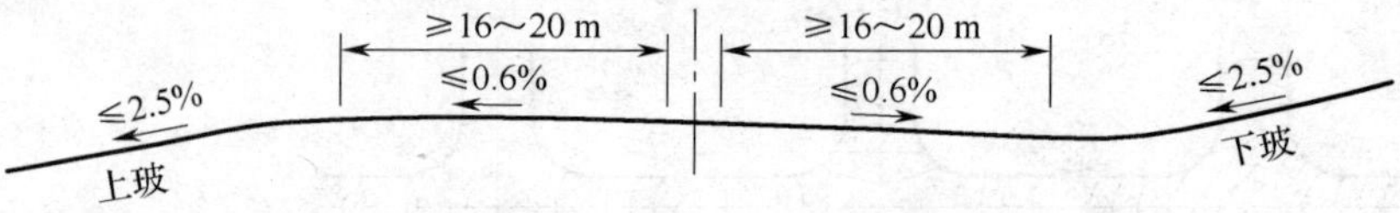

图 7—16　道口两侧纵坡要求

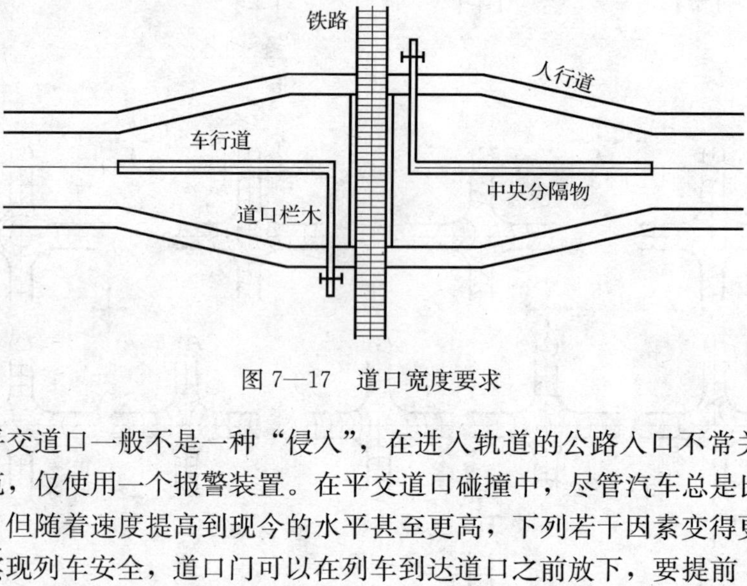

图 7—17　道口宽度要求

公路平交道口一般不是一种“侵入”，在进入轨道的公路入口不常关闭处，按照现行规范，仅使用一个报警装置。在平交道口碰撞中，尽管汽车总是比火车更易受到伤害，但随着速度提高到现今的水平甚至更高，下列若干因素变得更为重要：

为了实现列车安全，道口门可以在列车到达道口之前放下，要提前 3 min 之以上，在确定装置停止动作时，要尽量使汽车驾驶员能够作出是否跨越轨道的判断。根据车辆检测系统的检查，在允许通过的道口发出信号之前，为了确保列车安全，道口入口以及屏障系统应该完全就位。考虑到屏障关闭时间仅为 1 min，在时速 250 km/h 时，列车必须有大于一个闭塞长度加上 73 s 的制动距离。汽车驾驶员几乎不能发现列车的接近，因为当以 330 km/h 的速度运行时，列车将以高达每秒

100 m 的速度接近道口。尽管汽车离开轨道区只占用 6 s 或者更多，但列车已经行驶过 600 m 之远。

根据以上因素，在高速运输系统中的平交道口应包括安全的侵入检测，以确保在所有实际应用中不把人、动物或物体挡在必需的栅栏型系统内。通常，在平交道口上要施行对最高速度限制的措施，一些欧洲铁路在现有轨道的平交道口上允许列车以 20.0 km/h 的速度运行。原因在于短期内从经济角度看废除这类道口是不可能的，且实践已经证明这样是可行的。加拿大在平交道口上法定的最高速度为 150 km/h。

在英国和美国，典型的做法是在速度高于 145 km/h 的地方，取消平交道口。目前，美国在速度高于 145 km/h 的处所只有 15 个平交道口。过去的 10 年间，在速度超过 160 km/h 的东北走廊线上已取消了全部平交道口。但随着技术的进步，在芝加哥和圣路易之间的中央海湾通道上，已提出了在速度高达 240 km/h 的条件下使用平交道口的设想。

如果必须使用平交道口，那么平交道口装置应该以以下方式与信号系统相连接，即根据平交道口检测到的情况，对信号进行部分的控制。

在高速轨道中必须对公路平交道口的每一位置作深入分析，以便确定在目前技术发展水平下可利用的选择方案的可行性。这方面欧洲铁路具有使用现有技术的丰富经验。国际铁路联盟（UIC）的现行规范表明，在高于 20.0 km/h 的速度下，不应该使用这类平交道口。

根据不同的地段、运用条件，确定在坡道运用平交道口的可行性是一个关键问题。道口预报系统可能不能应用于高速运输系统，因为预报系统会提示汽车驾驶员作出判断，随之而来的是高的碰撞危险。对于疏忽预报装置，还没有汽车驾驶员作出“正确判断”的统计资料。但必须指出，相对于列车的速度，大多数汽车驾驶员更易识别汽车的速度，而且对通过汽车的所有决定中有的是错误的。但我们可以设想，当一个汽车驾驶员不顾道口预报装置的提醒而作出决定时，其犯错的可能性相当大。

随着列车速度的提高，其要求产生了明显的变化。一个汽车驾驶员判定传统道口产生故障并决定根据此预报驾驶时，为继续靠近道口将需要至少 5 s 或更多。在这个时间内，汽车驾驶员在远处发现的以 240 km/h 运行的列车已走过 335 m。因此，与其让传统的预报装置做有可能使部分汽车驾驶员致命的判断，倒不如在高速度地区采用平交道口保护更合理，避免碰撞的发生。

另一种选择是以类似于联锁的信号标准，在贯穿整个高速道口区域装备信号系统。这些标准要求，只能在关闭的道口，对公路进行防护并且道口上没有汽车之后，才可显示比最大限制信号稍低等级的信号。这种选择与在一个联锁中冲突运行的预防是类似的。它以较长时间的公路交通堵塞为代价，保证比现有做法有更大的安全裕量。

根据公路的使用情况，在平交道口前的重要交叉地点使用公路信号，减少公路关闭的不利影响是可能的。在对现有的车辆公路系统认识和发展的情况下，这类铁路和公路交通控制的一体化，正变得日益可行。

必须对立体交叉提供最有效的保护，一方面，除了最容易为社会大众接受之外还能提供最高的安全水平；另一方面，彻底的立体交叉也存在对环境破坏的可能性，产生额外的费用，而且由于其他的地方性限制，往往也不是一种可行的替代方案。

然而，就某些关键的公路通道而言，为了方便公众和做紧急车辆通行，立体交叉将是不可缺少的。尽管瑞典是一个高速铁路和平交道口共存的例子，也必须指出瑞典国家铁路在它的主要高速通道上正在取消 2/3 的平交道口。

在任何情况下都不推荐轨道的平面交叉，因其可能严重地影响列车运行。

在高速运输系统上存在平交道口时，会严重地限制系统的能力。如果在高速运输系统上要以最大速度运行时，那么在每一平交道口上均将按减速和加速要求对速度实施限制。当车辆检测系统（感应环路）用来与有源警报装置协同起作用时，那么在特定道口上检测到一辆车辆时，列车就可能被 ATP 系统制动。因此，应要求有足够的安全停车距离，这将对两列车间的最小时间间隔和能力有影响。

习　题

1. 简述我国道路交通安全技术的发展趋势。
2. 简述自动列车保护（ATP）系统的工作原理。
3. 如何保障自动连锁装置的完整性？
4. 简述道路交通设备设施的安全监控技术。
5. 简述道路及轨道相交设计原则。

参考文献

［1］郑安文，苑红伟．道路交通安全概论［M］．北京：机械工业出版社，2010

［2］刘清，徐开金．交通运输安全［M］．武汉：武汉理工大学出版社，2009

［3］韩买良．铁路行车安全管理［M］．北京：中国铁道出版社，2007

［4］李振福．交通安全文化策略［J］．湖南安全与防灾，2007：44～46

［5］宋守信，陈明利．电力安全文化管理［M］．北京：中国电力出版社，2009

［6］付晓豫．交通运输安全学的学科意义初探［J］．现代职业安全，2008：98～99

［7］方俐洛．职业心理与成功求职［M］．北京：机械工业出版社

［8］许勇．欧洲诸国铁路部门的行车适应性检查［J］．世界铁路报道，1994(1)

［9］朱祖祥．工程心理学［M］．华东师范大学出版社，1990

［10］朱祖祥．人类工效学［M］．浙江教育出版社，1994

［11］栗继祖．安全心理学［M］．北京：中国劳动社会保障出版社，2007

［12］C. D. 威肯斯（美），张侃等译．人因工程学导论［M］．华东师范大学出版社，2007

［13］裴玉龙，王炜著．道路交通事故成因及预防对策［M］．北京：科学出版社，2004

［14］郭忠印，方守恩等．道路安全工程［M］．北京：人民交通出版社，2003

［15］刘兆明．道路交通安全影响因素与对策［J］．中国西部科技，2006(22)：45～46

［16］王建军，毕明涛．道路交通事故鉴定与责任认定［M］．北京：人民交通

出版社，2005

[17] 傅以诺．说说交通事故再现 [J]．交通管理，2008—08

[18] 刘志强，赵艳萍．中国交通安全技术分析 [J]．中国安全科学学报，2003，13 (8)：18～21

[19] 许洪国，周立，鲁光泉．中国道路交通安全现状成因及对策 [J]．中国安全科学学报，2004，14 (8)：34～38

[20] 过秀成．道路交通安全学 [M]．南京：东南大学出版社，2004

[21] 刘运通．道路交通安全指南 [M]．北京：人民交通出版社，2004

[22] 赵志熙．当代中国铁路信号 [M]．北京：中国铁道出版社，2007

[23] 陈佳玲，胡安洲，肖贵平编著．铁路行车安全保障系统构成及其运作 [M]．北京：中国铁道出版社，1996

[24] 周江涛，俎以宏主编．列车行车安全装置 [M]．北京：中国铁道出版社，2008

[25] 韩买良主编．铁路行车安全管理 [M]．北京：中国铁道出版社，2007

[26] 肖贵平，朱晓宁主编．交通安全工程 [M]．北京：中国铁道出版社，2004

[27] 龚力主编．铁路行车安全管理 [M]．北京：中国铁道出版社，2001

[28] 刘铭．列车自动防护系统（ATP）技术 [J]．上海铁道科技，2003 (3)：20～21

[29] 柴贵兰．列车自动控制系统的分析与研究 [J]．机械与电子，2010 (17)：78～80

[30] 施卫忠．城市轨道交通列车控制系统（信号）的发展与展望．2008 轨道交通建设与运营安全研讨会，294～306

[31] 郭忠印，方守恩等．道路安全工程 [M]．北京：人民交通出版社，2003

[32] 王建军，毕明涛．道路交通事故鉴定与责任认定 [M]．北京：人民交通出版社，2005

[33] 裴玉龙，王炜著．道路交通事故成因及预防对策 [M]．北京：科学出版社，2004

后　记

本书为全国高校安全工程专业本科规划教材之一，供全国各高校安全工程专业学生使用。

本书以通用的交通运输安全理论为基础，侧重道路交通与轨道交通安全技术，主要围绕驾驶员、载运工具、道路环境和交通安全管理四个方面安排内容。全书分为七章，第一、二两章是基础理论部分，由陈明利、吴声声编写；第三章是驾驶员职业适应性，由李森编写；第四章和第五章是交通运输安全分析与评价部分，由胡毅夫、胡晓娟编写；第六章是道路交通安全技术部分，由肖贵平编写；第七章是轨道交通安全技术部分，由谭南林、张乐乐编写。全书由宋守信、谭南林主编，贾子若参加了书稿清样的审订。诚恳希望广大师生和读者对于本书在编写思路、内容与安排等方面存在的问题提出宝贵意见和建议，以利今后改进。